W0176246

Waltraut und Winfried Doering

Sensorische Integration

Waltraut und Winfried Doering

Sensorische Integration

Anwendungsbereiche und Vergleiche mit anderen Fördermethoden / Konzepten

2. verbesserte Auflage 1993

borgmann

2., verb. Auflage 1993

Gesamtherstellung: Löer Druck GmbH, Dortmund

Bestell-Nr. 8103

ISBN 3-86145-043-7

Inhalt

Vorwort

In den vergangenen Jahren ist der Begriff „Sensorische Integration“ im therapeutischen Bereich zu einem festen Bestandteil geworden. Von J. AYRES vor mehr als 20 Jahren geprägt, bestand und besteht heute manchmal sogar die Gefahr, daß die Sensorische Integrations-Behandlung als „Wundermittel“ eingeschätzt wird.

Dabei ist die Sensorische Integration ein sich täglich bei jedem Menschen vollziehender, neurologischer Prozeß, der die Empfindungen, die auf jeden von uns einströmen, ordnet und sortiert und somit eine den Umweltbedingungen angepaßte Reaktion ermöglicht.

Die Sensorische Integration umfaßt alle Bereiche der Wahrnehmung und der Bewegung und ist daher eine notwendige Grundlage der menschlichen Existenz. Ohne das Zusammenführen, das Ordnen und Sortieren der vielfältigen uns erreichenden Reizinformationen wären wir in unserer Welt kaum lebensfähig. Schon kleinere Störungen, die durch Streß, Krankheit oder andere Ursachen hervorgerufen werden, können uns Menschen zeitweise aus dem Gleichgewicht bringen. Größere und vor allem langanhaltende Störungen in der Verarbeitung von Wahrnehmungsprozessen führen oft zu Beeinträchtigungen, die es verhindern, den täglichen Anforderungen in erwarteter Weise gerecht zu werden.

Dieses Buch soll dazu beitragen, die Vielfältigkeit in der Behandlung von Wahrnehmungsstörungen aufzuzeigen und Parallelen und Unterschiede zwischen der Sensorischen Integrations-Behandlung und anderen Therapiemöglichkeiten darzustellen.

Ein weiteres Anliegen der Herausgeber besteht darin, daß der Blick für Förderungsangebote erweitert wird und die Behandlung von Wahrnehmungsstörungen nicht eingeengt wird auf bestimmte Therapien oder Therapeuten, sondern daß die Unterstützung für wahrnehmungsgestörte Menschen ein selbstverständlicher Bestandteil unseres Alltags wird. Unser Wunsch ist es, die Betrachtungsweise, die der Sensorischen Integration zu eigen ist, aus der isolierten Therapiesituation zu lösen und in Schulen, Kindergärten und andere Einrichtungen unseres täglichen Lebens hineinzutragen.

Wenn eine Sensibilisierung in dieser Richtung gelingt, hat das Buch sein Ziel erreicht.

Waltraut und Winfried Doering

Teil 1:

Sensorische Integrationsbehandlung –

Anwendungsmöglichkeiten und Anwendungsgebiete

Sensorische Integration — ein alltäglicher Vorgang

Waltraut und Winfried Doering

Unter sensorischer Integration versteht man das Zusammenführen, Ordnen und Strukturieren der Informationen, die uns über unsere Wahrnehmungsorgane bzw. Rezeptoren erreichen. Es handelt sich hierbei um Empfindungen, die sich innerhalb unseres Organismus abspielen sowie um Eindrücke, die durch unsere Umwelt hervorgerufen werden. Im Rahmen unserer Wahrnehmung, die u.a. aus Prozessen wie Reizaufnahme, Weiterleitung, Speicherung, Vergleich, Koordinierung besteht und ihren Abschluß in der Reaktion auf Reize findet, ist der Prozeß der Integration ein wichtiger Bestandteil. Ohne die Sensorische Integration sind wir nicht in der Lage, Empfindungen aus verschiedenen Wahrnehmungsbereichen miteinander in Verbindung zu bringen. Dadurch wäre die Entstehung eines umfassenden „Bildes" unseres eigenen Ichs und unserer Umwelt unmöglich, was wiederum zu Fehlreaktionen führen und die erforderlichen Anpassungsreaktionen an die Notwendigkeiten unserer Umgebung verhindern würde.

1. Die Grundwahrnehmungssysteme

Sensorische Integration ist ein Prozeß, der überall und ständig in unserem Gehirn stattfindet, wobei die „unteren" Hirnregionen (der Hirnstamm) eine besonders wichtige Rolle bei diesem Vorgang spielen. Dadurch, daß für **alle** eingehenden Informationen (mit Ausnahme einfacher Funktionskreise, die nur über das Rückenmark laufen) der Hirnstamm das zuerst erreichte Hirnareal ist, kommt diesem Bereich so etwas wie eine Grundlagenverarbeitung und damit ein besonderer Stellenwert zu. Probleme, die bei der Verarbeitung im Hirnstamm auftreten, setzen sich häufig in den anderen Hirnbereichen fort. Zwar haben „höhere" Hirnareale kompensatorische Fähigkeiten, so daß auch Menschen mit gestörten Hirnstammfunktionen intellektuelle Leistungen erbringen können, aber in der Regel führen Verarbeitungsstörungen im Hirnstamm zu deutlichen Beeinträchtigungen. Fehlinterpretationen sind genauso möglich wie eine Reizüberflutung oder „Austrocknung" — z.B. bei zu geringer oder zu starker Hemmung im reticulären System.

Aber der Hirnstamm bekommt nicht nur durch seine Funktion als erste Integrationsstelle seine Bedeutung. Es kommt hinzu, daß in diesem „unteren" Hirnbereich auch ein großer Teil der eingehenden Informationen bereits vollständig verarbeitet wird, ohne daß diese Reize die oberen Hirnareale oder gar die Großhirnrinde erreichen. Dies gilt vor allem für alle autonomen Funktionen und für nicht-bewußt-werdende Informationen. Ein besonderer Verarbeitungsschwerpunkt des Hirnstamms liegt in den sogenannten Grundwahrnehmungsbereichen

— vestibuläre oder Gleichgewichtswahrnehmung
— taktile oder Oberflächenwahrnehmung
— propriozeptive oder Tiefenwahrnehmung

Die vestibulären Reize, die durch das Gleichgewichtsorgan im Innenohr aufgenommen und zum größten Teil im Hirnstamm und im Kleinhirn verarbeitet werden, sind einer der wichtigsten Bestandteile der Bewegung und Aufrichtung eines Menschen. Wir gehen davon aus, daß der Aufrichtung, die den Menschen vom Tier unterscheidet, ein besonderer Stellenwert auch bei der Entwicklung kognitiver Prozesse zukommt und daß außerdem die Bewegung eine zentrale Bedeutung bei der Reaktion auf Wahrnehmungsprozesse hat. Dadurch wird deutlich, daß die mit dem Gleichgewichtssinn in Zusammenhang stehenden Prozesse von großer Bedeutung für die menschliche Existenz sind. Nahezu alle menschlichen Reaktionen hängen von der Möglichkeit, sich bewegen zu können, ab, sei es das Fluchtverhalten bei Gefahr oder die Bewegung von Mund, Zunge oder Stimmbändern bei der sprachlichen Kommunikation. Selbst die Aufnahme von Blickkontakt setzt eine Bewegung — die der Augenmuskeln — voraus.

In direktem Zusammenhang mit der Verarbeitung vestibulärer Reize steht die Tiefenwahrnehmung (Propriozeption). Hier geht es um die Verarbeitung der Informationen, die über die Rezeptoren in den Muskeln, Sehnen und Gelenken aufgenommen werden. Diese Reize geben Aufschluß über die Stellung des Körpers oder einzelner Körperteile und sind für die Bewegungsplanung und -ausführung mitverantwortlich. Nur über die Integration der vestibulären und der propriozeptiven Stimuli kann unsere Bewegung und Aufrichtung stattfinden, nur so haben wir die Voraussetzungen für einen wichtigen Teil unserer menschlichen Existenz. Der Verlust eines dieser Systeme hat katastrophale Folgen. Wenn dieser nicht durch andere Wahrnehmungssysteme — wie zum Beispiel das visuelle — wenigstens zum Teil kompensiert wird, ist Leben kaum vorstellbar (wir verweisen in diesem Zusammenhang auf das Buch von Oliver SACKS: „Der Mann, der seine Frau mit einem Hut verwechselte").

Das dritte Grundwahrnehmungssystem ist die taktile Wahrnehmung. Dies sind die Informationen, die uns über die Rezeptoren in der Haut erreichen. Der Haut kommt bereits durch ihre räumliche Ausdehnung — sie ist unser größtes Wahrnehmungsorgan — eine besondere Bedeutung zu. Sie ist unsere Hülle — also das, was uns zusammenhält. Jedem dürfte die emotionale Bedeutung der Haut klar sein: Gestreichelt zu werden, angenehme

Empfindungen durch die Haut aufzunehmen, ist ein Vorgang von zentraler Bedeutung. Experimente mit Affenbabys zeigen, daß ein großer Entwicklungsunterschied zwischen Affen besteht, deren „Mutter“ ein Drahtgestell war, und denen, die als „Mutter“ ein Drahtgestell mit einem Fellüberzug hatten. Aber nicht nur die emotionale und soziale Entwicklung wird von diesen Faktoren beeinflußt, sondern ebenfalls kognitive Prozesse.

Alle drei Grundwahrnehmungssysteme bilden — wenn sie richtig arbeiten und die Informationen richtig integriert werden — ein Fundament für unsere Entwicklung.

Allerdings ist eine funktionierende Wahrnehmung keine statische Größe, sondern ein sich inter- und intraindividuell verändernder Prozeß. Wir alle kennen Situationen oder Phasen in unserem Leben, in denen der Wahrnehmungsprozeß beeinträchtigt wird, sei es durch Streß, Müdigkeit, Krankheit, Alkohol oder andere Faktoren; auch ist die Wahrnehmungs- und Integrationsleistung individuell unterschiedlich, ohne daß man bei Abweichungen sofort von Wahrnehmungsstörungen sprechen könnte. Wir alle haben unsere Stärken und Schwächen in der Wahrnehmung. Der wichtigste Aspekt ist unserer Meinung nach die Anpassungsfähigkeit an die Umwelt. Erst wenn man sich im Einklang mit der Natur, der Umgebung und der Logik menschlichen Handelns verhalten kann, hat man die Freiheit, Entscheidungen zu treffen und Einfluß auf sich selbst und die Umwelt zu nehmen.

Aber dazu ist ein bestimmtes Maß an Integrationsfähigkeit notwendig, dessen Wurzeln schon sehr früh gelegt werden.

2. Die vorgeburtliche Entwicklung

Die körperliche und geistige Entwicklung ist zwar genetisch vorprogrammiert, aber die Funktionsfähigkeit hängt direkt von dem Zusammenspiel dieses Programms mit den aufgenommenen und verarbeiteten Reizen zusammen. Ein Zustand der Deprivation und damit ein Mangel an Einflüssen von außen kann zu einem ungenügenden Auf- und Ausbau neuronaler Verschaltungen und damit zu einer ungenügenden Arbeits- bzw. Verarbeitungsfähigkeit des Gehirns führen.

Die Natur hat Bedingungen vorgesehen, die es einem Embryo bzw. Fötus — später dem Säugling — ermöglichen, nicht nur passiv die angebotenen Informationen aufzunehmen, sondern aktiv **mitzuarbeiten.** Diese Bedingung ist die Bewegungsfähigkeit. Schon ab dem zweiten Schwangerschaftsmonat beginnt die aktive Auseinandersetzung des Fötus mit seiner Umwelt. Gerade ein Zentimeter groß, sind bereits Bewegungen erkennbar, die dann im Laufe der nächsten Monate stärker, intensiver und komplizierter werdan. In utero macht der Fötus bereits Purzelbäume, dreht sich um die eigene Achse und vieles mehr. Durch diese Erfahrungen bekommt das sich entwickelnde Gehirn die notwendige „Nahrung", die zusätzlich zur genetischen Disposition notwendig ist für eine störungsfreie Entwicklung. Diese Bewegungen — bereits in utero — fördern besonders die taktile, vestibuläre und propriozeptive Wahrnehmungsentfaltung. Durch unterschiedliche Lagen wird das Gleichgewicht angesprochen, durch Druck und Zug, Strecken und Beugen werden die propriozeptiven Rezeptoren gereizt. Dies wird noch stärker, sobald der Fötus größer wird und die Auseinandersetzung mit den Uteruswänden beginnt. Durch die Bewegung im Fruchtwasser, durch eigene Stimulationen im Oralbereich und die Berührungen der Uteruswand verschafft sich der Fötus zusätzlich taktile Reize.

Schon zu diesem Zeitpunkt lernt der Fötus, sich den Gegebenheiten der Umwelt anzupassen, er vermeidet unangenehme Empfindungen, er sucht sich gezielt angenehme Reize, je nach seiner aktuellen Bedürfnislage und seiner sensorischen Verarbeitungsmöglichkeit.

Zwar werden zu diesem Zeitpunkt auch das visuelle (hell-dunkel) und auditive System gereizt — auch diese Wahrnehmungsbereiche benötigen Informationen —, aber wir gehen davon aus, daß die Hauptaktivität und stärkste Auseinandersetzung in den drei Grundwahrnehmungsbereichen stattfindet. (Es gibt gegenteilige Ansichten: So betrachtet z.B. TOMATIS das auditive System als zentralen Entwicklungsfaktor).

3. Die Entwicklung nach der Geburt

Der Geburtsvorgang selbst ist ein sehr entscheidendes Erlebnis für ein Kind. Neben den emotionalen Aspekten, von denen gesagt wird, daß bei der Geburt Angst — manche Autoren sprechen sogar von Todesangst — während des Durchdringens des Geburtskanales und Schock durch die extrem veränderten Umweltbedingungen entstehen, hat die Geburt selbst aber auch einen sehr intensiven, eher positiv zu sehenden Einfluß auf die Wahrnehmung. Der Druck und die Enge während des Geburtsvorganges beinhalten eine intensive propriozeptive und taktile Stimulation, die durchaus anregend für die Hirntätigkeit sein kann. Eventuell kann dadurch die anschließende „Weite" der Umwelt eher ertragen werden. Kinder, die durch Kaiserschnitt geboren werden, geraten quasi übergangslos von der Dunkelheit und Enge im Uterus in die zunächst im Bereich der Tiefen- und der taktilen Wahrnehmung wenig informationsgebende Außenwelt. Eine kleine Information am Rande: Säuglinge, die beim Baden in einer größeren Wanne oder Becken schreien, vermissen oft ihre „Begrenzung", das heißt das Gefühl, sich selbst in der Umgebung spüren zu können. Kleinere Badewannen geben ihnen die Möglichkeit, sich propriozeptiv und taktil orientieren zu können. Oft ist dann das Problem der Abwehr gegen das Baden behoben.

Nach der Geburt wirken veränderte Schwerkrafteinflüsse auf den Menschen, die neue adaptive Prozesse vom Gehirn erfordern. „Bewegungen, die in utero problemlos ausgeführt werden konnten (Drehungen um die eigene Achse, etc.), müssen unter geänderten Bedingungen neu erlernt werden. Sofort nach der Geburt beginnt das Kind mit der Auseinandersetzung mit der Schwerkraft, um schließlich die für den Menschen wichtige Aufrichtung zu erreichen. Die Bewegung des Säuglings und Kleinkinds hat dieselbe Funktion wie die vorgeburtliche Bewegung — u.a. Stimulation und Anregung der Hirntätigkeit.

Durch die Auseinandersetzung mit der Umwelt und durch die Prozesse der Anpassung an die Umweltbedingungen bekommt das Gehirn Informationen, die nötig sind, um die Verbindung zwischen den einzelnen Nervenzellen und Hirnzentren herzustellen oder zu erweitern, damit ein ganzheitliches funktionales System geschaffen werden kann. In diesem Zusammenhang sind Reize, die nicht nur einkanalig, sondern über mehrere verschiedene Wahrnehmungskanäle aufgenommen werden, besonders wichtig. Diese Anpassung an die Umweltbedingungen (adaptive Reaktion) ist eine sinnvolle und zweckgerichtete Aktion, die mit dem Lernprozeß—welche motorische Aktion führt zu welcher Veränderung—in direktem Zusammenhang steht. Dazu ist allerdings ein genaues somatosensorisches Feedback nötig.

Nur wenn das Kind die Möglichkeit hat, Anpassungsreaktionen zu zeigen bzw. auszuprobieren und die Rückmeldung über die Sensorik, die Qualität dieser Reaktionen, funktioniert, wird es dem Kind gelingen, sich erfolgreich mit seiner Umwelt auseinanderzusetzen.

Ein wichtiger Faktor hierbei ist die Tonusregulierung. Die Informationen, die ein Kind über seine Tiefenwahrnehmung (Muskeln, Gelenke, Sehnen) erhält, müssen aufgenommen und verarbeitet werden, um dann die richtige Reaktion (Anspannung und Entspannung) zu zeigen. Dazu ist auch die Koordination mit Stimuli aus dem vestibulären und dem taktilen Bereich notwendig. Nur wenn die Tonusregulierung funktioniert, kann eine erfolgreiche Aufrichtung stattfinden.“ (W. + W. DOERING, Bewegen und Denken — Sensorische Integration, 1989).

4. Wahrnehmungs- und Integrationsstörungen

Wenn Integrationsleistungen ein Teil des Wahrnehmungsprozesses sind, so sind Integrationsstörungen auch ein Teil des Gesamtkomplexes der Wahrnehmungsstörungen. Wahrnehmungsstörungen können durch fehlerhafte Prozesse in einem oder mehreren Bestandteilen des gesamten Wahrnehmungsprozesses entstehen.

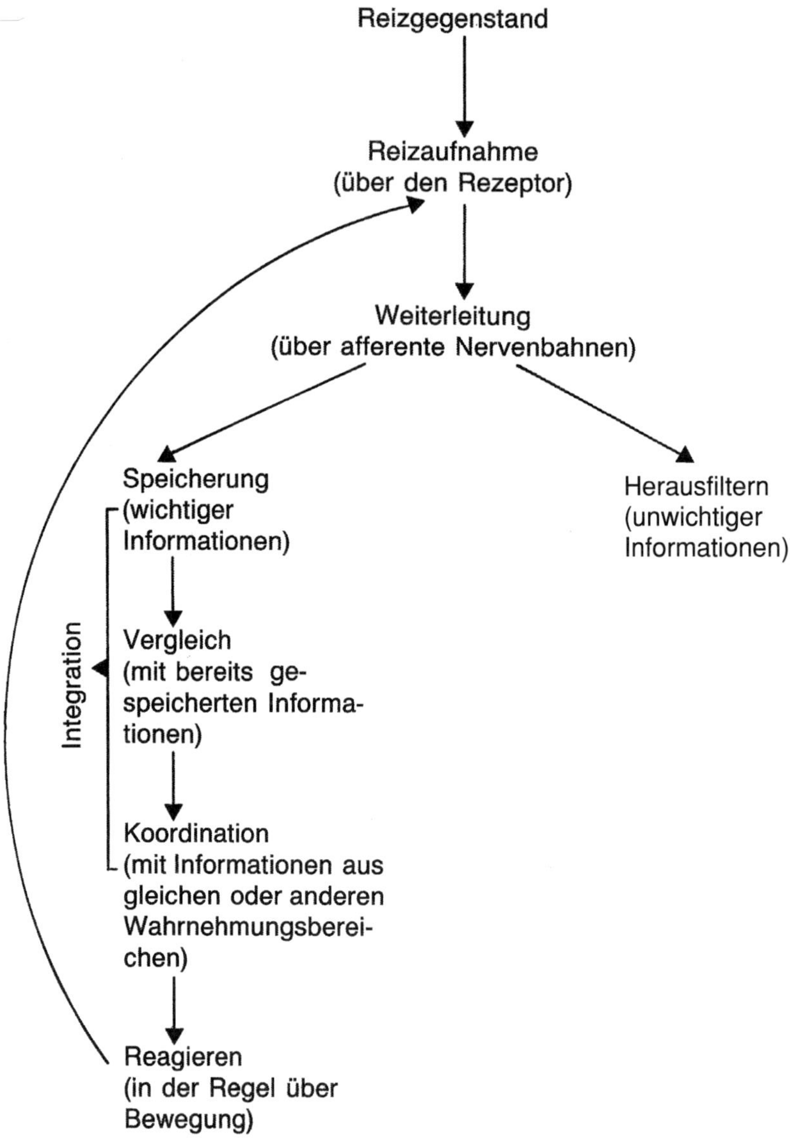

(auf Basis von A. AUGUSTIN, „Beschäftigungstherapie bei Wahrnehmungsstörungen", 1977)

Während A. J. AYRES die Sensorische Integrationsstörung als funktionale Störung, nicht als Folge einer Schädigung des Gehirns ansieht, betrachten wir Wahrnehmungs- und damit Integrationsstörungen als Folge unterschiedlichster Prozesse. Wir beobachten Wahrnehmungsstörungen bei Kindern mit Hirnschädigung genauso wie bei Kindern, in deren Gehirn nach dem heutigen Wissensstand der Medizin keine Auffälligkeiten zu entdecken sind. Die Diagnosen reichen von minimaler cerebraler Dysfunktion über lern- oder geistige Behinderung bis hin zu Verhaltensauffälligkeiten. Wichtig dabei ist es, daß, ebenso wie physiologische Verursachungen, auch psychisch/emotionale Störungen die Ursache für Wahrnehmungsbeeinträchtigungen sein können, genauso wie umgekehrt psychische Beeinträchtigungen häufig Folge einer Wahrnehmungsstörung sind.

Bei der Überlegung, ob und wie man einem Menschen helfen kann, sollte man zwar die Wechselwirkungen zwischen Physis und Psyche keinesfalls außer acht lassen, aber die Feststellung, was wodurch bedingt wird, ist nicht immer notwendig, wenn man „das Kind dort abholt, wo es ist" und von seinen geäußerten bzw. gezeigten Bedürfnissen ausgeht und darauf aufbaut. (Eine medizinische Diagnostik sei hierbei vorausgesetzt.)

5. Therapeutische Grundlagen und therapeutisches Handeln

„Das Kind dort abholen, wo es ist", ist der Ausgangspunkt der Therapie. Aber zuvor einige Grundlagen:

Bei der Behandlung von Wahrnehmungsstörungen gehen wir von der normalen Entwicklung und den normalen Verarbeitungsprozessen aus. Wir sind der Meinung, daß aufgrund verschiedenster Faktoren das Kind nicht die Möglichkeit hatte, die notwendigen Wahrnehmungserfahrungen zu machen und die Wahrnehmungsreize in der Form zu verarbeiten, wie es für eine ungestörte Entwicklung sinnvoll gewesen wäre. Unser Ziel ist es, den Menschen die Angebote zu machen und die äußeren und inneren Bedingungen zu schaffen, die die Aufnahme und Verarbeitung bestimmter Reize fördern. Wichtig ist dabei, daß nicht symptomorientiert bestimmte Übungen durchgeführt werden, sondern daß das Kind als Gesamtheit angesprochen wird und **aktiv** Erfahrungen machen kann, die die Verarbeitungsprozesse im Gehirn anregen. Auf der Basis der zuvor dargestellten Wichtigkeit der drei Grundwahrnehmungssysteme liegt der Ausgangspunkt unserer Therapie in der Bewegung, die in hervorragender Weise die Erfahrungen im Gleichgewichtsbereich, in der propriozeptiven und der taktilen Wahrnehmung verbindet.

Wichtig bei dieser ganzheitlichen Betrachtung ist allerdings, daß die Einzelteile, aus denen das Ganze sich zusammensetzt, nicht außer acht gelassen werden, da sonst ein unklares, verwaschenes Bild entstehen würde. Die beste Mahlzeit schmeckt nicht, wenn nicht die einzelnen Zutaten gut aufeinander abgestimmt sind, wenngleich das Ganze immer mehr als nur die Summe der Einzelteile ist.

Neben der Betrachtung der einzelnen Wahrnehmungsbereiche sind in die therapeutische Situation selbstverständlich auch andere Elemente einzubeziehen; hierzu gehören neben den allgemeinen sensorischen und motorischen Möglichkeiten eines Kindes auch seine „Motivation, die u.a. Selbsteinschätzung und Erfolgserwartung beinhaltet; seine Emotionen, das schließt u.a. die allgemeine psychische Stabilität bzw. Instabilität, die aktuelle Stimmung und nicht als letztes all die Erfahrungen, Ziele und Pläne, die dieses Kind hat, ein. Es muß das Zusammenwirken von Wahrnehmen, Bewegen, Denken, Erleben, Fühlen und Handeln berücksichtigt werden." (W. + W. DOERING, Bewegen und Denken — Sensorische Integration, 1989).

Die Therapie kann und soll nicht ständig alle Bestandteile gleichmäßig ansprechen. Dies würde zu einer Reizüberflutung beim Kind und zur Verhinderung der Herausbildung notwendiger selektiver Wahrnehmungsprozesse führen. Es müssen Schwerpunkte gesetzt werden, die abhängig sind vom Kind, wie auch von den Möglichkeiten und der Persönlichkeit des Therapeuten. Als oberstes Ziel sollte jedoch stehen, daß die Therapiestunde für Kind und Therapeut zu einem positiven Erlebnis werden.

6. Therapieaufbau

A. J. AYRES fand in ihren Forschungen zur Sensorischen Integration sechs Neuralsysteme, die sie als einzelne voneinander abgrenzbare Einheiten beschrieb. Sie stellte die Hypothese auf, daß in diesen Systemen die Probleme Lernbehinderter auftreten, wobei die einzelnen Kinder häufig Störungen in mehreren Systemen zeigen.

Sie benannte diese faktorenanalytisch gefundenen Neuralsysteme folgendermaßen:

1. Störungen in der okularen, posturalen und bilateralen Integration;
2. die Apraxie;
3. Störungen in der Form- oder Raumwahrnehmung;
4. Hör-, Sprachprobleme;
5. taktile Abwehr;
6. einseitige Nichtbeachtung (konnte nicht definitiv identifiziert werden)

(*aus: A. J. AYRES, Lernstörungen, 1979)*

Grundlagen unserer therapeutischen Überlegungen sind nicht diese von A. J. AYRES durch Faktorenanalyse gefundenen Konstrukte. Wir versuchen, über die Beobachtung zunächst die einzelnen Wahrnehmungsbereiche, dann die Integrationsschritte, die durch die Verbindung verschiedener Wahrnehmungssysteme entstehen, zu betrachten und daraus therapeutische Maßnahmen abzuleiten. Da das Ziel die Verbesserung der Hirntätigkeit allgemein und der Integrationsfähigkeit des Gehirns speziell ist, betrachten wir nicht nur einzelne Ausfälle oder Defizite, um diese dann durch die Vermittlung spezieller Fertigkeiten isoliert zu beseitigen. Allerdings stellen wir im Rahmen einer Eingangsdiagnostik schon einzelne Probleme, Schwierigkeiten, aber auch die Stärken eines Kindes in den einzelnen Wahrnehmungsbereichen fest, um in der Gesamtgestaltung der Therapie bestimmte Schwerpunkte setzen und auf spezielle Dinge gezielt achten zu können.

Da wir, wie schon oben beschrieben, Grundlagen schaffen wollen, beziehen sich die therapeutischen Angebote in erster Linie auf die sogenannten hirnstammkontrollierten Prozesse, die in der Verarbeitung taktiler, vestibulärer und propriozeptiver Reize liegen. Selbstverständlich werden visuelle und auditive Informationen nicht ausgeschlossen, dies wäre eine künstliche und unnatürliche Situation, die dem Charakter unserer Therapie widersprechen würde, aber der Schwerpunkt wird auf die durch Bewegung ausgelösten Stimuli gelegt. Dies schließt selbstverständlich auch ein, daß die Therapie nicht am Tisch, sondern im Raum — mit all seinen Bewegungsmöglichkeiten — stattfindet.

Der Ausgangspunkt ist: „Wo befindet sich das Kind?“

Das heißt, wir beobachten zunächst, ob das Kind in den einzelnen Wahrnehmungsbereichen zu starke oder zu geringe Reizverarbeitung zeigt. Dieses signalisiert das Kind über

— die extreme Suche nach Reizen oder
— die starke Vermeidung von Reizen.

6.1. Suche nach Reizen—zu geringe Reizverarbeitung?

Jeder Mensch benötigt, wenn er mit neuen Informationen konfrontiert wird, eine bestimmte Phase der Wiederholung, um neu Erfahrenes in adäquater Weise verarbeiten, speichern etc. zu können. Je nach Komplexität der Information und abhängig vom Entwicklungsstand sind diese Phasen der Wiederholungen unterschiedlich lang. So benötigt ein kleines Kind z.B. beim ersten Kontakt mit einem Ball eine längere Zeit des Ansehens, Betastens etc.. Es berührt den Ball, nimmt ihn in die Hand, bewegt ihn, wirft ihn wieder weg, hört das Geräusch, wenn er auf dem Boden aufkommt und verfolgt ihn mit den Augen, holt ihn wieder, dreht ihn, betastet ihn erneut mit der Hand oder dem Mund und vieles mehr. Im Zusammenspiel verschiedener Wahrnehmungssysteme entwickelt sich so ein umfassendes, ganzheitliches Bild, das nicht eine visuelle Vorstellung bleibt, sondern durch **Begreifen und Erfassen** zu einem **Gesamtkonzept** wird, welches alle Variationen beinhaltet.

Auf diesem Weg, der durch Neugier und Motivation zu der Suche nach neuen und nach bekannten Reizen führt, lernen wir.

Probleme werden dann sichtbar, wenn diese Suche nicht mehr die nötige Variabilität hat, sondern stereotyp wird und nicht mehr der Erkundung und Erfahrung dient, sondern „nur" zum einseitigen „Füttern eines ausgehungerten Gehirns" benötigt wird.

Jeder kennt und versteht die Suche nach Reizen bei sinnesgeschädigten Menschen. Ein Kind mit einer starken Hörstörung wird sich kaum am sanften Rauschen eines Meeres erfreuen können, sondern braucht intensive Stimulation, die am sinnvollsten nicht nur Tonqualität, sondern besser noch Vibrationen enthält. Niemand wundert sich, wenn dieses Kind auf einer Trommel herumhämmert oder nach einem Schlag gegen einen Metallgegenstand sein Ohr daran hält. Da das Gehirn, verursacht durch eine Organstörung, durch alltägliche Situationen keine ausreichenden Stimulationen in dem entsprechenden Wahrnehmungsbereich erhält, geht das Kind „auf die extreme Suche". Dieses gilt aber nicht nur, wenn die Aufnahme, sondern auch, wenn an irgendeinem anderen Punkt die Verarbeitung von Wahrnehmungsreizen gestört ist. Ein Kind mit Wahrnehmungsverarbeitungsproblemen wird also, wenn es zu wenig Informationen bekommt, ebenfalls nach Reizen suchen. Während bei sinnesgeschädigten Kindern die Umwelt schon sehr früh Alternativen für den geschädigten Bereich anbietet und Lernprozesse in andere Bahnen umgelenkt werden, erwartet die Umgebung von wahrnehmungsgestörten Kindern häufig „normale" Reaktionen. Dies hängt meist mit mangelnder Kenntnis über das Vorhandensein oder die Auswirkungen von Wahrnehmungsstörungen zusammen oder mit der Tatsache, daß bei Problemen in der Wahrnehmungsverarbeitung häufig nicht so eindeutige, auf **einen** Kanal beschränkte, Ausfälle vorhanden sind. Bei ihrer extremen Suche nach Reizen werden diese Kinder häufig mißverstanden, und es werden nur wenige Hilfen angeboten. Das Kind selbst, das sich durch seine Stimulationen „Nahrung für sein Gehirn" zuführen möchte (im Sinne einer Selbstregulation), landet häufig in einer Sackgasse. Da das Gehirn durch ungenügende Variationen in der Reizzufuhr immer wieder dieselben Reize erhält, tritt Gewöhnung (Habituation) ein, was wiederum zum Abschalten und damit nicht zu einer gelungenen Verarbeitung führt. Der Effekt ist dann das Signal einer Unterversorgung, was vom Kind mit einer Intensivierung der gleichen Handlung beantwortet wird: „mehr desselben". Auch darauf folgt Habituation. So gerät das Kind in einen Kreislauf, in dem sich das Problem eher verfestigt, als daß es sich beheben läßt.

Wir finden diese stereotype und extreme Suche nach Reizen in allen Wahrnehmungsbereichen. Taktil kann es sich durch Kratzen, Reiben, Lekken an Gegenständen bis hin zu selbstverletzendem Verhalten äußern. In der vestibulären Wahrnehmung beobachten wir unter anderem, daß diesen Kindern keine Schaukelbewegung zu hoch und das Drehen auf Schaukeln oder Drehstühlen nicht stark genug sein kann. Reize in der Tiefenwahrnehmung erhält der Mensch vor allem durch verschiedenste Bewegungen. Hyperaktive Kinder, die ständig in Bewegung sind und die Ruhe des Körpers kaum aushalten können, signalisieren damit häufig eine extreme Suche im propriozeptiven Bereich.

6.2 Vermeidung von Reizen—zu geringe Hemmung?

Jeder Mensch versucht, sich so zu verhalten, daß die Eindrücke, die auf ihn einströmen, zahlreich genug sind, um Anregungen zu bekommen, aber nicht so vielfältig und intensiv werden, daß er davon „erschlagen" oder „überschwemmt" wird. Diese Tatsache führt zu einem Verhalten, das durch Suche oder Vermeidung gekennzeichnet ist, je nachdem, wie die momentane Bedürfnislage des einzelnen ist. Hierbei gibt es sowohl intra- wie auch interindividuelle Unterschiede. Wichtig ist jedoch die Möglichkeit des Rückzugs, wenn Reize zu stark oder zu chaotisch werden. Manche Menschen erleben aufgrund beeinträchtigter Wahrnehmungsverarbeitung viele Reize wesentlich intensiver oder sie werden durch mangelnde Hemmprozesse – besonders im reticulären System – von einer Reizflut überschwemmt. Die Folge ist Abwehr oder Rückzugsverhalten in einem oder mehreren Wahrnehmungsbereichen. Wir erleben Kinder mit taktiler Abwehr, denen schon geringste Berührungen weh zu tun scheinen, oder Kinder mit vestibulären und/oder propriozeptiven Überempfindlichkeiten, denen jede Bewegung schwerfällt. Dementsprechend weichen diese Kinder Stimulationen in diesen Bereichen aus und reagieren mit Rückzug oder Ausweichverhalten, Ablehnung oder Aggressivität, wenn Anforderungen oder Angebote dieser Art an sie gestellt werden.

Problematisch wird ein solches Vermeidungverhalten, wenn es nicht nur zeitweise, sondern generalisiert auftritt. Durch eine solche extreme Vermeidung von Reizen und die dadurch hervorgerufene Deprivation entsteht das zusätzliche Problem, daß die für die Verarbeitung dieser Informationen notwendigen neuronalen Verbindungen nicht geschaffen oder sogar bestehende abgebaut werden. Dies führt dann zu weiteren Verarbeitungsschwierigkeiten.

6.3 Dysfunktionen, „weißes Geräusch“ und Blockierungen

Eine dritte Störungsgruppe, die nicht direkt Unter- bzw. Überempfindlichkeiten zeigt, beschreibt DELACATO. Er geht von einem störenden Wahrnehmungsfaktor aus, der im Inneren eines Menschen vorhanden ist und die Aufnahme und Verarbeitung von Wahrnehmungen stört. Am besten vorstellbar ist dies im auditiven Bereich. Durch Rauschen oder Klingen im Ohr kann es zu Interferenzen mit anderen aufzunehmenden oder zu verarbeitenden Reizen kommen. DELACATO bezeichnet dies als „weißes Geräusch“ und hält dessen Existenz auch in allen anderen Wahrnehmungsbereichen für möglich.

Das Verhalten der Kinder, die unter den Problemen des „weißen Geräusches“ leiden, ist oft nicht eindeutige Suche oder Vermeidung von Reizen, sondern sie zeigen beides, was die Interpretation und Diagnostik häufig schwierig macht.

Kinder mit sogenannten Dysfunktionen, das heißt einer falschen oder mangelhaften Wahrnehmungsverarbeitung, zeigen ebenfalls häufig keine eindeutigen Reaktionen, die als Suche oder Vermeidung zu charakterisieren sind. Zwar überwiegt im Laufe der Entwicklung das Vermeidungsverhalten, was vor allem auf das zunehmende Bewußtwerden der Defizite zurückzuführen ist, aber das Verhalten ist meist nicht so klar wie bei Kindern mit Überempfindlichkeiten.

Von anderen Autoren wird das Phänomen der Reizblockierung angesprochen, welches ebenfalls in allen Wahrnehmungsbereichen auftreten kann. Hierbei wird vermutet, daß ein eingehender Reiz nicht bis zu seinem endgültigen Verarbeitungs„punkt“ weitergeleitet wird, sondern auf dem Wege abgeblockt wird oder „verloren geht“. Das Ergebnis ist, daß das Kind keine sichtbare Reaktion auf diesen Reiz zeigt.

Wir konnten in unserem Elternfragebogen, der nach der Auswertung von 300 ausgefüllten Fragebogen einer ausführlichen statistischen Analyse unterzogen wurde, weder Blockierungen noch das „weiße Geräusch“ als Faktor identifizieren. Suche- und Vermeidungsfaktoren hingegen konnten in allen untersuchten Wahrnehmungsbereichen eindeutig herausgearbeitet werden.

6.4 Das Kind dort abholen, wo es sich befindet

Nach der Beobachtung des Kindes und den daraus erfolgten Rückschlüssen auf die Verarbeitungsprozesse setzt der Therapeut direkt bei den gezeigten Verhaltensweisen des Kindes an.

Zeigt das Kind eine extreme bzw. stereotype **Suche nach Reizen,** bietet der Therapeut durch Material oder durch seinen eigenen Körper Stimulationen der gesuchten Art an, die das Kind aufnehmen, aber auch ablehnen kann. Signalisiert ein Kind — gleichgültig, ob durch Sprache, Mimik, Gestik oder anderes — die Ablehnung, sucht der Therapeut nach anderen Möglichkeiten. Nimmt das Kind das Angebot auf, versucht der Therapeut, es aus seiner Sackgasse des ständigen Wiederholens der gleichen Handlung herauszuführen, indem er Variationen anbietet. Auch hier liegt die Entscheidung der Annahme oder Ablehnung wieder beim Kind. Die sinnvollsten und für die Entwicklung des Kindes relevantesten Reize entstehen in der aktiven Auseinandersetzung mit der Umwelt (siehe auch A. PRICE: „Die Bedeutung der anpassenden motorischen Reaktion für die Sensorische Integration" — in diesem Buch). Aber auch passive Stimulationen können vorbereitend wirken und eine Basis für spätere Eigenaktivitäten schaffen. Wichtig ist jedoch in dem gesamten Prozeß die Zustimmung und Motivation des Kindes. Die Grundlage der Therapie ist eine Arbeit mit dem Kind und niemals gegen das Kind.

Bei einer extremen **Vermeidung von Reizen** kann der Therapeut nicht, wie bei der Suche, das gezeigte Verhalten des Kindes aufgreifen, sondern er muß Situationen bzw. Angebote schaffen, in denen das Kind das bisher Vermiedene aufnehmen, richtig verarbeiten und dementsprechend auch akzeptieren kann. Dies kann einerseits durch das langsame Aufbauen von ganz schwachen und langsam intensiver werdenden Reizen geschehen. Läßt das Kind jedoch auch die geringste Stimulation oder Variation des bisher Gezeigten nicht zu, versucht der Therapeut über einen anderen, nicht überempfindlichen Wahrnehmungsbereich an das Kind heranzukommen. Oft ist es so, daß Kinder taktil überempfindlich und abwehrend sind, aber propriozeptive Reize zulassen, manchmal sogar suchen. Dann ist der Einstieg über die Tiefenwahrnehmung und das langsame Hinzufügen taktiler Empfindungen sinnvoll.

6.5 Integrationsschritte

Nach dem Einstieg in die Therapie und der beginnenden Normalisierung bei Über- bzw. Unterempfindlichkeit gilt es, die Integrationsleistungen des Gehirns, die A. J. AYRES beschrieben hat (AYRES, Bausteine der kindlichen Entwicklung, 1984), zu betrachten. Die einzelnen Integrationsleistungen und ihre Produkte aus den Bereichen Motorik, Lateralität, Differenzierung und Lokalisation von Reizen werden beobachtet. Stellt der Therapeut auf den entsprechenden Stufen mangelhafte Integrationsleistungen fest, werden in der Gesamtsituation der Therapie Situationen geschaffen, in denen das fehlende oder defizitäre Verhalten provoziert wird. Hierbei ist wiederum wichtig, daß es sich nicht um das „Durchziehen von Übungsreihen" handeln darf, sondern daß durch die Gestaltung der Therapiestunde dem Kind die Möglichkeit gegeben wird, bisher nicht gezeigtes Verhalten auszuprobieren und zu erleben und damit auch zu erlernen.

7. Ende einer Therapie

Eine Therapie ist in der Regel eine künstlich hervorgerufene Situation, das heißt, das Kind wird—entweder einzeln oder in kleinen Gruppen—in eine Sonderrolle gebracht, die meist auch noch in speziellen Räumen stattfindet. Es verliert—zumindest für diese Zeit—den Bezug zu seinem sonstigen sozialen Umfeld, sei es zu Elternhaus, Kindergarten, Schule oder anderem. Selbst wenn Eltern, Lehrer oder Kindergartenbetreuer bei der Therapie anwesend sein sollten, so befinden auch sie sich in einer Sondersituation. Da die meisten Lernprozesse aber normalerweise im sozialen Kontext stattfinden, wird das Kind durch die Therapie veranlaßt, seine Erfahrungen in einem „künstlichen Raum" zu machen und hinterher in seine normale Lebenssituation zu übertragen. Am ehesten ist dies zu vertreten, wenn es sich um sehr frühe kindliche Lernprozesse handelt, die normalerweise in den ersten Lebensjahren in der Auseinandersetzung mit nur einer Person (häufig der Mutter) stattfinden. Schwieriger wird es bei allen Erfahrungen, die normalerweise in einem größeren sozialen Kontext stattfinden und zu denen die Eindrücke und Einflüsse der Gruppe notwendig sind und sei es auch nur durch Vorbildfunktionen anderer. Aber auch für die erstgenannten Prozesse gilt, daß das Kind aus seiner normalen Umgebung herausgerissen wird, wenn es sich vom Alter her nicht mehr in diesem frühen Stadium befindet. Nach unserer Einschätzung und Erfahrung ist es trotzdem für einen begrenzten Zeitraum vertretbar, für das Kind diese Sondersituation zu schaffen, wenn es einen Schonraum benötigt, um bestimmte physische und psychische Erfahrungen zu machen und so eine eventuelle spätere Aussonderung zu vermeiden, falls diese frühen bzw. grundlegenden Prozesse nicht aufgefangen werden.

Allerdings muß der Therapeut immer die „Rückführung" in das normale soziale Umfeld im Auge haben, dieses nach Möglichkeit von vornherein einbeziehen. So können zum Beispiel viele notwendige Lernprozesse im Elternhaus, im Kindergarten oder in der Schule initiiert und forciert werden, wenn dort das nötige Wissen um die Probleme besteht oder entwickelt wurde und eventuell räumliche oder personelle Veränderungen geschaffen werden. Je mehr der Therapeut sich von seiner eigenen Isolierung löst und in die Umwelt des Kindes hineingeht, desto eher kann die Isolierung des Kindes aufgehoben werden. Oberstes Ziel der Therapie sollte ihre baldige Beendigung sein.

LITERATUR:

ALBRECHT, Patricia: Diagnose und Therapie von Wahrnehmungsstörungen, 1977

AUGUSTIN, Anneliese: Beschäftigungstherapie bei Wahrnehmungsstörungen, 1977

AYRES, A. Jean: Lernstörungen, 1979

AYRES, A. Jean: Bausteine der kindlichen Entwicklung, 1984

BRAND, Ingelid u.a.: Integrationsstörungen, 1985

DELACATO, Carl H.: Der unheimliche Fremdling, 1975

DOERING, Waltraut und Winfried: Bewegen und Denken—Sensorische Integrationsbehandlung, in: Praxis der Psychomotorik 1/1989

DOERING, Waltraut und Winfried: Elternfragebogen zur Erfassung von Suche und Vermeidung von Reizen in 5 Wahrnehmungsbereichen, Eigenverlag Doering

EGGERT, Dietrich, KIPHARD, Ernst J.: Die Bedeutung der Motorik, 1980

FLEHMIG, Inge: Sensorische Integration bei autistischen Verhaltensweisen, in: Beschäftigungstherapie und Rehabilitation 2/85

FLEHMIG, Inge: Aspekte sensorischer Integrationsentwicklung von Bewegung und Sprache, in: IRMISCHER (Red.), Bewegung und Sprache, 1988

MISKE-FLEMMING, Dorothee: Theorie und Methode zur Behandlung von perzeptionsgestörten Kindern, 1977

NEUHÄUSER, Gerhard: Neuropsychologische Aspekte von Bewegung und Sprache, in: IRMISCHER (Red.), Bewegung und Sprache, 1988

ORNSTEIN, Robert u.a.: Unser Gehirn, das lebendige Labyrinth, 1986

REMSCHMIDT, Helmut; SCHMIDT, Martin (Hrsg.): Neuropsychologie des Kindesalters,1981

SACKS, Oliver: Der Mann, der seine Frau mit einem Hut verwechselte, 1988

TOMATIS, Alfred A.: Der Klang des Lebens, 1987

Die Bedeutung der anpassenden motorischen Reaktionen für die sensorische Integration

Antje Price

AYRES beschreibt sensorische Integration als „die Zusammenstellung von sensorischen Informationen für den Gebrauch" (AYRES 1979, S. 184), d.h. ein Vorgang, durch den das Gehirn Auskünfte von den Sinnen aufnimmt, erkennt, deutet und eingliedert, um daraufhin mit einer anpassenden Tätigkeit zu reagieren. Ferner sagt sie: „Sensorische Integration erfolgt immer dann, wenn ein Kind von sich aus auf eine entsprechende Reizeinwirkung eine erfolgreiche Anpassungsreaktion plant und ausführt" (AYRES 1984, S. 200).

Weder die sensorische Integration an sich, noch die Behandlung der Störungen beruht auf passiver Stimulation in Form von Zuführung isolierter sensorischer Reize, da diese ohne sinnvollen Zusammenhang schwer zu integrieren sind. Sie erhalten erst Bedeutung durch aktive Beteiligung; dieses erfolgt bei Kindern so gut wie immer durch eine motorische Tätigkeit. Sensorische Integration darf nicht mit sensorischer Stimulation verwechselt werden. Reine Stimulation kann sogar gegen die Integration wirken, kann sie stören oder blockieren und kann somit zur Desintegration führen. Wenn aber die Reize dazu dienen, eine Reaktion hervorzurufen, die eine Rückmeldung beinhaltet, können sie zusammen mit dieser Rückmeldung eingegliedert werden: das ist sensorische Integration. Sensorische Integration beruht also auf Verarbeitung der Reize, nicht nur auf einfacher Anregung. Es sind nicht nur die Sinnesreize beteiligt, durch die eine Reaktion zunächst ausgelöst wird, sondern als wesentlicher Bestandteil auch die Rückmeldungen von den Vorgängen, die zur Zeit ablaufen. Man spricht also von senso-moto-sensorischen Wirkungsschleifen, bei denen weder der sensorische noch der motorische Vorgang einzeln oder getrennt abläuft, sondern nur im Zusammenhang mit dem anderen Anteil.

Die Rückmeldungsfunktion: Propriozeption (Tiefensensibilität)

Der sensorische Anteil der sensorischen Integration betrifft hauptsächlich die Körpersinne, den taktilen, propriozeptiven und vestibulären Sinn. Von diesen drei sogenannten Basissinnen spielt die Propriozeption (= Tiefensensibilität) für die sensorische Integration, die motorische Entwicklung und für die Behandlung bei entsprechenden Störungen eine besonders wichtige, aber oftmals unbekannte Rolle. Die Propriozeption wurde von SHERRINGTON, der sie entdeckte und benannte, als der verborgene aber unentbehrliche sechste Sinn bezeichnet (SACKS 1987, 3. Kapitel). Dieser Eigenkörpersinn vermittelt durch Rezeptoren in Muskeln, Sehnen und Gelenken Auskunft über Stellung und Bewegung der Körperteile und deren Verhältnis zueinander und zu dem Kopf, wo die Schwerkraftreize empfangen werden. Die Tiefensensibilität hat fast ausschließlich mit Rückmeldungen von Körpertätigkeit, also von motorischen Abläufen zu tun, und auch, zusammen mit dem Tastsinn, mit der Wahrnehmung von Druck. Rückmeldungen von Bewegungsvorgängen bilden die Grundlage für das motorische Planen, d.h. die Durchführung von unvertrauten motorischen Tätigkeiten. Weiter sind sie, über das Kleinhirn (Cerebellum), an der Koordination oder dem harmonischen Ablauf der Bewegungen beteiligt. Diese Rückmeldungen, zusammen mit denen über Druck auf Stützflächen, geben das Gefühl von Sicherheit bei Haltung und Bewegung.

Die Tiefensensibilität ist auch ein wesentlicher Bestandteil des unterscheidenden Tastvermögens („Epikritik"), besonders bei der Stereognose. Ferner ist der intakte Eigenkörpersinn Voraussetzung für den Selbstsinn als Individuum. Obgleich die Propriozeption meistens nicht zum Bewußtsein kommt, kann deren Verlust durch Hirnverletzung oder Polyneuritis eine schwere Belastung darstellen (SACKS 1987). Eine ähnliche Störung der Beziehung zwischen Körper und Hirn kann auch sekundär vorkommen, z.B. durch Mangel an Gelegenheit für Bewegung — die Tiefensensibilisierung entwickelt sich nur durch den Gebrauch — oder durch verminderte Reizzufuhr von herabgesetztem Muskeltonus. Schließlich spielt eine Nebenwirkung der Propriozeption eine wesentliche Rolle bei der sensorischen Integration, nämlich die Hemmung, besonders von übermäßigen oder unangenehmen Reizempfindlichkeiten im vestibulären und taktilen Bereich (z.B. die Tastabwehrreaktion), die bei Kindern mit Störungen der sensorischen Integration häufig vorkommen. Motorische Reaktionen bewirken also, daß die Tiefensensibilität und deren sämtliche Beiträge in Gang gesetzt werden.

Die anpassende Reaktion und das motorische Lernen

Die anpassende motorische Reaktion ist eine sinnvolle motorische Tätigkeit, die von einem wahrgenommenen Sinnesreiz und der Notwendigkeit, adaptiv darauf zu reagieren, ausgelöst wird, also eine motorische Anpassung auf eine sensorische Herausforderung. Nicht jede motorische Tätigkeit ist als eine anpassende Reaktion zu deuten: sie muß von einem Sinnesreiz ausgehen und Anpassung an neue Umstände erfordern, und sie muß auch Bedeutung für das Kind haben, muß zu seinem Entwicklungsniveau passen. Da Anpassungsreaktionen von selbst wahrgenommenen Reizen ausgehen und einem eigenen Bedürfnis entsprechen, darauf zu reagieren, haben sie für das Kind Bedeutung. Sie geschehen weder mechanisch als unabänderliche Wiederholung, noch auf „Befehl" von außen, auch nicht auf den des Therapeuten, oder als eine Übung. Der ausschlaggebende Anteil ist die Anpassung an neue Anforderungen; wenn sie gelingt wird das motorische Lernen zusammen mit der Integration gefördert.

Das motorische Planen ist die Fähigkeit, eine unvertraute, ungeübte Tätigkeit auszuführen. Das „Planen" erfolgt aber nicht bewußt, durch Überlegung, was ein langsamer, unvollständiger und ablenkender Vorgang wäre, sondern durch anpassende motorische Reaktionen, die rasch und mühelos auf folgende Weise ablaufen und wirken:

1. Sie gehen von wahrgenommenen Sinnesreizen aus, die durch Rückmeldungen über motorische Reaktionen bestätigt werden. Die Rückmeldung ist selbst ein Reiz, der mit neuen Reizen aus allen Sinnesbereichen und mit gespeicherten ähnlichen Erfahrungen integriert wird und zu weiteren Anpassungen führt.

2. Die Bestätigung der einleitenden Reize durch Anpassungsreaktionen fördert den Raumsinn und die Wahrnehmung der körperlichen Beziehung zum Raum. AYRES (1984, S. 165) zitiert Untersuchungen an Tieren und Menschen, durch die festgestellt wurde, daß aktive Bewegung erforderlich war, um den Sehvorgang mit der Reizverarbeitung über die Körpersinne (besonders die vestibulären und propriozeptiven) in Beziehung zu setzen; passive Bewegung genügte nicht, um solche Anpassung zu bewirken. Ähnliche Integration visueller Reize und taktiler Rückmeldung fördert die Formperzeption und Wahrnehmung der Oberflächenbeschaffenheit.

3. Weil die Reaktion zweckdienlich ist, werden fördernde und hemmende Vorgänge eingeschaltet, um das Vorhaben erfolgreich durchzuführen. Dabei steht an erster Stelle die Hemmung nebensächlicher, störender und sonstwie ablenkender Reize. Solche intermodale Integration ist ein wesentlicher Bestandteil jeder aktiven Handlung, die man sich selbst vornimmt.

4. Anpassende motorische Reaktionen bestehen aus vollständigen Bewegungsfolgen, einschließlich der erforderlichen Körperstellung und Anpassung zur Erhaltung des Gleichgewichts, wobei die willkürliche Bewegung mit der automatischen Statik integriert werden muß, um eine stabile, sichere Basis für die Bewegung zu schaffen.

5. Bewegungsfolgen können gespeichert werden und sind später wieder verfügbar als Grundlage für weitere Anpassungsreaktionen. Durch Wieder-

holungen werden sie schließlich automatisch, können aber je nach Bedarf abgeändert werden. Dieses ist der Vorgang des motorischen Lernens, der zu motorischer Leistungsfähigkeit führt.

6. Rückmeldungen von gelungenen Anpassungen regen zu weiteren Versuchen an und ermutigen, Neues oder Unbekanntes auszuprobieren. Erfolg durch eigenen Einsatz fördert die Selbsteinschätzung als fähiger, tauglicher Mensch.

Das motorische Lernen ist die spontane Hauptbeschäftigung des Kindes, zum größten Teil durch das Spiel bewirkt, das Gelegenheit für mannigfaltige, für Kinder besonders sinnvolle Tätigkeiten erfordert. Damit sind aber in der Regel nicht spezielle Spiele gemeint, sondern eher das Spiel mit den Sinnen (z.B. dem Gleichgewicht) und mit den unmittelbaren Gegebenheiten der Umwelt, das Erforschen und Ausprobieren also, mit dem sich Kinder intensiv beschäftigen. Daraus lernen sie nicht nur, sondern sie gewinnen auch Genugtuung und Freude. Da die Anregung bei solchem Spiel von Sinnesreizen ausgeht, werden anpassende Reaktionen hervorgerufen, und somit wird ein Lernvorgang ausgelöst, der meist außerordentlich wirksam und erfolgreich ist. Dieses primäre Lernen geht spielend von der Hand, es läuft mit viel weniger Mühe und Widerstand ab als vorgeschriebene Übungen oder das schulische Lernen.

Störungen im motorischen Planen: Dyspraxie

Bisher wurde der Ablauf der anpassenden motorischen Reaktion bei gesunden Kindern besprochen. Bei behinderten Kindern, besonders wenn Störungen der sensorischen Integration vorliegen, können hier Schwierigkeiten bestehen. Wie bei allen komplexen Vorgängen, und besonders bei denen, die von der Integration abhängig sind, kann der normale Ablauf an vielen Stellen und auf verschiedene Weise gestört werden: durch mangelhafte Wahrnehmung oder Vermittlung der Reize; durch verminderte oder gestörte Rückmeldung; durch Beeinträchtigung der motorischen Reaktion bzw. Bewegungsfolge, was wiederum die Rückmeldung beeinflußt, aber auch von ihr abhängig ist; oder durch Fehler in der Integration selbst, besonders der gemeinsamen Eingliederung der Eingangsreize, Rückmeldungen und gespeicherten Erfahrung, der Zusammenstellung mit automatischen Gleichgewichtsreaktionen, sowie der intermodalen Hemmung von störenden Reizen und Reaktionen. Das alles kann sowohl zu Schwierigkeiten im motorischen Planen führen als auch zu Unsicherheitsgefühlen und dadurch zu vermindertem Selbstvertrauen und manchmal zu Bewegungsangst. Daraus folgt das Meiden motorischer Tätigkeiten oder die stereotype Wiederholung gewohnter Bewegungen, wodurch sich eingeschränkte

Anpassungsmöglichkeiten ergeben, die schließlich zu einem Mangel an Erfahrungs- und Erfolgserlebnissen führen. Bei solchen Schwierigkeiten ist die Folge eine ungewöhnlich große Ungeschicklichkeit, die sich als motorische Auffälligkeit ohne neuromuskuläre Ursachen zeigt: die Dyspraxie.

Die klassische Dyspraxie bezieht sich auf Beeinträchtigung im motorischen Planen aufgrund somatosensorischer Dysfunktion, besonders im Bereich der Tiefensensibilität; andere dyspraktische Erscheinungen beruhen auf Störungen in der räumlichen Wahrnehmung oder Vorstellung, dem Serialbegriff (in Bezug auf Bewegungsfolgen), Eingliederung der automatischen Statomotorik, oder dem Speicherungsvorgang. Sie können einzeln oder in verschiedenen Kombinationen vorkommen, ebenso auch zusammen mit anderen Störungen der sensorischen Integration, besonders der taktilen Überempfindlichkeit, als deren Ursache eine mangelhafte intermodale Integration anzusehen ist.

Nach meiner Erfahrung sind die Dyspraxien und die damit verbundenen Unsicherheitsgefühle und sensorischen Überempfindlichkeiten die am häufigsten vorkommenden Störungsbilder bei Kindern, die uns im Rahmen der sensorischen Integration zur Untersuchung und Behandlung zugewiesen werden. Da eine Dyspraxie den normalen Vorgang des motorischen Lernens, und dadurch die Selbstverwirklichung und das Selbstvertrauen beeinträchtigen kann, ist therapeutische Intervention bei solchen Kindern dringend nötig. Meines Erachtens ist hier eine Behandlung mit dem Ziel der Förderung der sensorischen Integration besonders geeignet und wirksam; Medikamente, Verhaltenstherapie, Übungsprogramme oder ähnliche Maßnahmen sind weniger hilfreich (AYRES 1984, S. 188).

Behandlungsmöglichkeiten

Anpassende motorische Reaktionen sind ein wesentlicher Bestandteil der Behandlung bei allen Störungen der sensorischen Integration, besonders deshalb, weil sie von vornherein Integration beinhalten und sie fördern (AYRES 1984, S. 255).

Bei passiver Stimulation werden die intermodalen hemmenden Wirkungen nicht hervorgerufen, was zu Überreizung, Desintegration und Auslösung unerwünschter vegetativer Reaktionen (z.B. Übelkeit) führen kann, Symptome, die bei behinderten Kindern sehr rasch und sehr stark auftreten können. AYRES befürwortete in ihrem ersten Buch zunächst auch die reine, passive Stimulation in der Behandlung, obwohl sie damals schon anpassende Reaktionen und deren integrative Wirkung betonte (AYRES 1972). Sieben Jahre später, in ihrem zweiten Buch, wurde diese Aussage jedoch aufgrund der gewonnenen Erfahrung und als Folge von Forschungsergebnissen als weniger wirksam und eventuell sogar gefährlich dargestellt (AYRES 1979;1984, S. 141-142, 194, 221). Sie betonte nunmehr die aktive Beteiligung des Kindes, besonders bei vestibulären Reizen, die dem Kind keinesfalls aufgezwungen werden dürfen und die nur von entsprechend ausgebildeten Therapeuten angewendet werden sollten (AYRES 1984, S. 142, 208, 248).

Vestibuläre und taktile Reize können ebenso gut und mit weniger Gefahr der Überreizung während der Selbstbetätigung des Kindes, im Verlauf der anpassenden Reaktionen, erfahren werden. Die Rückmeldung kann während der Selbstbetätigung durch zusätzliche Reize (z.B. Druck) verstärkt werden.

Ein Beispiel: wenn man ein Kind sitzend (z.B. im Netz) um die Körperachse dreht, wird die Tiefensensibilität nur minimal angesprochen; im Innenohr werden hauptsächlich die Rezeptoren in den Bogengängen gereizt, die mit Steuerung der Augenmuskulatur zu tun haben, weniger die schwerkraftaufnehmenden, vestibulären Organe, die Gleichgewicht, Tonus und Körperstellung beeinflussen. Drehung um die Körperachse erzeugt eine sogenannte supermaximale Stimulation, die in diesem Falle die Augenmuskelkontrolle überfordert, was sich als Nystagmus äußert und wodurch oft noch andere unerwünschte Begleiterscheinungen hervorgerufen werden, wie Gleichgewichtsstörungen (Kippen, Torkeln) und Schwindelgefühl, manchmal auch Übelsein. Solche Begleiterscheinungen können nach Beendigung der Reizung noch länger anhalten oder erst später auftreten, vermutlich aus Mangel an Hemmung durch die Propriozeption.

Wenn sich das Kind andererseits in der Bauchlage selbst dreht (z.B. im Netz), indem es sich mit den Händen vom Boden abstößt, werden durch die Kopfstellung und -bewegung (nun als Umlauf, also in einem großen Kreis) hauptsächlich die vestibulären Schwerkraftrezeptoren angeregt, die den Strecktonus gegen die Schwerkraft im ganzen Körper erhöhen, besonders in der Nackenmuskulatur; die starke propriozeptive Rückmeldung von dieser Spannung, zusammen mit dem Druck auf Handflächen und Armgelenke, fördert die Anpassung und das weitere motorische Planen, sorgt dafür, daß dieses gespeichert wird, und hemmt als Nebenwirkung etwaige unangenehme oder überflüssige Reize. Ferner wird dadurch auch die Augenmuskelkontrolle verbessert und vermutlich die visuelle Wahrnehmung gefördert.

Die positiven Folgen können ebenfalls länger dauern und weiter wirken: so kann z.B. die verstärkte intermodale Hemmung nicht nur unmittelbar im Augenblick effektiv sein, sondern im Lauf der Zeit die taktile Überempfindlichkeit allgemein herabsetzen — die „geradlinige Beschleunigung“ in der Bauchlage hat sich als eines der wirksamsten Mittel gegen die Tastabwehrreaktion erwiesen. AYRES betont die anhaltende aufbauende Wirkung der anpassenden Reaktionen für die Integration und die dadurch verbesserte Hirnfunktion: „Eine gut organisierte Anpassungsreaktion führt das Gehirn in einen besser gegliederten Zustand über“ (AYRES 1984, S. 18); „Das Kind muß sich aktiv wechselseitig mit seiner Umwelt auseinandersetzen, um eine angemessene Gliederung seines Nervensystems zu erreichen“ (AYRES 1984, S. 200).

Das motorische Lernen durch anpassende Reaktion geht meistens nach folgendem Schema:

1. Wahrnehmung eines oder mehrerer Reize, die eine Reaktion hervorrufen könnten.
2. Ein Entschluß, darauf zu reagieren: das Vorhaben, einen motorischen Plan einzuleiten, was zum Bewegungsauftrag führt.
3. Reagieren, ausprobieren, unter Beachtung der Rückmeldung, die an sich meist unbewußt ist; nur die Wirkung und eventuell taktile Reize kommen zum Bewußtsein.
4. Gleichzeitige Eingliederung mit anderen sensorischen und motorischen Vorgängen.
5. Abänderung, oft durch Fehlleistungen oder nicht ausreichenden Erfolg bedingt, aber auch durch Entdeckung von unerwarteten Folgen und anderen Möglichkeiten.
6. Beständiges Üben der erfolgreichen Bewegungsfolgen, unter verschiedenen Bedingungen, bis zu Automatisierung.
7. Weitere Abänderung, Anpassung, Verfeinerung.

Dieser Vorgang bildet die Grundlage der Therapie bei Störungen der sensorischen Integration. Das Behandlungsniveau wird so gestaltet, daß erwünschte anpassende Reaktionen hervorgerufen werden und deren weiterer Ablauf gefördert wird. Dabei ist die Wahl der Angebote ausschlaggebend: nicht jede beliebige Tätigkeit ist in jedem Fall geeignet, sicher oder wirksam — sonst könnte man die Kinder einfach auf den Spielplatz schicken oder allen dieselben Übungen aufgeben. Die Tätigkeiten müssen genau auf die Bedürfnisse des einzelnen Kindes abgestimmt sein, unter Berücksichtigung seines Entwicklungsstandes und der vorliegenden Störungen der sensorischen Integration und anderer Behinderungen.

Es müssen sowohl die Voraussetzungen für den eigenen Einsatz als auch die Möglichkeit für Anpassung und Erfolg gegeben sein. Die notwendige Unterstützung, das Tempo des Behandlungsaufbaus und vieles andere bedingen das nötige Wachsen mit dem Kind. Dazu ist ein Vertrauensverhältnis zwischen Therapeut und Kind erforderlich. Der Therapeut erfährt dadurch die Bedürfnisse des Kindes und orientiert sich an seinem Verhalten. Das Kind erhält Motivation zum Mitmachen und Ermutigung, einen Sprung ins Ungewisse zu wagen, sowie auch die Versicherung, daß es Hilfe bekommt, wenn dieser nicht gelingt. Voraussetzung ist, daß der Therapeut eine genaue Kenntnis der Entwicklung des Nervensystems hat, die Grundlagen der sensorischen Integration und ihrer Störungen versteht und die Auswirkungen der Behandlungsmaßnahmen abschätzen kann.

Die Aufgabe des Therapeuten*

Das Auslösen gezielter anpassender motorischer Reaktionen und die damit verbundenen Behandlungsmaßnahmen sollten bei Kindern mit entsprechenden Störungen nur im Rahmen der Therapie eingesetzt werden, um das größte Maß an Sicherheit und Wirksamkeit zu gewährleisten. AYRES spricht in ihren beiden Büchern nur von Behandlung durch Therapeuten; an manchen Stellen (AYRES 1984, S. 14, 114, 200, 208, 248) nennt sie speziell Ergotherapeuten (= Beschäftigungstherapeuten) und Krankengymnasten (Physiotherapeuten), insbesondere, wenn es um die Sicherheit bei der Anwendung vestibulärer Reize geht; die sensorische Integrationsbehandlung beschreibt sie als ein Spezialgebiet der Ergotherapie (AYRES 1984, S. 215). Es ist kein Zufall, daß AYRES, die selbst Ergotherapeutin war, dieses befürwortet, noch daß in Nordamerika wie auch in anderen Ländern, darunter Deutschland, diese Behandlungsform vor allem von Ergotherapeuten ausgeführt wird, ebenso wie die hierfür erforderlich gezielte Weiterbildung. Die Unterstützung von sinnvoller, bzw. zweckmäßiger Eigenbetätigung des Patienten, und damit die Förderung anpassender motorischer Reaktionen, war schon immer ein wesentlicher Bestandteil der Ergotherapie; hierdurch unterscheidet sie sich von anderen Therapieformen. „Die Ergotherapie wurde ursprünglich entwickelt, um Menschen mit motorischen und Verhaltensstörungen zu Anpassungsreaktionen zu verhelfen, die es ihnen ermöglichen, ihren eigenen Zustand zu bessern" (AYRES 1979, S. 135). AYRES beschreibt die Ergotherapie als einen „Beruf, der sich damit befaßt, durch sinnvolle Aktivitäten den Patienten zur Auslösung von Anpassungsreaktionen zu verhelfen, welche das Nervensystem in die Lage versetzen, effektiver tätig zu sein" (AYRES 1984, S. 256).

* Die Bezeichnung „Therapeut" wird hier als Sammelbegriff gebraucht; der Einfachheit halber wird darauf verzichtet, jedesmal „Therapeut bzw. Therapeutin" zu sagen.

Im Mittelpunkt der Behandlung zur Förderung der sensorischen Integration steht das Kind, nicht die Störung oder die eingesetzte Methode. Die Behandlung ist indirekt: das Kind wird nicht in sensorischer Integration „unterrichtet" oder trainiert. Es wird nicht das geübt, was das Kind nicht kann, bei dem es versagt, noch werden Reize zugeführt, die das Kind nicht vertragen oder verarbeiten kann. Die Therapie muß individuell dem Kind angepaßt werden, wobei folgende Gesichtspunkte zu berücksichtigen sind:

1. Auf dem Niveau anfangen, wo das Kind integrieren und durch eigenen Einsatz erfolgreich sein kann, mit Tätigkeiten, die Bedeutung für das Kind haben, um Mitmachen und Befriedigung zu fördern.
2. So lange wie nötig auf einer Stufe verweilen; langsamer vorgehen oder die Anforderungen herabsetzen bzw. vereinfachen, wenn das Kind nicht mitkommt, damit es erst eine feste Grundlage einbauen kann.
3. Weitergehen, aufbauen, sobald das Kind soweit ist, um Langeweile und damit verminderte Aufmerksamkeit und herabgesetzten Einsatz zu vermeiden.
4. Abänderungen, Variationen, immer etwas Neues bieten, zusammen mit dem Alten, Sicheren, um Anpassung zu fördern und Langeweile zu vermeiden.
5. Erfolg ist wesentlich für das Selbstvertrauen, die Selbstvorstellung und den Leistungsantrieb.

Die meisten Kinder haben einen enormen Trieb zur Selbstverwirklichung, zur Entwicklung ihrer eigenen Möglichkeiten, besonders im motorischen Bereich. Wenn man dies in der Behandlung ansprechen kann, erreicht man den spontanen Einsatz des Kindes. Aber vielen Kindern mit Störungen der sensorischen Integration, bei denen diese Einstellung besonders hilfreich wäre, fehlt dieser Bewegungsdrang, sie sind weniger begeistert, oder sie sind unsicher in Hinblick auf ihre eigenen Fähigkeiten; man muß sich dann erst um ihr Mitmachen bemühen. Der Therapeut darf dabei das Kind nicht zwingen, kann es nur auffordern, anregen oder „verlocken", indem die erwünschten Tätigkeiten besonders attraktiv gemacht werden, was viel Kreativität verlangen kann. Die größten Schwierigkeiten bereitet dies bei dyspraktischen Kindern: für sie ist die Behandlung mittels anpassender Reaktionen am wichtigsten, aber sie fürchten sich davor oder fühlen sich davon bedroht. Meistens wollen sie so wenig wie möglich mit motorischen Tätigkeiten zu tun haben und ziehen sich davor zurück — sie haben ihr Versagen schon oft genug erlebt, besonders da, wo Anpassung an neue Anforderungen verlangt wird, oft unter Begleitung von Unsicherheitsgefühlen. Mit ihnen muß sehr vorsichtig umgegangen werden. Man kann nicht verlangen, daß sie das versuchen, was sie nicht können, und sich immer wieder der Gefahr des Versagens aussetzen. Damit würde ihre Angst und Spannung noch weiter erhöht und eine stärkere Ablehnung hervorgerufen; das hilft dem Kind nicht und wirkt dem Therapieziel entgegen. Bei solchen Kindern bilden die anpassenden Reaktionen immer noch die Grundlage der Behandlung, aber sie müssen mit Vorsicht und besonderer Unterstützung durch den Therapeuten eingesetzt werden. Dabei wird mit sehr einfachen Anforderungen auf niedrigem Niveau begonnen, um zunächst Sicherheit, Vertrauen und Erfolgsgefühl zu vermitteln. Langsam, behutsam, vom Kind geleitet, wird darauf aufgebaut, bis der Widerstand überwunden ist und das Mitmachen spontan erfolgt. Derselbe grundlegende Therapievorgang ist auch oft bei autistischen Kindern erforderlich, die häufig auch dyspraktisch sind und denen der gesunde Bewegungsdrang fehlen kann. Dies stellt die höchsten Anforderungen an den Therapeuten.

Ergotherapeuten sind stets um die Förderung des Leistungsantriebs bemüht, da Selbstbetätigung nicht ohne freiwilliges Mitmachen gelingen kann. Sie wissen auch: je mehr eigener Einsatz des Kindes, desto wirksamer die Behandlung. Deswegen benutzen sie auch in der sensorischen Integrations-Behandlung das „Gewerbe des Kindes“: das Spiel mit den Sinnen und den Gegebenheiten der Umwelt und das motorische Lernen. Wie genau vorgegangen wird, hängt von dem Kind ab. Jedoch sind die meisten Tätigkeiten grobmotorischer Art, erfolgen also nicht am Tisch, sondern auf dem Boden oder mit Gerät. Durch das Einbeziehen des ganzen Körpers in die Tätigkeit wird einerseits der für die sensorische Integration besonders wichtige Gleichgewichtssinn (das Vestibularsystem) angesprochen, andererseits werden damit starke Rückmeldungen über die Tiefensensibilität gefördert. Bestimmte Geräte wie Schaukeln, große Bälle, Rollbretter usw. können dabei sehr nützlich sein und Kinder zum Mitmachen anregen, aber sie sind nicht das Ausschlaggebende für die Behandlung; zur Not kommt der erfinderische Therapeut auch ohne sie aus. Für manche Kinder, insbesondere wenn sie älter sind, ist Spiel nicht mehr ausreichend; hier kommt auch Werkarbeit als Teil der Behandlung in Betracht. Material, das Widerstand bietet (wie z.B. Holz oder Ton) ist für anpassende Reaktionen besonders geeignet. Bei einigen Kindern, besonders autistischen, denen das Spielen oft nicht liegt, kann das „Helfen“ eine besondere Bedeutung haben, z.B. die Beteiligung am Herausholen, Aufbauen und Wegräumen der Geräte. Manche Kinder folgen ihrem eigenen inneren Therapieprogramm — was man auch sonst mit ihnen vorhatte. Meistens ist dieses genau das Gegebene für sie, ebenso wie auch die genialen Tätigkeiten, die manche Kinder selbst erfinden; allerdings kann sich dahinter auch Ausweichverhalten verbergen, was der Therapeut erkennen und unterscheiden muß.

Bei allen Tätigkeiten steht die Anpassung immer an erster Stelle; sie ist wichtiger als Enderzeugnisse, Geschicklichkeiten oder meßbare Leistungen. Es hilft sehr, wenn die Tätigkeit Freude macht, aber bloßer Spaß darf nicht zum Hauptzweck werden, von der Anpassung ablenken oder sie gar ersetzen.

Die eigentliche Integrationstherapie basiert auf der Integration selbst, d.h. auf den intermodalen Wirkungen und Nebenwirkungen der Körpersinne, besonders den Rückmeldungen von anpassenden motorischen Reaktionen. Der Schwerpunkt der Behandlung liegt auf der Förderung der Integration und damit der Reifung und der Funktion des Nervensystems. Damit soll eine Grundlage gebildet werden, auf der das Kind selbst weiterbauen kann, ohne daß man sich um jede Einzelheit bemühen muß. Es ist ein Vorteil dieser Therapiemethode, daß durch gesteigerte Anpassungsfähigkeit die Voraussetzung für die spontane Weiterentwicklung geschaffen wird, und dadurch das langwierige Einüben von einzelnen Geschicklichkeiten entfällt. Ein anderer Vorteil ist, daß mittels anpassender Reaktionen so viel auf einmal bewirkt werden kann, besonders daß mehrere Sinnesbereiche gleichzeitig angesprochen werden, z.B. das Visuelle mit dem Vestibulären, und immer dabei die Tiefensensibilität: das bedingt die Integration. Man braucht also nicht mit einer als wirksam erkannten Tätigkeit aufzuhören, aus Angst, anderes zu vernachlässigen.

Diese komplexen Vorgänge erfolgreich durchzuführen, verlangt viel Wissen und Fähigkeiten. Es gibt keine Rezepte für solche Behandlung: Therapeuten müssen einerseits gezielt vorgehen können, andererseits kreativ, spontan und flexibel sein. Das erfordert intensiven Einsatz, was aber schließlich durch größere Wirksamkeit belohnt wird.

LITERATUR:

AYRES, A. J.: Sensory Integration and the Child. Los Angeles: Western Psychological Services, 1979. (Die Zitate wurden vom Autor übersetzt.)

SACKS, O.: Der Mann der seine Frau mit einem Hut verwechselte. Rowohlt Verlag, 1987. (Übersetzung: von Gunsteren). Das 3. und 4. Kapitel.

AYRES, A. J.: Bausteine der kindlichen Entwicklung. Berlin, Heidelberg: Springer-Verlag, 1984. (Übersetzung: Dr. I. und Dr. R.-W. Flehmig.)

AYRES, A. J.: Sensory Integration and Learning Disorders. Los Angeles: Western Psychological Services, 1972. (NB: die Jahreszahl der Originalausgabe ist in der deutschen Übersetzung „Lernstörungen" 1979, falsch angegeben.)

Dyspraxie — das Problem kindlicher Handlungsstörungen

Ernst J. Kiphard

1. Einleitung

Uns fallen immer wieder Kinder auf, die nicht nur einfach ungeschickt sind, weil hier motorische Koordinationsschwächen vorliegen, sondern die sich bei den verschiedenen Bewegungsaufgaben höchst umständlich, unbeholfen, unpraktisch und tolpatschig anstellen. Eine solche dyspraktische Teilleistungsstörung finden wir gar nicht so selten bei der Gruppe der sog. MCD-Kinder[1]). Sie haben allein schon Schwierigkeiten im motorischen Umgang mit sich selbst. Sie bewegen sich seltsam starr, leblos und mechanisch, so, als existierten Geist und Körper getrennt voneinander. Recht eigentlich scheinen sie nur Zugang zu ihrem Geist zu haben; der Körper ist ihnen irgendwie fremd geblieben. Sie scheinen ihn gar nicht zu bewohnen (vgl. *Mattner* 1987), und sie können aus diesem Grund auch nicht gut mit ihm umgehen. Es fällt ihnen schwer, ihren Körper und seine Teile in eine Handlung einzubeziehen, ihn handelnd in Beziehung zu den Gegenständen und Materialien der Umwelt zu setzen. Damit ist gemeint, daß das dyspraktische Kind Schwierigkeiten beim Besteigen, Überqueren und Durchkriechen von Objekten und Geräten hat, daß es nicht weiß, wie es mit einem Roller, einem Dreirad oder Pedalo umgehen soll, obwohl es dies bei anderen sieht.

So stehen sie zunächst ratlos, hilflos und unentschlossen vor jeder neuen motorischen Situation, ehe sie zögernd einige meist erfolglose Versuche unternehmen — mehr gezwungenermaßen als aus freien Stücken, aus eigenem Antrieb. Und selbst, wenn ein dyspraktisches Kind einmal motiviert ist, z.B. den Sitzsprung auf dem Trampolin zu erlernen, so dauert es lange, bis das neu erlernte Koordinationsmuster im Bewegungsgedächtnis haftet. Manchmal stehen diese Kinder auf dem Sprungtuch, ohne daß ihnen einfällt, welche Art von Übung sie machen wollten. Es ist, als ob sie die beabsichtigte Bewegungsfolge momentan völlig vergessen haben oder sie nur sehr verschwommen antizipieren können.

---

[1] MCD = Abkürzung für minimale cerebrale Dysfunktion (geringe Hirnfunktionsstörung)

Dyspraktische Kinder fallen durch ihre Unsicherheit, Unentschlossenheit, Unselbständigkeit und Hilflosigkeit in neuen motorischen Lernsituationen auf. Trotz guter Begriffsfähigkeit packen sie die Bewegungsaufgabe irgendwie falsch an, zäumen das Pferd von hinten auf. Und sie halten immer wieder verwirrt inne, um nachzudenken, wie es weitergehen soll. Es ist, als ob bei ihnen eine Schaltstörung zwischen Intellekt und Motorik, zwischen Sehen und Handeln vorliegt. Entsprechend bedrohend und ängstigend erleben sie jede neue Umweltsituation, in der man von ihnen erwartet, daß sie handelnd tätig werden. Im Handeln steckt das Wort Hand, und gerade hier im manuellen Bereich zeigen sich große Schwierigkeiten, weil das dyspraktische Kind seine Hände weder strukturell noch funktional richtig kennt und sie nicht aktiv im Körperschema verankert hat. „Es muß ähnlich sein, als wenn man selbständig etwas essen will, und beide Hände sind vollkommen eingegipst" (*Ayres* 1984,150).

2. Praxie als Fähigkeit, zielgerichtet und zweckmäßig zu handeln

Im menschlichen Handeln vollzieht sich ein unaufhörlicher zirkulärer Austauschprozeß, eine ständig neue Interaktion zwischen Individuum und Umwelt. Die Fähigkeit, zweckmäßig auf ein Ziel hin zu handeln — man spricht hier von Praxie — erwirbt das Kind aufgrund vielfältiger Bewegungserfahrungen, die im Laufe seiner Entwicklung als motorischer Gedächtnisbesitz in seinem Gehirn gespeichert werden. Dieser Erfahrungsschatz kommt zustande durch die laufenden sensorischen Rückmeldungen während des Tätigseins. Sie betreffen sowohl propriozeptive Informationen über den eigenen Körper (Muskel- und Lagesinn) als auch exterozeptive Informationen über die Umwelt durch Tasten, Sehen und Hören.

Jede motorische Handlung beginnt mit einer motivationalen Gerichtetheit auf ein Ziel, das der Handelnde erreichen möchte. Dazu faßt er einen Plan, eine Lösungsstrategie. Dieser Handlungsplan wird jedoch vor seiner Umsetzung noch einer kurzen Prüfung unterzogen, indem der Handelnde die Handlung zunächst zur Probe im Geiste, in der Vorstellung ablaufen läßt.

Diese Probehandlung im Geiste wird auch als Antizipation, als Bewegungsvorschau bezeichnet. Hierbei ist einmal die sensorische Orientierung über die jeweilige Umweltsituation notwendig. Zum anderen muß der Handelnde auch seine eigenen körperlich-motorischen Kompetenzen richtig einschätzen. Je klarer die Eigen- und Fremdwahrnehmung, desto klarer die Weg-Ziel-Vorstellung und desto praxisbezogener, praktikabler, pragmatischer die Handlungsführung. Dennoch wird jede auch noch so gut geplante und vorstellungsmäßig vorweggenommene Handlung einer ständigen Kontrolle durch sensorische Rückmeldungen unterzogen. Stimmen Plan und Ergebnis überein, so bedarf es keiner Handlungskorrektur. Viele kindliche Handlungsaktivitäten kommen jedoch ohne Korrekturen im Sinne des Versuch- und Irrtumslernens nicht aus.

3. Dyspraxie als Störung zielgerichteten, zweckmäßigen Handelns

Unter Dyspraxie ist — in Abgrenzung zur Apraxie als weitgehender bzw. völliger Verlust der Handlungsfähigkeit — eine leichtgradige Handlungsstörung zu verstehen. Sie tritt bei ansonsten intakter motorischer Koordinationsfähigkeit auf. Apraxie und Dyspraxie sind keineswegs monokausale Störungsbilder; sie gehen auf unterschiedliche Ursachen zurück, wobei sich Überschneidungen, ja Kumulationen ergeben können. Im Grunde können Handlungsstörungen an jedem der genannten Glieder einer Handlungskette ansetzen.

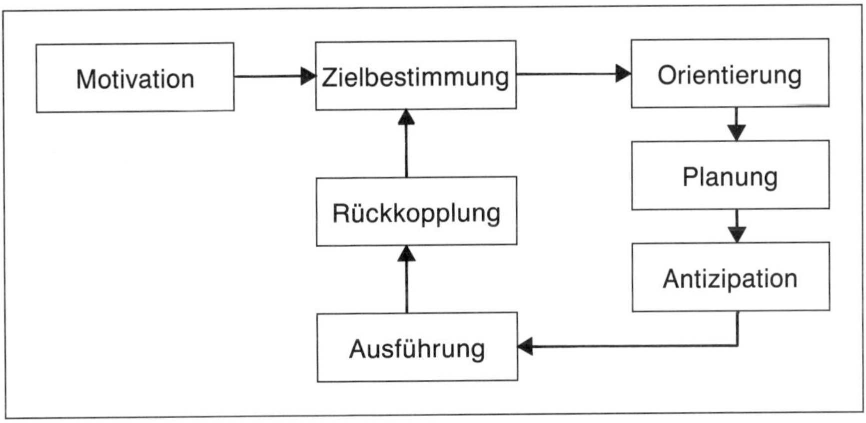

3.1 Motivation und Zielbestimmung

Dyspraktische Kinder sind meist nicht sonderlich handlungsmotiviert. Handeln bedeutet für sie immer ein Risiko. Sie können ihre eigene motorische Handlungskompetenz in den wechselnden Bewegungssituationen nicht richtig einschätzen. Die Umwelt besitzt für sie keinen Aufforderungscharakter. Sie fühlen sich machtlos und drücken sich möglichst vor jeder Bewegungsaufgabe. Dementsprechend gering ist ihr Bewegungsrepertoire. Sie sind in einem Teufelskreis gefangen: je geringer der Bestand an altersgemäßen Koordinationsmustern und Handlungserfahrungen, desto größer die Angst, sich auf Bewegungshandlungen einzulassen — und umgekehrt. Aufgrund dieser allgemeinen Unsicherheit in der Beurteilung einer Handlungssituation in bezug auf die eigenen motorischen Fähigkeiten scheut das dyspraktische Kind das aktive Eingreifen selbst dann, wenn das Handlungsziel in Form einer konkreten Aufgabenstellung vorgegeben ist. Zu viele Unsicherheiten sowie die Erinnerung an erfolglose Handlungsversuche sind Grund genug für den Dyspraktiker, von vornherein das Handtuch zu werfen.

3.2 Handlungsbezogene Körper-Ich-Orientierung

Wie hier schon angeklungen, hat das dyspraktische Kind Mühe, sich selber als Handelnden, geschweige denn die spezifische Umweltsituation richtig einzuschätzen. Dabei mangelt es ihm an Körperwahrnehmung, Körperkenntnis, Körpergefühl und Körperpraxie. Dyspraktische Kinder sind in ihrem Körper nicht zu Hause, sie spüren ihn nicht oder nur unvollkommen. Sie haben kein Gedächtnis für die Ausdehnung ihres Körpers und seine Grenzen. Sie sind sich ihrer Körperteile wie Kopf, Rumpf und Gliedmaßen nicht oder nur unzureichend bewußt. Alles besteht nebeneinander, unverbunden, unkoordiniert. Es fehlen die propriozeptiven Rückmeldungen aus den Muskeln, Sehnen und Gelenken. Ein solches Kind spürt sich zu wenig, es hat kein Gefühl für seine körperliche Identität. Und wenn es mit seinem Körper handelnd tätig werden will, so kann es mit diesem „Instrument" nicht recht umgehen. Deshalb ist es auch häufig in Unfälle verwickelt.

Dyspraktische Kinder haben Schwierigkeiten, ihr Körper-Ich in Bezug zur Umwelt zu bringen, sie können ihre körpereigene Räumlichkeit als sensomotorische Steuerungsgröße (BAUMANN 1979) bei ihren Handlungsversuchen einfach nicht richtig einschätzen. AYRES (1984, 133) berichtet von einem dyspraktischen Kind, das auf Aufforderung nicht in der Lage war, sich auf eine Bank zu legen. Es legte nur seine Schultern auf die Bank und fragte dann allen Ernstes, was es mit den Beinen machen solle. Wir haben ähnliche Erfahrungen im psychomotorischen Förderunterricht gemacht, wobei solche Kinder es einfach nicht fertig brachten, ihren Körper in sinnvoller Weise auf eine Rutsche oder Schaukel zu plazieren. Das Gleiche gilt für ihre meist vergeblichen Versuche, sich in Bauchlage auf ein Rollbrett zu legen. Sie scheinen dabei überhaupt kein Gespür dafür zu besitzen, daß ihr gesamter Unterkörper auf dem Boden schleift und sie deshalb nicht vorwärts kommen.

Diese Beispiele zeigen deutlich, wie absolut hilflos viele dyspraktische Kinder sind, wenn es darum geht, ihren Körper in eine situationsadäquate Position zu bringen, um sich damit einer bestimmten Umweltgegebenheit anzupassen. Ihrer Handlungsplanung fehlt es an präziser körperlicher Eigenwahrnehmung. Deshalb verfügen sie nicht über ihren Körper — weder kognitiv noch affektiv.

Bei der von KLEIST (1910) beschriebenen *konstruktiven Apraxie,* zu der die *Ankleide-Apraxie* gehört, wird deutlich, daß sowohl die Körper- als auch die Raumorientierung gestört sind (vgl. POECK 1966). Die Kinder haben dabei offensichtlich Schwierigkeiten, ihr Körperschema auf die Kleidung zu übertragen.

Eine andere, höchst spezifische Form einer Körperschema-Störung liegt bei der *Fingeragnosie* vor (SCHILDER 1931, STRAUSS und WERNER 1938). Agnosie bedeutet Nichtwissen, Nichterkennen. Dementsprechend handelt es sich hier um die Unfähigkeit, die eigenen Finger zu erkennen, sie zu identifizieren, ja überhaupt sie sich vorzustellen. Die Fingeragnosie kommt nach JOHNSON und MYKLEBUST (1967, 341) bei lerngestörten Kindern gar nicht so selten vor und ist häufig mit Dyskalkulie (Rechenschwäche) und Dysgraphie (Schreibschwäche) verbunden.

3.3. Handlungsbezogene Umweltorientierung

Eine mangelhafte Körperorientierung verhindert — wie wir am Beispiel der Ankleide-Apraxie gesehen haben — auch eine optimale Raumorientierung, zumal das dyspraktische Kind generell über viel zu geringe großräumige Bewegungserfahrungen verfügt. Die optische Orientierung über Raumlage, vor allem aber über Raumbeziehungen, ist an den aktiven Umgang mit dem Raum gebunden. Gerade hinsichtlich des „handgreiflichen" haptisch-motorischen Handelns bestehen meist gravierende Erfahrungsdefizite. Obwohl das dyspraktische Kind im allgemeinen eine genügende sprachgebundene Intelligenz besitzt, mangelt es ihm an Bewegungsintelligenz. Es hilft sich meist dadurch, daß es zwischen den einzelnen Handlungsschritten Denkpausen einlegt, so als ob es den nächsten Schritt zunächst kognitiv vorplanen müsse.

Die optische Wahrnehmung im zweidimensionalen Raum, z.B. im Umgang mit Papier und Bleistift, macht im allgemeinen keine Probleme. Schwierigkeiten bereiten allein die dreidimensionale räumliche Gestalterfassung und das Überblicken komplexer Raumbeziehungen innerhalb einer Umweltsituation. Ein 14jähriger Dyspraktiker, von dem noch in einer Fallgeschichte berichtet werden wird (vgl. KIPHARD und SCHIEMER im kommenden Heft 4/88), konnte leicht aus drei Turnstäben mit entsprechenden Verbindungsstücken ein Dreieck auf dem Boden herstellen; ihm gelang es aber nicht, unter Hinzunahme eines vierten Stabes ein Indianerzelt zu bauen. Auch hatte er ausgesprochene Schwierigkeiten beim Übertragen räumlicher Raster in die motorische Handlung des Richtungs- und Entfernungsgehens im Großraum.

Trotz vorhandenen analyatischen Denkvermögens und trotz genügender Abstraktionsfähigkeit fehlt es dem Dyspraktiker an motorischem und affektiv-sozialem Umweltbezug, genau wie ihm der kognitive und affektive Körper- und Selbstbezug fehlt (vgl. 3.2). Der Mangel an verstehendem situativen Be-Greifen erklärt auch seine Angst vor dem handelnden Ein-Greifen. Dies gilt nicht nur für motorische, sondern auch für soziale Umweltsituationen.

3.4. Handlungsplanung, Handlungsantizipation

Besonders nachteilig auf die Handlungsfähigkeit wirkt sich der Mangel an Bewegungsgedächtnis und Bewegungsvorstellung aus. Das heißt, diesen Kindern fällt es schwer, sich das Koordinationsmuster einer neu erlernten Bewegungsfolge einzuprägen. Es ist, als ob sie die raum-zeitliche und strukturelle Gliederung einer motorischen Handlung nicht begreifen können. Deshalb ist es ihnen nur sehr begrenzt möglich, sich einen Bewegungsablauf vorzustellen, ihn im Geiste vorauszudenken.

Bei einer motorischen Handlungsantizipation wird vor dem geistigen Auge ein Modell der Bewegungshandlung erzeugt. Dazu ist es notwendig, die einzelnen Handlungsschritte in der Vorstellung zu einer Sequenz zu ordnen, sie quasi „im Unreinen" durchzuspielen. Aber gerade hierzu sind dem dyspraktischen Kind enge Grenzen gesetzt. Es denkt im Grunde zu lange und zuviel nach. Zum spontanen Planen fehlt es ihm an situativer Flexibilität. So setzt es bei weitem mehr Planungsaktivität ein als andere Kinder, allerdings mit weit geringerer Effektivität.

Es handelt sich bei der Dyspraxie also nicht einfach um eine motorische Insuffizienz, eine Bewegungsstörung, sondern in erster Line um eine kognitive Leistungsstörung hinsichtlich des Behaltens, des Sich-Erinnerns und des Sich-Vorstellens von Bewegungsabläufen. Diese kogno-motorische Funktionsbehinderung entspricht der *ideatorischen Apraxie Liepmanns* (1900) bzw. der von KIPHARD und HUPPERTZ (1968, 1987) beschriebenen *ideamotorischen Leistungsinsuffizienz,* bei der schon die Idee, der geistige Entwurf der Bewegungsausführung gestört ist. Diese Personen verhalten sich während des Handelns auffallend zerstreut. Sie können sich nicht genügend konzentrieren und verlieren das Handlungsziel aus den Augen. POECK (1982) weist darauf hin, daß es dem ideatorischen Dyspraktiker nicht gelingt, die verschiedenen Sinnesinformationen zu motorischen Programmen zu verarbeiten.

3.5. Handlungsausführung

Es ist klar, daß die praktische Umsetzung einer mangelhaften und unvollständigen Handlungszielvorstellung von vornherein fehlerhaft und unzweckmäßig sein muß. Wenn ein Kind zum Beispiel keine Spielidee hat, so nützt ihm das schönste Spielzeug gar nichts; es wird mit den Gegenständen nur primitiv funktionell tätig werden, indem es sie hin- und herschiebt oder aneinanderschlägt. Hier wird die Unfähigkeit deutlich, Objekte ihrer Bedeutung gemäß zu verwenden. Und das, obwohl der Dyspraktiker die Spiele, wenn er sie bei anderen sieht, durchaus begreift. Man spricht hier treffend von einer „intellektuellen Werkzeugstörung" (vgl. KIPHARD in RÖTHIG 1983, S. 29, 30). Bei der schon erwähnten *konstruktiven Apraxie* (vgl. 3.2) mißlingen alle kreativen Handlungen wie Zusammenfügen, Bauen und räumliches Gestalten. Auch hier ist primär die mentale Weg-Ziel-Vorstellung gestört.

Nun gibt es aber auch Formen der Dyspraxie, bei denen der Handlungsentwurf, die Lösungsstrategie, die Zielvorstellung intakt ist. Was hier nicht funktioniert, ist die Übertragung der Idee in die Handlungsebene. Mit anderen Worten: Die antizipierten Handlungsglieder können nicht motorisch realisiert werden. Klassische Formen sind die sog. *motorische Apraxie Schilders* (1935), die *ideokinetische* bzw. *gliedkinetische Apraxie Heilbronners.* Bei diesen Handlungsstörungen ist die Nervenbindung zu dem Gliedzentrum der motorischen Region des Gehirns und damit die Übertragung auf die motorischen Ausführungsorgane ganz oder teilweise unterbrochen. In leichten Fällen ist dabei nur eine Fahrigheit und Ungenauigkeit in der Bewegungsausführung sichtbar. Bei komplizierten Handlungsabläufen werden jedoch einzelne Handlungsglieder ausgelassen oder verwechselt.[1])

Leichte Formen motorischer Dyspraxie kommen bei Kindern mit minimaler cerebraler Dysfunktion (MCD) relativ häufig vor. Nach WALLON (1949) besteht bei dieser „dyspraxie idéomotrice" eine mangelnde oder fehlende Integration zwischen der (vorhandenen) mentalen Zielvorstellung und den zur Ausführung benötigten pragmatischen, manuell-utilisatorischen Mitteln. Bei dieser Werkzeugstörung weisen auch die erlernten Bewegungsfertigkeiten mitunter Mängel bei der Ausführung auf, was zu Verwechslungen mit einer motorischen Koordinationsstörung führen kann.

Besondere Schwierigkeiten haben motorisch dyspraktische Kinder beim Gebrauch von Werkzeugen — vom Eßbesteck über Handwerks- und Handarbeitszeug bis zu den Mal- und Schreibutensilien. Gerade der Umgang mit diesen und anderen Gerätschaften als „verlängerte Arme" erweist sich als immens störungsanfällig. Was hier auf den ersten Blick wie Unkonzentriertheit und Ungeschick aussieht, kann durch praxische Umsetzungsschwierigkeiten geplanter Bewegungsvollzüge im Sinne einer motorischen

---

[1] Auch bei der motorischen Aphasie handelt es sich um eine Form verbaler Apraxie, wobei das Sprachverständnis erhalten, jedoch die Fähigkeit zum Spontan- und Nachsprechen trotz intakter Mundmotorik gestört ist. Ähnlich ist es bei der Agraphie (Verlust der Schreibfähigkeit bei intakter Handmotorik).

Dyspraxie entstanden sein. Daß dabei psychische Ursachen zumindest verstärkend eine Rolle spielen können, wie MUMMENTHALER (1969) vermutet, ist in einzelnen Fällen sicher der Fall.

4. Abhilfen bei Dyspraxie

Es mag aus dem bisher Gesagten deutlich geworden sein, daß Dyspraxie nicht gleich Dyspraxie ist. Es gibt ursächlich verschiedene und in der Ausprägung leichte bis schwere Formen. Das macht unterschiedliche Vorgehensweisen bei der Förderung bzw. Therapie notwendig. Sie sollen hier getrennt besprochen werden, wobei ich mich in Anbetracht des begrenzten Raumes auf die wesentlichen Aussagen konzentrieren möchte.

4.1 Verbesserung der Körperwahrnehmung

Wohl die meisten dyspraktischen Kinder leiden an ein und derselben Grundstörung, nämlich der Beeinträchtigung der bewußten Wahrnehmung des eigenen Körpers (vgl. 3.2). AYRES (1984) führt dies auf eine sensorische Integrationsstörung zurück. Da sie sich in den Sinnen und nicht im Intellekt auswirkt, sind verbale Erklärungen wenig sinnvoll. „Worte können ein Gehirn nicht ordnen. Anstatt dem Kind zu sagen, daß es seinen linken Fuß vorsetzen soll oder ihm zu erklären, was der Fuß jetzt tun sollte, ist es oftmals wesentlich besser, den Fuß anzufassen, ohne ein Wort zu sagen. Die Berührungsempfindung wird dem Kinde mitteilen, wie es sich bewegen soll" (AYRES 1984, 143).

Die optische Kontrolle allein genügt eben nicht, um dem dyspraktischen Kind zu einer besseren Orientierung an sich selbst zu verhelfen. Hierfür müssen Tastsinn, Muskelspannungs- und Bewegungssinn sowie Lage- und Gleichgewichtssinn systematisch aktiviert werden. Es kommt therapeutisch darauf an, daß der eigene Körper mit der Zeit für das Kind fühlbar, erfahrbar gemacht wird. Dazu dienen großflächige Hautstimulationen über Massage, Wasserstrahl, Warmluft, Vibration usw., dergleichen Übungen zur Lokalisation und Identifikation von Körperregionen oder -teilen bei Berührungsreizen. Hinzu kommen Zug- und Druckeinwirkungen auf die Gelenke und Muskeln sowie passiv geführte Bewegungen der Extremitäten unter optischer Kontrolle vor einem großen Spiegel. Außerdem benötigen diese Kinder gezielte muskuläre Tonuserfahrungen durch aktives isometrisches Anspannen und Entspannen der Beuger und Strecker, um allmählich ihren Körper und seine Teile bewußter zu spüren. Schließlich ist es wichtig, den Gleichgewichts- und Lagesinn des Vestibularappartes im Innenohr durch Änderungen der Körperlage und Kopfstellung im Schwerkraftfeld der Erde anzuregen (vgl. KIPHARD in Motorik 1, 1985 und 2, 1985 sowie AYRES 1979 und 1984).

4.2. Hinführung zur Handlungsplanung und -ausführung

Es geht hier zunächst um die praxische Nutzung einer verbesserten Körperorientierung beim *Planen und Ausführen primitiver Bewegungsmuster.* Dabei soll die Umweltorientierung im Sinne des situativen Erfassens veränderter Umweltgegebenheiten zum Zwecke der optimalen Anpassung an neue motorische Situationen noch keine Rolle spielen. Das heißt, *die Umwelt bleibt zunächst konstant, und es werden noch keine Anpassungsleistungen, vom Kinde gefordert.* Beispiele sind Schritt- und Bewegungsfolgen wie abwechselndes Beingrätschen und Fußschluß, Hopserlauf, „Hampelmann" u.a.m. Auch das Rhythmisieren verschiedener Schritt- und Bewegungsfolgen oder das Nachvollziehen vorgemachter Tanzfiguren mit und ohne Musikbegleitung hilft mit der Zeit die Schaltstörung zwischen Sehen und Handeln, zwischen Intellekt und Motorik zu überwinden.

Bei der Handlungserziehung dyspraktischer Kinder nützen wir im Anfang soweit wie möglich das *Imitationsverhalten,* wobei das *Lernen am optischen Vorbild* eine große Hilfe ist. Erst allmählich wird aus dem Nachmachen ein Vormachen eigener, d.h. selbsterdachter, selbsterfundener Bewegungssequenzen. Nachdem es den Kindern gelingt, die Einzelteile einer „Pflichtübung" im Bewegungsgedächtnis zu behalten, ist es nun an der Zeit, eigene „Kürübungen" zu erfinden. Es kommt nun entscheidend darauf an, *Bewegungskreativität* in allen nur denkbaren Formen zu fördern.

Wir haben, um nur ein Beispiel zu nennen, das Trampolin speziell zu diesem Zweck eingesetzt. Nachdem die Kinder einzelne Übungsteile wie Standsprung, Standdrehung, Sitzlandung und Banksprung sicher beherrschten, sind wir dazu übergegangen, die Kinder zu ermuntern, ihre eigene „Kür" aus zunächst drei, später mehr Trampolinsprüngen zusammenzustellen. Eine große Hilfe dabei waren einfache Strichzeichnungen, die jedes Kind für sich an der Tafel oder auf einem großen Papierbogen entwerfen konnte, ehe sie in die Praxis umgesetzt wurden. Aber auch der andere Weg war möglich: erst etwas in der Praxis auszuprobieren, z.B. die Bewegungsfolge „Sitzsprung, Banksprung, Standsprung, Standdrehung", um es anschließend als mehrteilige Folge aufzumalen. In beiden Richtungen — von der Motorik zur intellektuellen Abstraktion oder umgekehrt — vollzieht sich ein ständig variierter Integrationsprozeß zwischen Handeln und Planen sowie zwischen Planen und Handeln.

4.3. Problemlöseverhalten als umweltorientiertes Handeln

Bei jedem praktischen Lösungsversuch eines motorischen Problems sind Denken und Handeln gleichermaßen gefordert. Da es sich um ungewöhnliche, für das Kind neue Situationen und Aufgaben handelt, z.B. mehrere Bälle über eine Hindernisbahn zu transportieren, muß es sich eine Möglichkeit der Realisierung zuerst vorstellen, um diesen Handlungsplan anschließend in der Realität zu überprüfen. Mit einiger Phantasie lassen sich eine Menge attraktiver motorischer Probleme finden, deren Bewältigung die Kinder reizt. Bei Vorhandensein genügender Kleinmaterialien, Kombinationsmaterialien und psychomotorischer Gerätschaften lassen sich Problemlöseaufgaben stellen wie „baut Euch eine Brücke“, „. . . einen Tunnel“, „. . . einen Turm“, „. . . ein Haus“, „. . . ein Boot“, „. . . ein Fahrzeug“, „. . . eine Rutsche“, „. . . eine Wippe“, „. . . eine Schaukel“ usw.

Das Vorgehen zur Lösung kann je nach Schwierigkeiten und Ungewohntheit der Aufgabe einmal mehr ein Ausprobieren im Sinne des Versuchs und Irrtums sein. Ein anderes Mal werden eigene Ideen auf direktem Wege und ohne größere Korrekturen in die Tat umgesetzt. In der motopädagogischen Übungspraxis sind hier die Übergänge fließend. Wichtig ist die Tatsache, daß das Kind in der Auseinandersetzung mit dem jeweiligen Problem seinen ganzen motorischen Erfahrungsschatz konstruktiv zu nutzen weiß, indem es ihn situationsadäquat adaptieren lernt. SCHMUHL (1987) konnte anhand einer Untersuchung mit lernbehinderten Schülern einer Eingangsstufe (7—10 Jahre) und mit 6jährigen Kindern einer Schulkindergartenklasse zeigen, daß motorische Problemlöseaufgaben nicht nur einen hohen Motivationswert besitzen, sondern daß sie die Kinder auch befähigen, sich unbekannten Bewegungssituationen und -aufgaben anzupassen und entsprechende Handlungsstrategien zu entwickeln.

Pädagogisch liegt ein wesentliches Moment darin, ein vom kindlichen Standpunkt aus wirklich „lohnendes“, das heißt optimal „passendes“ Problem (BRODTMANN und LANDAU 1980, 21) zu finden. Motivation ist hier die Grundvoraussetzung zur Aktivierung und Mobilisierung aller Sachkompetenzen, die das Kind besitzt. „Dem Motopädagogen fällt hierbei die Aufgabe zu, phantasiereiche Aufgaben anzubieten, welche die Kinder zu planenden Zielhandlungen anregen“ (KIPHARD 1987[3], 138).

Nach WILLAND (1974, 24) leiden insbesondere geistig behinderte Schüler unter gravierenden Defiziten im Bereich des problemlösenden Denkens und Handelns. Obwohl es sich hier um eine intellektuell bedingte Dyspraxie handelt, lassen sich eine Fülle motivierender Aufgaben mit dem Ziel einer Integration von Sehen, Problemerkennen und Handeln finden, wie ich sie in dem Abschnitt „Elementare Motopädagogik bei Geistigbehinderten“ (in Größing: Bewegungserziehung und Sportunterricht mit geistig behinderten Kindern und Jugendlichen, 1981, 141-164) beschrieben habe. Mir ist ein Erlebnis bei einer Sportstunde mit geistig behinderten Schülern in Erinnerung, während der sich ein Luftballon im Basketballnetz verfangen hatte. Auf meine Frage, wie man den Ballon da herausbekommen könne, antwortete mir ein 14jähriger Junge klar und entschieden: „Feuer drunter machen.“

Es ist im Rahmen dieses Zeitschriftenbeitrages unmöglich, auf die Vielfalt der Beispiele für motorische Problemlöseaufgaben einzugehen. Der Leser sei verwiesen auf das Kapitel 2.3.10. in meinem Buch „Motopädagogik“ (S. 138-140) und auf den Beitrag „Motorisches Problemlösen“ in der Zeitschrift *Sportpädagogik* Nr. 1, 1980.

Weiterführende LITERATUR:

ADDEN, W.; LEIST, K.-H.; PETERSEN, U.: Problemlösendes Lernen im Sport. Zschr. f. Sportpädag., 2, 1978,1

AYRES, A. J.: Lernstörungen. Sensorisch-integrative Dysfunktionen. Berlin/Heidelberg/New York 1979

AYRES, A. J.: Bausteine der kindlichen Entwicklung. Ebd. 1984

BREHM, W.: Handeln und Lernen im Sportunterricht. Bad Homburg 1981

BRODTMANN, D. und LANDAU, G.: An Problemen lernen. Sportpädagogik 1, 1980, 16-22

CRATTAY, B. J. und SAMOY, L.: Ein Vergleich praktischer Verhaltensweisen bei 6jährigen Kindern. Motorik 2, 1981, 52-58

JETTER, K.: Kindliches Handeln und kognitive Entwicklung. In Müller u.a. (Red.): Motorik im Vorschulalter. Schorndorf 1978, 56-59

JOHNSON, D. J. und MYKLEBUST, H. R.: Lernschwächen. Stuttgart 1971

KIPHARD, E. J.: Motorisches Problemlösen. Sportpädagogik 1, 1980, 52-54

KIPHARD, E. J.: Handlungstheorien in der Mototherapie. In KIPHARD: Mototherapie, Teil I, Dortmund 1986[2], 47-101

KIPHARD, E. J.: Praxie — nicht Koordination. Motorik 3, 1984, 148

KIPHARD, E. J. und Huppertz, H.: Erziehung durch Bewegung. Dortmund 1987[7]

MATTNER, D.: Zur Dialektik des gelebten Leibes. Dortmund 1987

MIEDZINSKI, K.: Die Bewegungsbaustelle. Dortmund 1987[2]

MILLER, G. A.: Galanter, E., Pribram, K. H.: Strategien des Handelns. Stuttgart 1973

MUMMENTHALER, M.: Psychogene Störungen der Sensibilität und der Motorik. Schweiz. med. Woschr. 99, 39, 1969, 1376-1380

POECK, K.: Der Begriff des Körperschemas und seine Probleme. In Tagungsbericht: Sprachheilpädagogische und hirnpathologische Probleme bei der Rehabilitation von Hirn- und Sprachgeschädigten. Köln 1966

POECK, K.: Apraxie. In: Klinische Neuropsychologie. Stuttgart/New York 1982

RÖTHIG, P. (Red.): Sportwissenschaftliches Lexikon. Schorndorf 1983[5]

SCHMUHL, A.: Die Bedeutung motorischen Problemlösens für die Handlungsfähigkeit lernbehinderter Kinder. Ex.-Arbeit, Sonder- und Heilpädagogik, Univ. Frankfurt 1987

SPORTPÄDAGOGIK: Sondernummer „An Problemen lernen", 3,1982

VOLPERT, W.: Handlungsstrukturanalyse. Köln 1974

WILLAND, H.: Problemlöseverhalten bei Lernbehinderten. Berlin 1974

Förderung integrationsgestörter Kinder im Schulunterricht Ist das möglich?

Ingelid Brand

Spielplatz der Furcht

Mein Leben entfaltete sich auf dem Spielplatz
mit all seinem Leid und seiner Freude.
Die Ängste und Zweifel an mir selbst
spielten mit — in dieser Scheinwelt, die eine allzu reale war.

Ich fühlte mich verloren im Dschungel der Turngeräte.
Unsicher meiner selbst — verwirrt.
Meine Richtung unbestimmt.
Und kein Lachen kam von mir,
als ich mich durch dieses Labyrinth des Schreckens wand.

Ich stieg die Stufen der riesigen Rutschbahn hinauf,
schaudernd beim Anblick dessen, was vor mir lag.
Unfähig umzukehren.
Und kein Lachen kam von mir,
als ich blindlings kopfüber stürzte, einem ungewissen Schicksal entgegen.

Ich sauste zur Wippe.
In Erwartung von Spaß und Erregung.
Alles war vorbei, als ich hoch in der Luft hing, im Raume verloren.
Und kein Lachen kam von mir,
als ich aus meinem Traum in die allzu rauhe Wirklichkeit herabfiel.

Ich sprang auf eine Schaukel,
bereit zu beglückender Erfahrung: fliegen!
Als mich die anderen — lachend — über die Grenzen
meiner Toleranz stießen,
trübte die rasante Geschwindigkeit alle guten Vorsätze.
Und kein Lachen kam von mir,
als ich mich an die Hoffnung eines baldigen Endes meiner Seelenqual
klammerte.

Schließlich suchte ich die Herausforderung der metallenen Ringe.
Hoffnungsvoll — war doch alles in meiner Hand.
Doch der kalte graue Stahl gab keinen Schein des sommerlichen
Tages wieder,
und nur Tränen brachen aus mir,
als ich im Moment einer Unaufmerksamkeit an den Kopf gestoßen wurde —
eine grausame und bittere Erkenntnis meiner Hilflosigkeit.

So rannte ich fort von dem Spielplatz der Furcht —
dieser Welt des Scheines, die allzu wirklich ist,
heim, wo diese Spiele des Lebens bis zu ihrem Ende fortgesetzt wurden.
Und kein Lachen kam von mir.

C. Rothschild, 29. April 1973

Einleitung

Welche grundlegenden Probleme weist dieses Kind aus dem Gedicht auf, das weder auf dem Spielplatz noch im freien Spiel zuhause zurecht kommt. Welche Folgestörungen werden sich im Laufe seiner Entwicklung einstellen, wenn es nicht mit Kindern seiner Altersgruppe Spiel- und Lernerfahrungen sammeln kann, sondern aus Angst oder Unfähigkeit zurücksteht, ausgelacht, getadelt oder gar abgelehnt wird? Sehen die Eltern überhaupt die Schwierigkeiten ihres Kindes? Wie beurteilen sie die Probleme und wie bewältigen sie diese? Was geschieht mit solch einem Kind, wenn es in die Schule kommt und die Kulturtechniken und vieles andere mehr erlernen soll? Benötigt das Kind eine Überprüfung und Behandlung durch Fachkräfte? Kann es trotz seines Störungsbildes die Regelschule besuchen und evtl. ambulant behandelt werden oder wird vielleicht eine Sondereinrichtung notwendig?

Nützt dem Kind dann eine punktuelle Vorgehensweise, die nach und nach seine Probleme aufgreift, therapiert und zu „normalisieren“ versucht; oder muß die Störung des Kindes ganzheitlich betrachtet und angegangen werden?

Nur allzu oft werden diese Fragestellungen bis zum Schulalter zurückgedrängt, eine oft fatale Entscheidung für die Weiterentwicklung eines Kindes. Spätestens im Schulalltag nämlich treten bei vorwiegend kognitiven Leistungsanforderungen die basalen Lernstörungen des Kindes offen zutage. Nun endlich wird die Frage nach dem genauen Störungsbild und nach angemessenen Fördermöglichkeit brennend aktuell.

1. Lernen (in Anlehnung an BREITENBACH, 1986)

Die Schule setzt bei einem Schulanfänger eine gut entwickelte allgemeine Lernfähigkeit voraus. Sie erwartet daher von einem sechsjährigen Kind angemessene vorschulische Erfahrungen, die sie behutsam und zielstrebig in schulisches Lernen überführen kann.

Was bedeutet in diesem Zusammenhang Lernfähigkeit und Lernen? Lernen beinhaltet Aufnahme, Verarbeitung und Wiedergabe von all jenen Informationen durch das Zentrale Nervensystem, die für das Individuum bedeutsam sind. Durch den ständigen „Verknüpfungsprozeß von Daten aus der Umwelt mit Daten des Subjekts" (SCHERLER, 1979) bilden sich neue Pläne und Strukturen im Gehirn, mit deren Hilfe das Kind Kontakt zu seiner Umwelt aufnimmt und diese in Besitz nimmt. Gleichzeitig verändert es aber auch ständig die gewonnenen Pläne und Strukturen, um sie in neuen Situationen verwenden zu können.

1.1 Neurophysiologische Grundlagen des Lernens

Neuere wissenschaftliche Forschungen betonen immer wieder die weitreichende Bedeutung neurologischer Erkenntnisse für das schulische Lernen und damit auch für gestörtes schulisches Lernen.

Lernen erfordert die gute Zusammenarbeit aller Hirnteile im einzelnen wie auch untereinander. An der Bewältigung einer Aufgabe sind dabei verschiedene einzelne Hirnareale gleichsam als „Knotenpunkte" für das reibungslose Ablaufen einer Funktion beteiligt. Gleichzeitig müssen jedoch die Zellgruppen des gesamten Gehirns gut koordiniert zusammenarbeiten, d.h. Informationen angemessen aufnehmen, weiterleiten und austauschen, wenn Lernen möglich werden soll. Dieser Integrationsfähigkeit des Zentralnervensystems kommt daher eine äußerst wichtige Bedeutung für das Lernen zu. Nur sie gewährleistet ein adäquates ganzheitliches Funktionieren der Teile im Gesamtsystem.

Bei dieser Betrachtungsweise darf nicht vergessen werden, daß die Plastizität des menschlichen Gehirnes zum Zeitpunkt der Geburt noch nicht voll ausgereift ist, daß jedoch nach AKERT (1979) der Teilungsvorgang der Nervenzellen bis zur 22. Schwangerschaftswoche nahezu abgeschlossen ist. Nach diesem Zeitraum bilden sich vor allem die strukturellen und funktionellen Verbindungen zwischen den einzelnen Neuronen heraus, die Fortsätze (Axon, Dendriten) und die Synapsen entwickeln sich weiter, die Nervenbahnen myelinisieren.

Sensorische Reize regen das Gehirn zur Aktivität an und beeinflussen so die Entwicklung und das Lernvermögen des Menschen. Durch ein zu geringes Reizangebot während wichtiger Phasen der Gehirnentwicklung wie auch durch Mangelernährung, vor allem in der frühen Kindheit, können Störungen an Neuronen im Bereich des Dendritenbaumes auftreten (z.B. Zurückbildung oder spärlichere Ausbildung des Dendritenbaumes, Mangel an dendritischen Dornen als Kontaktpunkte für Axone anderer Nervenzellen).

Die Synapsenverbindungen mit ihren hochkomplizierten Übertragungsmechanismen funktionieren außerdem nur dann reibungslos, wenn sie ständig benutzt werden. Ist das Gehirn einer sensorischen Deprivation ausgesetzt, „schlafen" die Synapsen allmählich ein und werden daher in ihrer Funktionstüchtigkeit reduziert. Werden die synaptischen Verbindungen jedoch besonders stimuliert, setzt eine vermehrte Entwicklung im Bereich der Dendriten und Synapsen ein. (GUTTMANN, 1972).

In diesem Zusammenhang dürfen die sozial-ökologischen Umweltbedingungen eines Menschen nicht übersehen werden, die den gesamten Lernprozeß erheblich beeinflussen. Nach SINGER (1984) gibt es genetisch festgelegte Neuronenverschaltungen mit entsprechenden Antworteigenschaften, die jedoch erst durch das Zusammenwirken von Organismus und Umwelt funktionsfähig werden, d.h. die sich durch den Gebrauch der Sinne entwickeln. Daneben muß die Struktur der Umwelt dem Organismus aber auch Erfahrungsmöglichkeiten bieten, in denen das Zentralnervensystem mit Hilfe seiner sensorischen und motorischen Organe mit seiner Umwelt in Wechselwirkung treten kann.

Neben der Aktivität sensorischer Neuronen kommt es bei der erfahrungsabhängigen neoronalen Verschaltung weiterhin auf den momentanen Zustand des ZNS an, d.h. auf zusätzliche, vom Gehirn selber hervorgerufene Signale. Hiermit sind nach RADIGK (1986) der Aktivierungszustand, die zentralen Kontrollsysteme, der Wachheits- und Aufmerksamkeitszustand des ZNS gemeint.

Während der frühen Phase der Gehirnentwicklung, in der die Grundverschaltungen stattfinden, sollten möglichst gleichbleibende Umweltbedingungen vorherrschen. Diese dürfen weder ein Übermaß an Umweltreizen noch eine zu wenig differenzierte und strukturierte Umgebung bieten, da sie sonst eindeutige Zuordnungen im Gehirn erschweren oder gar verhindern.

Probleme beim Lernen können auftreten, wenn Entwicklungs- oder Funktionsstörungen im Bereich der Dendriten und Synapsen vorliegen, die einen optimalen Informationsfluß im Zentralnervensystem verhindern. In diesem Fall arbeitet ein Teilbereich des Zentralnervensystems nicht richtig, oder das Zusammenspiel einiger Teile untereinander bzw. des Gesamten ist gestört. Das Gehirn kann, durch seine gestörte Integrationsfähigkeit bedingt, die einströmende Flut von Sinnesreizen nicht entsprechend filtern, ordnen, koordinieren und mit bereits vorhandenen Daten vergleichen. Es bilden sich unvollständige funktionelle Systeme heraus, die die Integration weiterer Informationen behindern. Eine adaptive, d.h. eine sinnvolle, exakte, effektive und der Situation angemessene Reaktion wird erschwert oder gar verhindert. Zu den betroffenen Bereichen zählen neben Wahrnehmung und Motorik u.a. auch Kognition, Handlungsvorentwurf, Vigilanz (Wachheitsgrad), Gedächtnis, Motivation und Emotion, also all jene Bereiche, die die Grundlage für schulisches Lernen darstellen.

Innerhalb dieses Geschehens bedingen sich in der kindlichen Entwicklung sensorische und motorische Prozesse wie auch neuropsychologische und neurophysiologische Grundleistungen des ZNS (z.B. Gedächtnis, Handlungsplanung etc.) gegenseitig im Sinne sensomotorischer Regelkreise. Sich-selbst-Bewegen ermöglicht Be-greifen, d.h. z.B., das Kind setzt zufällig einen Gegenstand in Bewegung; es faßt die Bewegung und damit den Gegenstand auf, bewegt sich zu dem Gegenstand hin, erfaßt und begreift den vorher bewegten Gegenstand mit seinen Händen und mit dem Mund, experimentiert mit ihm und bildet sich damit einen Begriff. Selbstbewegung ermöglicht und erleichtert also Wahrnehmungsprozesse.

Es entstehen auf diese Weise allmählich sensomotorische Handlungschemata. Diese wiederum stellen die Grundlage und Voraussetzung für optimale Bewegung und Wahrnehmung, für angemessenes Agieren in und Reagieren auf die Umwelt dar, d.h. für geistige Tätigkeiten und Denkprozesse im gegenständlichen, laut- und schriftsprachlichen Bereich. Diese Lernprozesse müssen bereits vor Schuleintritt erfolgreich verlaufen sein, wenn das Kind keinen Schiffbruch bei dem Erlernen der Kulturtechniken erleiden soll.

1.2 Entwicklungspsychologische Grundlagen des Lernens

Lernen bedingt Entwicklung, Weiterentwicklung erfordert neue Lernprozesse. Entwicklung kann dabei als „ein Prozeß zunehmender Differenzierung von Merkmalen, Fähigkeiten und Fertigkeiten" (Brand/Breitenbach/Maisel 1985) gesehen werden. Da die Differenzierung im Laufe der Entwicklung immer stärker zunimmt, muß der Organismus durch Zentralisierung oder Integration diesem Auseinanderstreben, und damit dem Verlust der Einheit des Individuums, entgegenwirken. Durch diesen Prozeß werden die Beziehungen zwischen spezifischen einzelnen Komponenten einer Fähigkeit, Fertigkeit oder eines Merkmales hergestellt, die durch die Differenzierung entstanden sind. Im wechselseitigen Miteinander von Differenzierung und Integration bilden sich allmählich immer komplexere Systeme und Strukturen im Individuum heraus.

Störungen der Integrationsfähigkeit verlangsamen oder verhindern zumindest zeitweise die Entwicklung. Sie können daher auch als Entwicklungsverzögerungen gesehen werden. Die verlangsamte Entwicklung äußert sich dabei im Bereich der motorischen Fähigkeitn, in einzelnen Wahrnehmungsbereichen oder in schweren Fällen in einer erheblich verzögerten Gesamtentwicklung eines Kindes.

1.2.1 Entwicklung der Wahrnehmung

Der Begriff Wahrnehmung beinhaltet Aufnahme und zentrale Verarbeitung (d.h. Identifizieren, Erkennen, Zuordnen, Interpretieren, Behalten) von Sinnesreizen aus dem eigenen Körper oder der Umwelt. Da die funktionellen Systeme, die durch die Verarbeitungsprozesse entstehen, in ihrer Qualität das Lernen fundamental beeinflussen, muß in der kindlichen Entwicklung großer Wert auf die Qualität ihrer Ausbildung gelegt werden.

Die Wahrnehmungssysteme (taktil, vestibulär, propriozeptiv, olfaktorisch, auditiv, visuell) entwickeln sich nicht unabhängig voneinander, es gibt jedoch erhebliche Unterschiede in ihrem Entwicklungsverlauf. So zeigen Untersuchungen (AYRES 1979, PREKOP 1980, NIEBERGALL et al. 1981), daß sich das taktil-propriozeptive und das vestibuläre System am frühesten ausbilden. Durch das passive Schaukeln des Fötus im Fruchtwasser und durch die sehr bald einsetzenden Eigenbewegungen werden diese Wahrnehmungssysteme schon im Mutterleib einer kontinuierlichen und intensiven Stimulation ausgesetzt und damit in ihrer Entwicklung gefördert. Der nervus vestibularis und der tractus vestibulo-spinalis, der Reflexe des Lage- und Gleichgewichtssinnes vermittelt, myelinisiert dabei z.B. nach MÜLLER (1968) bereits beim viermonatigen Fötus und kann daher schon zu diesem Zeitpunkt sehr schnell Informationen übertragen. Der sechsmonatige Fötus verfügt sogar über gleich große Rezeptoren des Vestibularapparates wie der Erwachsene.

Vergleicht man den fötalen Entwicklungsstand dieser Systeme mit demjenigen der sogenannten „Fernsinne" Hören und Sehen, so sind diese im Mutterleib noch sehr gering entwickelt. Erst in den letzten drei Schwangerschaftsmonaten nimmt der Fötus akustische Reize wahr und reagiert auf sie (MORRIS 1972). Sehen, Riechen und Schmecken werden sogar erst in den ersten Wochen nach der Geburt für den Säugling bedeutsame Quellen der Informationsaufnahme (OERTER 1982, BECKER 1978).

Im Zusammenhang mit schulischem Lernen bedeutet dies, daß die Voraussetzungen für den Erwerb der Kulturtechniken bereits in der frühesten Kindheit gelegt werden müssen. Es beinhaltet aber auch die Folgerung, daß ein Kind mit Lernstörungen zuerst in diesen grundlegenden „Basis"-Bereichen überprüft und gefördert werden muß, bevor es vorwiegend visuell und auditiv ausgerichtete Aufgaben erfolgreich lösen kann.

1.2.2 Entwicklung der Motorik

Der Fötus kann nach NICKEL (1976) ab der 11. Schwangerschaftswoche erste ungerichtete Bewegungen mit Armen und Beinen ausführen. Das Bewegungsverhalten des Neugeborenen und des jungen Säuglings wird vorwiegend durch Reflexe bestimmt. KIPHARD (1979) bezeichnet es daher als „neuromotorisch". Es entwickelt sich dann seiner Meinung nach über die Senso- und Psychomotorik zur Soziomotorik weiter. Für WINTER (1964) verläuft die motorische Entwicklung bis zum Schulalter in vier Phasen, und zwar von der Phase der ungerichteten Massenbewegungen hin zu vielfältig differenzierten Bewegungsformen und zu ersten Bewegungskombinationen.

Zeigt ein Schulanfänger noch nicht altersangemessene motorische Reaktionen und Verhaltensweisen, so wird es ihm erhebliche Probleme bereiten, über einen längeren Zeitraum am Tisch zu sitzen und konzentriert zu arbeiten, einen Stift entspannt zu halten und sicher zu führen, Zeilen, Richtungen und Anordnungen zu erkennen, zu behalten und einzuhalten, Geräte und Werkzeuge angemessen zu handhaben bzw. sich ihnen anzupassen.

1.2.3 Entwicklung des Zentralnervensystems

Die Entwicklung von Wahrnehmung und Motorik ist eng mit der Entwicklung des ZNS verknüpft. Dabei geht der Entwicklungsverlauf vom Rückenmark über den Hirnstamm und das Limbische System hin zum Neocortex (AYRES 1979, DELACATO 1970).

Während der Fötalzeit sind Rückenmark und Bereiche des Hirnstamms die obersten Bereiche der neuralen Organisation. GOFFINET (1985) meint hierzu, daß die Nervenzellen im Hirnstamm deshalb als erste voll funktionstüchtig seien, weil sie sich zu Beginn der Gehirnentwicklung bereits am richtigen Ort befänden und somit nur eine sehr kurze Migrationsphase aufwiesen.

Auch die Myelinisierung der Nervenbahnen beginnt nach MARTINIUS (1981) in der frühen Fötalzeit (4. Monat) im Bereich des Halsmarkes und breitet sich langsam hirnwärts aus. Sie hat aber zum Zeitpunkt der Geburt erst den Thalamus erreicht. Die Myelinisierung in der Großhirnrinde findet nach der Geburt statt. Sie zieht sich über mehrere Jahre hin und folgt ebenfalls einer phylogenetisch vorgezeichneten Hierarchie, d.h. sie beginnt in Teilen des Limbischen System (Ammonshorn, Septum) und endet in den Assoziationsfeldern des Neocortex. Erst weit im Erwachsenenalter ist hier der Myelinaufbau abgeschlossen.

Will schulisches Lernen die Entwicklung des Zentralnervensystems berücksichtigen, müssen beim Schulanfänger zuerst vorwiegend hirnstammkontrollierte Funktionen (z.B. Wahrnehmen von taktilen, propriozeptiven und vestibulären Reizen; Halte-, Stell- und Gleichgewichtsreaktionen; einfache motorische Koordination und Steuerung im grob- und feinmotorischen Bereich) im Unterricht angesprochen werden.

Vielerlei Bewegungsangebote, selbständiges Hantieren und Erforschen von Materialien und Gegenständen, der bewußte Einsatz starker Sinnesreize aus allen Wahrnehmungsbereichen verbunden mit Lernzielen des Lehrplanes fördern Schulanfänger im Unterricht stärker als eine Arbeitsweise, die vorwiegend kognitiv gesteuerte Funktionen und Aufgabenstellungen anbietet wie die schwerpunktmäßige visuelle und auditive Arbeit mit Buch, Stift und Arbeitsblatt. Durch ein solches Angebot kann die Grundschule dem Schulanfänger bzw. dem entwicklungsverzögerten und teilleistungsgestörten Kind besser gerecht werden. Eine Über- bzw. Unterforderung wird weitgehend vermieden werden, die Freude am Lernen kann erhalten oder neu geschaffen werden.

2. Integrationsstörungen und ihre Symptome im Unterricht

Wie sehen Kinder aus, bei denen die Integrationsfähigkeit des Gehirnes gestört ist? Welche Symptome zeigen sie im Schulunterricht?

2.1 Symptome im Unterricht

Bei diesen Kindern liegen funktionelle oder strukturelle Störungen des ZNS vor, die das gute Zusammenspiel der Nervenzellen erschweren und damit als „basale Störungen der Lernfähigkeit, als eine Behinderung jeglicher Lernprozesse" (Brand/Breitenbach/Maisel 1988, S. 28) begriffen werden können.

Die Kinder zeigen oftmals Probleme, die einem allgemein bekannten Störungsbild nur schwer zugeordnet werden können. Kommen sie in die Schule, gelten sie häufig bei Eltern und Lehrern als konzentrationsgestört, hyperaktiv und unaufmerksam, als aggressiv oder ängstlich und unsicher, als plump und tolpatschig, ja manchmal sogar als lernunwillig. Diese Kinder können ihr Bewegungsverhalten nur schwer an Geräte und Werkzeuge anpassen, das Erlernen der Kulturtechniken bereitet ihnen meist sehr große Schwierigkeiten.

Der Leselernprozeß zieht sich möglicherweise endlos hin, da die Kinder Laute und Lautzeichen nur ungenau wahrnehmen, unterscheiden, behalten, wiedergeben und verbinden können. Wort- und Textinhalte verstehen sie oft nur verschwommen oder sehr global. Die Leserichtung können sie vor allem anfangs kaum einhalten, gespiegelte Buchstaben verwechseln sie häufig.

Im Rechnen weisen sie evtl. jahrelang grundlegende Lücken auf, da sie die Mengengleichheit und die Ordnung von Mengen nicht verinnerlicht haben. Die Serialität bereitet ihnen bei Rechenvorgängen und bei der Gliederung von Textaufgaben Schwierigkeit. Sie verwechseln optisch ähnliche Ziffern und kehren Arbeitsrichtungen und damit Gleichungen um. Die Raumvorstellung ist nur unzureichend vorhanden.

Das Schreiben und die Schriftsprache erwerben diese Kinder meist sehr mühsam. Sie weisen durch ihre motorischen Probleme und ihre Wahrnehmungsausfälle oft ein völlig ungleichmäßiges Schriftbild auf. Schreibrichtung und entsprechende Anordnung und räumliche Gliederung der Buchstaben im Wort fallen ihnen schwer. Viele Rechtschreibfehler sind meist die Folge.

Häufig werden die Kinder daher als lerngestört oder lernbehindert eingestuft und in Sondereinrichtungen oder Sonderklassen eingewiesen.

Beobachtet und untersucht man die Kinder jedoch eingehend, kann man bei ihnen häufig eine Integrationsstörung diagnostizieren, die als grundlegende Störung kindlicher Lernfähigkeit gelten muß. Bei diesen Kindern ist das ZNS nicht in der Lage, die über die Sinne einlaufenden Informationen zu ordnen, zu koordinieren und mit bereits vorhandenen Daten zu vergleichen. Die motorische Antwort auf die erhaltene Information kann daher nicht sinnvoll, exakt, effektiv und dem Reiz angemessen ausfallen. Die Kinder reagieren unangemessen.

Bei stärker motorisch gestörten Kindern liegt eine zusätzliche Problematik in der Tatsache, daß durch die Bewegungseinschränkung bereits bei der Aufnahme von Sinnesreizen Probleme entstehen können. Diese Kinder machen oftmals wesentlich weniger oder stark veränderte Erfahrungen mit ihren Sinnen als andere Kinder (z.B. weniger Bewegungserfahrungen; veränderte propriozeptive und taktile Erfahrungen durch zu starken/schwachen Muskeltonus, Über/Untersensibilität etc.). Daher stehen ihnen später bei der Einordnung und Koordination der wahrgenommenen Reize im ZNS zu wenige, ungenaue oder falsche Gedächtnismuster und -strukturen zur Verfügung. Es entstehen Falsch-Kodierungen und Zuordnungen und damit zwingend falsche Reaktionen.

2.2 Definition von Integrationsstörungen

In Anlehnung an die begrifflichen Inhalte von AYRES (1979, 1984), GRAICHEN (1981), AFFOLTER (1975) und BURGMAYER (1986) wird im folgenden der Begriff „Integrationsstörung“ verwendet, nicht jedoch der uneinheitlich gebrauchte Begriff „Teilleistungsstörung“ (BERGER 1977, FROSTIG/MÜLLER 1981, GRAICHEN 1973, LEMP 1980, SCHMIDT 1985). „Der Begriff schließt atomistische und ganzheitliche Gesichtspunkte mit ein. Sowohl Funktionen des gesamten Zentralnervensystems (ZNS) als auch Teilfunktionen werden verstanden als integrierte und organisierte Aktivität verschiedener Hirnzonen. Integration ist also das adäquate Funktionieren der Teile im Gesamtsystem" (BRAND/BREITENBACH/MAISEL 1988). Auf diese Weise soll verhindert werden, daß durch das Wort „Teil" möglicherweise eine ganzheitliche Betrachtungsweise der vorliegenden Störung übersehen und damit in Diagnose und Förderung zu einer punktuellen Vorgehensweise verleitet wird.

2.3 Störungsbilder bei Integrationsstörungen

Die Probleme integrationsgestörter Kinder werden vor allem in den Bereichen von Motorik und Wahrnehmung, von Gedächtnis und Kognition, in der sprachlichen Entwicklung wie auch in Motivation, Emotion und im Sozialverhalten deutlich. Integrationsgestörte Kinder können (angelehnt und erweitert nach BRAND/BREITENBACH/MAISEL 1987, 1988) folgende Störungsbilder in den verschiedensten Kombiantionen aufweisen.

2.3.1 Störungen der Wahrnehmungssysteme

Taktile Abwehrhaltung und damit gestörte taktile Wahrnehmung

Es handelt sich hierbei um die Tendenz, auf Berührungsreize ablehnend zu reagieren. Gleichzeitig ist meist die Diskriminationsfähigkeit im taktilen Bereich stark herabgesetzt.

Im Unterricht weichen diese Kinder daher vor Berührung durch andere Kinder oder durch den Lehrer wie auch vor dem Umgang mit bestimmten Materialien und Gegenständen zurück. Ihre Erfahrung mit Dingen aus der Umwelt können aus diesem Grunde eingeschränkt sein, die Formwahrnehmung ist häufig gestört. Als Folgeerscheinung kann das Erfassen und Behalten von Mustern, geometrischen Formen und Schriftzeichen erhebliche Probleme bereiten.

Gestörte kinästhetische Wahrnehmung

Kinästhetische Wahrnehmung wird auch als Tiefensensibilität oder Propriozeption bezeichnet. Man versteht darunter Wahrnehmungen aus Muskeln, Sehnen und Periost, aus Gelenkstellungen und -bewegungen. Ist die kinästhetische Wahrnehmung gestört, sind die Empfindung und Vorstellung des eigenen Körpers in seiner Raumlage und in seinem Bewegungsausmaß wie auch die Fähigkeit zu zweckgerichteter Planung von Handlungsabläufen beeinträchtigt. Beim Erlernen von Schriftzeichen prägen sich daher nur ungenaue Bewegungsspuren im Gehirn ein, Schwierigkeiten im Lesen, Schreiben und Rechtschreiben sind die Folge. Die Handhabung von Werkzeug, der Umgang mit Material und Gegenständen, das Halten eines Stiftes etc. fallen unangemessen aus.

Gestörte Gleichgewichtswahrnehmung

Sie stellt sich als Über- oder Unterfunktion dar, d.h. das Kind reagiert entweder sehr stark auf Gleichgewichtsreize, vor allem auf schnelle Bewegungen, oder es zeigt selbst bei extremer vestibulärer Stimulation keinerlei Angst, Ablehnung oder Schwindelgefühl.

In der Schule ziehen diese Kinder wenig Lernerfahrungen aus kleineren Unfällen im Sport- oder Werkunterricht. Sie haben Probleme bei Konstruktionsspielen, bei der Stifthaltung und Linienführung, beim Einhalten von Zeilen und Richtungen, beim Übertragen von Texten von der Tafel in das Heft, beim Erfassen, Behalten und Wiedergeben von räumlichem und zeitlichem Hintereinander in Mathematik, im Lesen oder Schreiben etc.

Störungen der auditive Wahrnehmung

Hierzu zählen die auditive Differenzierungsschwäche, die auditive Codier- und Decodierschwäche, das schlechte Sequenzgedächtnis sowie die verkürzte Hörgedächtnisspanne.

Kinder mit solchen Störungen können akustische Muster und Sprachlaute nur schwer identifizieren, lokalisieren, zuordnen und nachbilden. Sie zeigen Probleme in der Raumorientierung und in Mathematik, beim Sprechen und evtl. im Sprachverständnis, im Lese- und Schreiblernprozeß wie auch in der Rechtschrift.

Störungen der visuellen Wahrnehmung

Diese Probleme werden vor allem in der nicht gelingenden Formkonstanzbeachtung und Raumwahrnehmung deutlich. Die Kinder haben als Folge davon Schwierigkeiten, die Lage ihres Körpers im Raum zu erkennen und räumliche Beziehungen zwischen diesem und anderen Gegenständen bzw. zwischen Gegenständen untereinander herzustellen. Sie erkennen gleiche Formen und Zeichen bei neuer Anordnung nicht sofort wieder oder verwechseln sie mit ähnlichen. Ist zusätzlich das visuelle Gedächtnis gestört, können die Kinder Reize aus diesem Bereich schwer behalten, vor allem, wenn nur das visuelle Wahrnehmungssystem angesprochen wird, wie dies beim Erlernen der Kulturtechniken in der Schule häufig der Fall ist.

Körperschema- und Orientierungsstörungen, Verdrehungen, Spiegelungen, Auslassungen etc. sind häufige Folge. Buchstaben, Laute, Ziffern, häufig wiederkehrende Wörter und Sätze werden nur langsam erlernt. Richtungen, Anordnungen und Reihungen werden ungenau erfaßt und wiedergegeben.

Gestörte Figur-Grund-Wahrnehmung

Dieses Problem kann im Bereich der visuellen, der auditiven und der taktil-kinästhetischen Wahrnehmung auftreten. Kinder mit solch einer Störung sind kaum in der Lage, einzelne Reize aus dem gesamten Wahrnehmungsfeld auszufiltern und sie differenziert als „Figur“ zu erkennen, d.h. wahrzunehmen.

Diese Kinder reagieren daher auf fast alle Reize im Klassenzimmer übermäßig stark, z.B. durch Hinsehen, Hinlaufen etc. Sie lassen sich daher leicht ablenken, scheinen unkonzentriert zu arbeiten und unaufmerksam zu sein.

Die für den jeweiligen Lernvorgang wichtigen Reize nehmen sie jedoch oft nicht gezielt wahr, da sie diese nicht von dem übrigen Reiz-„Hintergrund“ abheben können. Auf diese Weise „verpassen“ sie oft wichtige Teile des Unterrichts. Sie verwechseln beim Lesen, Schreiben oder Rechnen ähnliche Buchstaben oder Zeichen, sie suchen diese oft lange in einem Text oder einer Rechenaufgabe oder sie verlieren die endlich gefundene Stelle schnell wieder.

2.3.2 Störungen der Motorik:

Störungen des Muskeltonus

Der Muskeltonus stellt die Grundspannung der Muskeln dar. Diese kann entweder zu gering (Hypotonus) oder zu stark (Hypertonus) sein. Auch ein häufig wechselnder Muskeltonus ist gelegentlich anzutreffen.

Kinder mit solch einer Störung hängen oft schlaff und kraftlos herum. Sie haben Probleme, einen längeren Zeitraum an einem Tisch zu sitzen. Sie verspannen beim Schreiben relativ schnell ihre Finger- und Handmuskulatur, damit aber auch ihren Ellbogen-, Schulter- und Rumpfbereich, oft sogar die gesamte Gesichtsmuskulatur. Sie haben oft Schwierigkeiten, mit Werkzeugen und Materialien umzugehen. Ihre taktile Wahrnehmung, das Körperschema und die Figur-Grund-Wahrnehmung können beeinträchtigt sein.

Störungen der Grobmotorik

Dieses Störungsbild ist eng verbunden mit Störungen des Muskeltonus. Es beinhaltet schlecht integrierte frühkindliche reflexhafte Reaktionen und nicht altersgemäß entwickelte Halte-, Stell- und Gleichgewichtsreaktionen. Ein solches Kind kann nur schwer sein Gleichgewicht erhalten. Es zeigt noch keine altersgemäße Bewegungskoordination, Bewegungsgewandtheit, Bewegungsgeschicklichkeit, Bewegungsausdauer und Bewegungserfahrung. Die motorische Planungsfähigkeit ist meist schlecht ausgebildet und beeinträchtigt wiederum die gesamte Bewegungsentwicklung des Kindes.

Das Kind hat daher Probleme bei Sport-, Spiel-, Bewegungs- und Werkaufgaben, beim Erlernen des Fahrradfahrens, beim Balancieren und Hüpfen. Im Unterricht muß dieses Kind wichtige Energie ausschließlich für das Einhalten der verlangten Sitzposition am Tisch aufwenden. Es ermüdet hierbei rasch und kann daher oft nicht angemessen schnell lernen.

Störungen der Feinmotorik
Sie sind im Finger- und Handbereich, im Mundbereich und bei der Steuerung der äußeren Augenmuskeln zu beobachten.

Das Kind fällt im Unterricht als ungeschickt und tolpatschig auf. Es bewegt seine Hände plump und hat Schwierigkeiten beim Malen, Kleben, Kneten, Schneiden, Radieren, Schreiben, Werfen etc. Es kann oft nicht pfeifen, blasen, saugen oder bewußt grimassieren. Manchmal speichelt es sogar noch. Laute und Wörter spricht es häufig ungenau oder falsch aus. Zusätzlich treten im Hand-, Finger- und Mundbereich oft unfreiwillige Mitbewegungen auf, vor allem wenn sich das Kind besonders anstrengt und bemüht.

Schriftzeichen an der Tafel oder im Heft scheint das Kind nur schwer fixieren und Bewegungen oder Linien nur ungenau verfolgen zu können. Seine Schrift wirkt fahrig, eckig und ungleichmäßig. Das Lesen wie auch das Ab- und Aufschreiben erfolgt stockend, ungenau und unsicher. Vielerlei Lese-, Rechtschreib- und Rechenfehler können die Folge sein.

Dyspraxie
Praxie meint die Fähigkeit, auch ungewohnte Bewegungen planen und in einem zeitlich geordneten Bewegungsablauf ausführen zu können. Bei dyspraktischen Kindern ist diese Fähigkeit eingeschränkt. Sie können daher Bewegungen und Bewegungsfolgen nur schwer planen und diese in eine geordnete zeitliche und räumliche Anordnung bringen. Es bereitet ihnen Schwierigkeiten, Körper- und Raumvorstellungen in gezielte feine Bewegungsabläufe wie auch sprachliche Begriffe in einen koordinierten, geordneten motorischen Ablauf umzusetzen. Das An- und Ausziehen, das Treppensteigen und das Überklettern von Geräten, die Handhabung verschiedener Schreib- und Rechengeräte fällt ihnen schwer. Die Umsetzung eines gehörten oder gedachten Wortes in die abstrakten grafischen Zeichen der Buchstabenreihe bzw. in die mundmotorischen Bewegungsabläufe der gesprochenen Sprache gelingt ungenau. Komplexe Schreibbewegungen bereiten große Probleme.

Störungen der Kraftdosierung und Zielsteuerung
Der Einsatz des notwendigen Kraftaufwandes für eine motorische Aktion kann vom Kind nicht angemessen eingeschätzt und/oder dosiert werden. Der zu erreichende Zielpunkt z.B. beim Werfen, Schneiden oder Schreiben

wird daher nicht genau angesteuert und/oder getroffen. Auch Koordinationsstörungen, schlechte Bewegungsvorausnahme und verzögerte Reaktionszeit können diese motorische Treffsicherheit erheblich beeinträchtigen.

Störungen des Bewegungsverhaltens

Diese Störung kann sich als Hyperaktivität oder motorische Gehemmtheit ausdrücken. Sie kann sich dabei im gesamten Bewegungsverhalten des Kindes oder auch nur in einzelnen Körperteilen zeigen (z.B. Finger, Zunge).

Hyperaktive Kinder zappeln im Unterricht ständig herum. Sie laufen sofort von ihrem Sitzplatz weg, wenn sie die Möglichkeit dazu sehen oder erhalten. Sie verlieren Stifte oder Werkzeuge aus der Hand, es fällt ihnen vieles herunter. Sie können sich bei Bewegungsaufgaben oft nur schwer an das vorgegebene Bewegungsausmaß halten. Hypoaktive Kinder weisen das entgegengesetzte Bewegungsverhalten auf. Sie benötigen ständige Aufforderung zur Bewegung, wirken oft phlegmatisch, ungeschickt und überängstlich.

Nicht altersgemäß entwickeltes Körperschema

Das Körperschema stellt ein kognitives Konzept vom eigenen Körper dar. Es entwickelt sich durch Empfindungen aus Haut, Sehnen, Muskeln und Gelenken wie auch durch Gleichgewichts- und Bewegungswahrnehmungen. Das Konzept beinhaltet Informationen über jeden Abschnitt des Körpers, über die Beziehungen zwischen den einzelnen Körperteilen und über deren Bewegungsmöglichkeiten.

Zeigt ein Schulkind noch kein altersangemessenes Körperschema, fällt ihm die Orientierung am eigenen Körper und davon ausgehend die Orientierung im Raum und auf der Fläche schwer. Es kann Bewegungsabläufe und schnelle Richtungsänderungen nicht problemlos planen und ausführen. Die altersgemäße Darstellung von Tieren und Menschen gelingt nicht. Die schnelle Orientierung im Schulhaus, im Klassenzimmer, in Schränken, Kästen und auch in der Schultasche fehlt größtenteils. Die klare Unterscheidung von Richtungen, Abständen, Anordnungen, Zeilen und (vor allem ähnlichen) Schriftzeichen in Mathematik, Lesen und Schreiben macht Probleme

Störungen der Lateralisation

Das Kind muß im Laufe seiner Entwicklung lernen, seine Körpermittellinie zu kreuzen, vor allem mit den Händen. Das Zusammenspiel beider Körperhälften muß gut koordiniert sein, die Seitigkeit sollte sich entwickeln.

Kinder mit Problemen im Bereich der Lateralisation und Seitigkeitsentwicklung vermeiden es oft, ihre Körpermittellinie zu überkreuzen. Wenn sie beim Ziehen einer waagerechten Linie oder beim Schreiben auf der Zeile mit ihren Augen diese Linie überkreuzen müssen. blinzeln sie daher stark, ihre Linienführung mit dem Stift wird in diesem Bereich eckig und ruckartig. Manchmal drehen sie auch einfach ihr Arbeitsblatt so, daß ihre Augen eine senkrechte Linie sehen. Oder sie legen sich so auf den Tisch, daß ihr Kopf und ihre Augen wiederum eine senkrechte Position zu der Schreibzeile einnehmen.

Diese Kinder vernachlässigen außerdem in vielen Situationen unbewußt eine Körperseite und setzen daher Arm und Hand dieser Seite nur selten als koordinierte Hilfe ein, z.B. zum Halten des Schreibblattes.

Die Kinder zeigen meist keine eindeutige Handdominanz beim Malen oder Schreiben bzw. keine Beindominanz beim Abspringen mit einem Bein. Das beidhändige Halten oder beidbeinige Abspringen fällt ihnen schwer. Im Schreiben führt die Nicht-Schreibhand oft die gleichen Bewegungen wie die Schreibhand aus. Dies versuchen manche Kinder durch verkrampften Faustschluß der Nicht-Schreibhand zu unterdrücken. Auch die genaue Rechts-Links-Unterscheidung und deren Verbalisierung gelingt nur vage und oftmals zufällig.

Zusätzlich finden sich bei integrationsgestörten Kindern fast immer Störungen der Programm- und Handlungssteuerung, des zweckvollen und adaptiven Handelns und Verhaltens, wie auch Störungen von Gedächtnis (vor allem im Ultrakurzzeit- und Kurzzeitspeicher), Emotion und Motivation.

Gestörtes Sozialverhalten und unausgeglichene Persönlichkeitsentwicklung, Sprach- und Kommunikationsstörungen wie auch Konzentrationsstörungen und Lernstörungen in Form von Leseschwäche, Rechtschreibschwäche und/oder Rechenschwäche treten bei diesen Kindern meist als Folgeerscheinungen ihrer basalen Beeinträchtigung auf.

3. Diagnose

Das Wissen um neurophysiologische und entwicklungspsychologische Grundlagen des Lernens hat weitreichende Bedeutung für Diagnose und diagnosegeleitete Förderung im Unterricht der Schule.

3.1 Aufbau und Bedeutung der Diagnose für Unterricht und Förderung

Die Entwicklungsverläufe von Wahrnehmung, Motorik und Zentralnervensystem folgen alle dem hierarchischen Aufbau des ZNS. Dabei entwickelt sich die Wahrnehmung vom vorwiegend taktil-kinästhetisch-vestibulären System hin zu dem vorwiegend visuellen und auditiven System. Die Motorik schreitet von der Neuromotorik zur Soziomotorik fort. Das ZNS reift vom Hirnstamm ausgehend zum Neocortex hin. Innerhalb dieser Entwicklung gelangen in der Frühphase taktil-kinästhetisch-vestibuläre Reize vornehmlich in den Bereich des Hirnstammes und regen diesen an. Der wiederum ist vorwiegend für die Auslösung und Steuerung der Neuromotorik zuständig. In einer späteren Entwicklungsphase werden auditive und visuelle Reize bedeutsamer. Diese wiederum wirken stärker auf den Neocortex ein, von dem aus eher die feinen und differenzierten Bewegungsabläufe gesteuert werden.

In der Diagnostik wird versucht, diesen Entwicklungsverlauf zurückzuverfolgen. Zuerst werden daher komplexe Funktionen überprüft, die vorwiegend kortikal gesteuert sind (z.B. Sprache, Auge-Hand-Koordination). Zeigen sich auf diesem obersten Entwicklungsniveau keine Störungen, kann davon ausgegangen werden, daß Funktionen niedriger neuronaler Organisation ebenfalls störungsfrei ablaufen. Lassen sich jedoch Symptome einer Integrationsstörung feststellen, so wird die Suche nach zugrunde liegenden Störungen bzw. nach normal oder gut entwickelten „Stärken" des Kindes entgegen dem Entwicklungsverlauf fortgesetzt, d.h. es werden entwicklungsmäßig frühere Niveaus überprüft. Auf der untersten Stufe neuronaler Organisation werden dann z.B. taktile und propriozeptive Wahrnehmung, Steuerungsfunktionen der äußeren Augenmuskeln, Gleichgewichtsreaktionen und Muskeltonus überprüft.

Auf diesem Untersuchungsweg werden Informationen gewonnen, die die vorliegende Störung kennzeichnen und beschreiben. Sie zeigen Stärken, normale Leistungen und Schwächen eines Kindes auf. Gleichzeitig legen sie aber auch fest, auf welchem Entwicklungsniveau unterrichtliche Fördermaßnahmen ansetzen müssen, um erfolgreich verlaufen zu können.

Grundsätzlich wird bei der Förderung versucht, den natürlichen kindlichen Entwicklungsverlauf nachzuvollziehen. Der Aufbau des systematischen Förderplanes richtet sich daher an den entsprechenden Stufen der Entwicklung aus.

Es darf aber nicht übersehen werden, daß Kinder im Laufe ihrer Entwicklung — sei sie auch auf Grund irgendwelcher Störfaktoren qualitativ anders verlaufen als üblich — bereits motorische, sensorische und emotionale Erfahrungen in der Kommunikation mit ihrer Umwelt gemacht haben, und daß ihnen diese in irgendeiner Strukturform im ZNS zur Verfügung stehen. Daher kann eine individuelle Abänderung des systematischen Förderplanaufbaues notwendig werden, d.h. nicht jedes Kind muß zwingend alle Förderstufen, die dem normalen Entwicklungsverlauf angepaßt sind, durchlaufen.

3.2 Diagnostik

Zeigt ein Kind also bei seinem Schuleintritt bzw. beim Lernen in der Schule Probleme oder Auffälligkeiten, muß möglichst rasch eine umfassende, genaue und möglichst differenzierte psychodiagnostische Untersuchung vorgenommen werden.

Die Diagnostik sollte aus folgenden Teilbereichen bestehen:

— Anamnese,
— standardisierte Testverfahren,
— klinische Beobachtungen, d.h. gestellte wiederholbare Situationen,
— Verhaltensbeobachtungen in allen Bereichen der Entwicklung während des gesamten Förderzeitraumes.
— Untersuchungen durch Hals-Nasen-Ohren-Arzt, Augenarzt, Neurologen.

Als Prozeßdiagnostik liefert sie während der gesamten Schul- und Förderzeit Informationen über Art und aktuelles Ausmaß vorliegender Lern- und Entwicklungsstörungen. Sie findet Stärken und besondere Fähigkeiten eines Kindes heraus, auf denen eine unterrichtliche Förderung aufbauen kann.

Sie ermöglicht die Erstellung eines sinnvollen individuellen Förderplanes. Sie kann ergriffene Maßnahmen ständig kontrollieren und steuern, d.h. sie mit Hilfe der andauernden Diagnostik auf ihren Erfolg hin überprüfen, sie weiterführen bzw. abändern oder gänzlich umgestalten.

Diese Art von Diagnostik verlangt eine enge Zusammenarbeit zwischen Diagnostiker und Therapeut, bzw. Lehrer. Sie setzt eine gute und ständige Kooperation voraus und verlangt, daß der Diagnostiker um die Inhalte, Ziele und Methoden der Förderung weiß, der Therapeut und Lehrer aber gleichzeitig die verwendeten Prüfverfahren kennt, die diagnostischen Daten sinnvoll interpretieren und aus den Daten Fördermaßnahmen ableiten kann.

4. Prinzipien der Integrationsförderung in der Schule

Die Aneignung der Kulturtechniken, vorwiegend kognitive Wissensvermittlung, jedoch auch Erziehung und Persönlichkeitsbildung sind der Grundschule als Hauptprämissen vorgegeben. Die Bewältigung dieses umfangreichen Aufgabengebietes stellt eine Herausforderung an alle Pädagogen der Eingangsstufe dar. Gerade in den ersten Klassen aller Schularten nämlich befindet sich ein äußerst vielgestaltiges Schüler„potential". Die Schüler bringen unterschiedlichste Lernvoraussetzungen und Lernerfahrungen mit. Vorrangiges Ziel dieser Schulstufe sollte es daher sein, allen Schülern eine angemessene Chance zu geben, den gestellten Aufgaben nachkommen und die geforderten Ziele erreichen zu können.

Wie kann die Schule nun im Rahmen des Unterrichts integrationsgestörten Kindern helfen?

Wichtigstes Ziel für diese Kinder muß die Verbesserung der Integrationsfähigkeit ihres Zentralnervensystems sein. Nur so können auch sie dem „normalen" Unterricht folgen und den schulischen Anforderungen — evtl. mit einer kleinen Zeitzugabe und unter leicht abgeänderten pädagogischen Bedingungen — gerecht werden. Hierbei ist zu beachten, daß das Zentralnervensystem immer als Ganzes funktioniert. Einzelbereiche oder Einzelfunktionen können nicht isoliert gefördert werden. Vielmehr ist eine generelle Verbesserung der grundlegenden Lernfähigkeit eines Kindes anzustreben.

Integrationsförderung richtet sich am einzelnen Kind aus. Alle Förderangebote, auch diejenigen der Schule, orientieren sich daher am kindlichen Verhalten und an kindlichen Bedürfnissen wie auch an der bekannten Funktionsweise des Zentralnervensystems. Sie berücksichtigen den individuellen Entwicklungsverlauf und -stand des einzelnen Kindes, seine momentane Bedürfnislage und seine sozialen Bedingungen.

Ein integrationsfördernder Unterricht sollte daher folgende Prinzipien beachten:

Die Förderung wird möglichst frühzeitig in der Entwicklung angesetzt, am besten bereits in der Kindergarten- und Vorschulzeit, spätestens aber in der Eingangsstufe der Schule.

Starke Reize, vornehmlich solche aus dem eigenen Körper, sprechen bei den Spiel- und Lernangeboten und -materialien möglichst alle Sinne des Kindes an. Sie fördern in Verbindung mit Bewegungsaufgaben je nach Entwicklungsstand die Integration von Reizen auf modaler, intermodaler und serialer Ebene und regen die Zusammenarbeit der Hirnstrukturen an.

In Bewegungsspielen und Aufgaben mit stark taktil-propriozeptiv ausgerichteten Lernangeboten werden im Unterricht Erregungs- und Hemmprozesse im Zentralnervensystem eingeleitet, die erst gezieltes Lernen ermöglichen.

Der natürliche Bewegungsdrang des Kindes wird auch im Unterricht nicht unterdrückt. Vielmehr enthalten alle Förder- und Lernangebote immer Möglichkeiten zum Bewegen und Hantieren, d.h. zum handelnden Erforschen der Umwelt. Bewegungsaufforderung und Bewegungsaufgabe ergeben sich dabei durch gezieltes Materialangebot oder durch vorgeplante Situationen und Themen. Die Aufgaben und Spiele ermöglichen es dem Kind u.a., sensomotorische Handlungsschemata auszubilden und die Sprache auszubauen.

Ein spezielles Raum- und Materialangebot ist für diese Art des Unterrichts nicht unbedingt erforderlich. Die Klassenzimmer müssen aber so möbliert sein, daß ein schnelles Verschieben der Schulbänke durch die Kinder selber möglich ist, und in dem entstandenen Freiraum Platz für Bewegungsspiele entsteht (z.B. auf einem Teppich, einer Decke oder Matte). Möglichst alle vorhandenen Räume in und um die Einrichtung herum werden zusätzlich für Bewegungsangebote genutzt, z.B. Gruppenräume, Gänge, Treppenhäuser, Kellerräume, Dachböden, Höfe, Plätze und Schulumgebung.

Je jünger das Kind ist, um so stärker müssen Aktivitätsangebote die grobe und großräumige Bewegung einbeziehen. Um so großzügiger sollten auch die Bewegungsräume bemessen sein (allerdings nicht grenzenlos). Viel freier Platz, weicher Bodenbelag, Hüpf-, Dreh-, Schaukel- und Kletterangebote im eigenen Klassenzimmer, einige stark phantasieanregende und vielfach einsetzbare Spielmaterialien sind im Raum einer Vorschul- oder Eingangsklasse daher oft wichtiger als Tische, Stühle und Regale mit vorrangig auditiv, visuell bzw. kognitiv ausgerichtetem Spielmaterial.

Wiese, Wald, Spielplatz, Haushalts- und Gartenarbeit, Wasser, Sand, Erde, „Kramkisten" mit allen möglichen Materialien wie Erbsen, Kastanien, Steinen, Holzabfällen, Styropor, Fell- und Stoffresten usw. regen jüngere Kinder und wahrnehmungsunerfahrene Kinder — wie es oft integrationsgestörte Kinder sind — stärker an, d.h. sie fordern und fördern sie intensiver als z.B. ständiges Puzzlespielen, präzises Anfertigen von Bastelarbeiten, Ausmalen von Bildern oder Arbeitsblättern oder Spiele am Tisch. Daher sollten für einen integrationsfördernden Unterricht vielerlei kreativ und phantasievoll einsetzbare alltägliche Geräte und Materialien organisiert, hergestellt oder erworben werden.

Das angebotene Spiel- und Lernmaterial sollte sich möglichst stark selbst bei und in seiner Verwendung korrigieren. Es wirkt so anregender, konstruktiver und fördernder. Auch zwischenmenschliche Beziehungen werden auf diese Weise durch Fehlschläge im Lern- und Arbeitsablauf, wie sie bei integrationsgestörten Kindern häufig vorkommen, weniger stark negativ belegt.

Weiterhin werden alle Lernangebote individuell für jedes einzelne Kind oder aber für eine kleine ähnlich strukturierte Gruppe erstellt. Sie entsprechen auf diese Weise möglichst genau dem jeweiligen Entwicklungsniveau der Kinder. Eine Über- oder Unterforderung und deren meist negative Folgeerscheinungen können daher weitgehend vermieden werden.

Sollen Kinder trotz evtl. vorhandener Störungen im Schulunterricht motiviert und erfolgreich lernen, benötigen sie Spiel- und Lernangebote, die ihrer individuellen Bedürfnislage entsprechen. Sie wollen und müssen sich über einen oft längeren Zeitraum hinweg mit einem bestimmten Lernmaterial, einer bestimmten Bewegungsart oder einer immer ähnlichen Spiel- und Lernsituation und Aufgabenstellung beschäftigen dürfen.

Häufig läßt die Schule — aus dem sicherlich verständlichen Lehrplandruck heraus —, ihre Schüler erst gar nicht in ein solches „zwanghaftes Verharren" geraten, indem sie ständig neue Aufgabenstellungen und Lerninhalte anbietet und deren gezielte Ausführung innerhalb eines festgelegten, meist sehr kurzen Zeitraumes fordert. Werden den Schülern aber keine Lernangebote gemacht, die ihre vorhandenen Bedürfnisse aufgreifen und in immer neuer Form abdecken, werden diese auf Dauer verwirrt und lustlos, unsicher und ängstlich, aggressiv und unkonzentriert, schulablehnend und zeitweise sogar lernunfähig. Sie verharren evtl. weit länger auf einer Entwicklungs- und Lernstufe als notwendig, weil sie sich in dieser Zeitspanne nicht angemessen weiterentwickeln können.

Will der Unterricht auf die individuellen Bedürfnisse seiner Schüler eingehen, erfordert dies oftmals ein schnelles Umplanen und Umorganisieren eines schulischen Vorhabens bzw. eine Neuorientierung der Lernziele. Dies wiederum bedeutet, daß sich ein Lehrer zeitweise von seinen Lehrplänen lösen und dem Kind Zeit gewähren muß. In vielen Fällen wird aber diese für das Lernen „verloren" geglaubte Zeit durch anschließend besonders schnelles Lernen von dem Kind wieder eingeholt.

Alle Aufgaben und Angebote, die auf Integrationsförderung ausgerichtet sind, lassen dem Kind so viel Freiraum, daß es lernt, sich seine Umwelt neugierig, phantasievoll und kreativ selbst zu erobern. Dieser Freiraum bezieht sich auf Spielidee, Spielmaterial, Spielregel, Spielort und Spielzeit wie auch auf die selbst gewählten Spielpartner.

Das Kind wird daher aufgefordert, zusätzlich zu und in die beabsichtigten Förder- und Lernziele eigene Ideen einzubringen, neue zu entwickeln und diese zu verwirklichen. Das Spiel- und Lernmaterial wird trotz gezielten Einsatzes nicht von Anfang an durch den Lehrer in seinen Spielmöglichkeiten und seinen Spielregeln festgelegt und begrenzt. Lern- und Arbeitstempo wie auch Spielraum und Arbeitszeit werden weitgehend von dem einzelnen Kind oder der kleinen Gruppe bestimmt.

Der Lehrer wird bei dieser Art des Unterrichtes meist nur indirekt aktiv, er beobachtet, berät, hilft, ermutigt und steuert vor allem.

Vorsicht ist geboten, wenn ein Kind Schwierigkeiten zeigt, sich auf eine bestimmte Aufgabe zu konzentrieren. Dies ist bei sehr vielen integrationsgestörten und entwicklungsverzögerten Kindern der Fall. Solche Kinder werden nämlich von ihrer freien Wahlmöglichkeit betreffs Spielmaterial, Spielkamerad, Spielregel, Spielzeit etc. zumindest anfangs gleichsam „überfahren". Es tritt schnell eine Reizüberflutung ein, das Kind reagiert auf seine persönliche Art und Weise chaotisch. Integrationsförderung ist zu solch einem Zeitpunkt nicht möglich.

Materialien sollten daher im Klassenzimmer in nicht sofort einsehbaren Kästen oder Schränken untergebracht sein, die das Kind aber sehen kann und deren Inhalt es kennt. Gewisse Spielvorgaben durch Material und offene Regeln erleichtern diesen Schülern den Spielbeginn und -verlauf. Eigenkontrolle der Lernergebnisse fördert die Motivation für das nächste Mal. Systematisches Aufräumen nach dem Spielen erleichtert es dem Kind, nicht von Reizen überflutet zu werden, sondern sich erneut gezielt mit wenigen Dingen über einen längeren Zeitraum zu beschäftigen.

Integrationsförderung sollte sich im Unterricht möglichst oft in Form motivierender, offener Spielangebote darstellen, die Partner- und Gruppenaktivitäten zulassen, ja sogar herausfordern, die das Kind ganzheitlich ansprechen und gleichzeitig gezielt fördern. Einzelförderung kann notwendig werden, wenn das Kind spezielle Hilfe benötigt, die in der Gruppe nicht ausreichend gegeben werden kann. Auch diese Förderangebote entsprechen den oben genannten Prinzipien.

Zusammenfassung:

Integrationsfördernder Unterricht muß also Anregungen, Situationen, Materialien schaffen oder bereitstellen, die den Schüler zum selbständigen Handeln, d.h. zum Agieren und Reagieren herausfordern, die ihm neue Erfahrungen vermitteln und ihm Lernen ermöglichen.

Dieser Unterricht versucht, den integrationsgestörten Schüler ganzheitlich zu erfassen, ihn aber gleichzeitig gezielt zu fördern. Er spricht durch individuelle Aufgabenstellung Emotion und Motivation, Wahrnehmung und Kognition, Aufmerksamkeit und Gedächtnis (mit Aufnahme, Speicherung, Seriation und Abrufbarkeit), Phantasie und Kreativität an. Er fordert Bewegungsplanung, zweckvolles adaptives Handeln und Verhalten wie auch soziales Verhalten heraus.

Wie jede Förderung stellt auch Integrationsförderung ein interaktives, pädagogisches Geschehen und Handeln dar, das bei bewußtem Einsatz gezielt geplant, systematisch aufgebaut und kontrollierbar ist.

Im schulischen Bereich bilden unterrichtliche und therapeutische Ziele eine Einheit. Ein speziell fördernd gestalteter Unterricht kann nämlich die

Auswirkungen von Integrationsstörungen auf das Lern- und Leistungsverhalten der betroffenen Kinder deutlich mildern oder sogar beheben.

Höchstes Ziel aller Fördermaßnahmen der Schule muß immer die Weiterentwicklung des Kindes als Gesamtpersönlichkeit sein. Die Steigerung seiner schulischen Lern- und Leistungsfähigkeit sollte erst zweitrangig gesehen werden.

5. Erstellung des Förderplanes für den Unterricht

Für jedes Kind wird aufgrund der exakten und fortlaufenden Diagnostik ein Förderplan aufgestellt, der jederzeit variabel sein muß. Er stellt die Grundlage für die Förderung im Schulunterricht dar. In den Förderplan werden die Störungsbilder des Kindes eingetragen bzw. diese markiert. Zu jeder Störung werden spezifische Förderziele für einen speziellen Zeitraum festgelegt und passende lernzielorientierte Spiel- und Lernangebote bzw. Materialien angegeben. Diese Aufgabenstellungen müssen für jedes Unterrichtsfach getrennt erstellt werden.

Schema des Förderplanes im systematischen Förderaufbau:

- taktil-kinästhetische-vestibuläre und propriozeptive Stimulation
- Integration primitiver reflexhafter Reaktionen
- Normalisierung des Muskeltonus
- Halte-, Stell- und Gleichgewichtsreaktionen
- extraokulare Muskelkontrolle
- Körperschema
- Bilateralintegration
- Überkreuzen der Körpermittellinie
- auditive Wahrnehmung und Sprachbenutzung
- Lateralisieren, Links-Rechts-Unterscheidung
- visuelle Form- und Raumwahrnehmung
- Handmotorik und Auge-Hand-Koordination

Dem stufig aufbauenden Förderplan liegt eine zwingende Systematik zugrunde. Jedoch muß beachtet werden, daß nicht alle Kinder jede Stufe dieses Planes in gleicher Weise durchlaufen. Gerade integrationsgestörte Kinder zeigen oft einen sehr individuellen Entwicklungsverlauf.

Auf einer 1. Förderstufe werden den Kindern Spiele angeboten, die stark taktil, vestibulär oder propriozeptiv ausgerichtet sind, wie auch Spiele, die Riechen und Schmecken anregen. Die dabei aufgenommenen Reize sprechen vorwiegend hirnstammkontrollierte Funktionen an, und ihre Verarbeitung läuft großenteils unbewußt ab. Angemessene Reizverarbeitung in diesen entwicklungsmäßig sehr früh ausgereiften Wahrnehmungssystemen stellt nach bisherigem Wissen nämlich die Grundlage für die Integration aller weiteren Sinneswahrnehmungen dar. Man kann diese Förderstufe daher auch „Basis-Förderung" nennen. Sie wird mit allen integrationsgestörten Kindern während der gesamten Förderzeit durchgeführt.

Später werden — gleichsam als „Aufbauende Förderung" — auf drei weiteren Stufen mehr kortikal gesteuerte Funktionen angegangen. Hier setzt die Förderung — individuell auf das Kind abgestimmt — auf der Entwicklungsstufe ein, die bei dem einzelnen Kind noch „normal" entwickelt ist, d.h. die eine „Stärke" des Kindes darstellt. Wichtig ist, dabei auf keinen Fall zu hoch anzusetzen, da dem Kind sonst der Unterbau für alle weiteren Entwicklungen fehlt.

Zusätzlich werden in Vorschule und Eingangsstufe von Anfang an Lehrplanziele in die Fördermaßnahmen eingebettet oder wenigstens gleichzeitig angeboten. Durch die gezielte Förderung und Anregung im Basisbereich wird es vielen Kindern sehr bald möglich, in den ihnen angemessenen und daher entsprechend gestalteten Spiel- und Lernsituationen grundlegende Lernfähigkeiten und Lernvoraussetzungen zu erwerben wie auch die Kulturtechniken zu erlernen, und damit die schulischen Lernziele — evtl. in einem verlängerten Zeitraum — zu erreichen.

Älteren Schülern scheint durch diese Art von Aufgabenstellung ebenfalls eine Lernhilfe geboten zu werden. Ihre Lernmotivation erhöht sich erheblich, der Lernwille steigt und es stellt sich meist auch erhöhter Lernzuwachs ein. Worauf dieser jedoch tatsächlich begründet ist, bleibt bisher offen.

6. Förderung integrationsgestörter Kinder im Unterricht

6.1 Förderung im Basis-Bereich

Die Verarbeitung der Reize aus den Nahsinn (Tastsinn — taktiles System, Bewegungssinn = propriozeptives System, Gleichgewichtssinn = vestibuläres System; Schmecken, Riechen) erfolgt vornehmlich subkortikal, d.h. im Bereich des Hirnstammes. Sie bleibt daher meist unbewußt. Durch eine Anregung dieser Wahrnehmungssysteme ist es aber möglich, auf den Hirnstamm als unterstes Integrationsniveau einzuwirken. Erregungs- und Hemmprozesse können eingeleitet werden. Das gesamte Erregungsniveau des ZNS wird aktiv beeinflußt und gesteuert. Alle Sinnesmodalitäten werden gleichermaßen angesprochen. Die Informationen der Nahsinne, und hierbei vor allem diejenigen des taktilen, des vestibulären und propriozeptiven Systems, stellen die Grundlagen für die Handlungsfähigkeit dar, die sich im Laufe der Entwicklung immer mehr differenziert, wie auch für das Selbstbewußtsein des Kindes. Förderung in diesem grundlegenden Bereich trägt daher generell zur neurologischen Integration bei, ohne daß es dem Kind bewußt wird.

Bei Störungen im taktil-vestibulären und propriozeptiven System zeigen Kinder oft große Zurückhaltung, ja sogar Scheu und Angst vor Aktivitäten, die Berührt-Werden und Selber-Berühren, wie auch Bewegt-Werden oder Sich-Selber-Bewegen erfordern.

In der Schule sollten daher Materialien, Lern- und Spielangebote vorrangig diese Systeme anregen und ausbauen helfen, z.B. durch

— Spiele, die zuerst kurzen Körperkontakt, später lang andauernde Körperberührung herausfordern (z.B. Kinder mit einem bestimmten Laut im Namen abschlagen; sich an den Händen/Schultern/Hüften fassen und Buchstaben-/Ziffernformen bilden;

— Spiele mit Materialien und Medien, die starke und länger anhaltende Berührungsreize setzen (z.B. mit den Händen/Füßen Spuren aus Fingerfarbe in Form eines Buchstabens, Muster legen);

— Spiele zum Ertasten und Ordnen von Gegenständen; Taststraßen, Tastbilder, „Tastausstellungen“ (z.B. Gegenstände in Säckchen ertasten und Oberbegriffen zuordnen);

— Spiele, die das taktile Erkennen und Unterscheiden von Materialien nach Form, Größe, Oberflächenbeschaffenheit, Temperatur und Anzahl von Gegenständen erfordern (z.B. Sandbuchstaben/Holzbuchstaben im Krabbelsack erkennen; Anzahl von Kugeln und Walzen unter einer Decke ertasten);

— Spiele, die die Gleichgewichtswahrnehmung anregen, d.h. Vor/Zurück, Auf-/Ab-, Hin-/Her- und Drehbewegungen (z.B. auf den Boden Buchstaben/Ziffern schreiben und diese in der Abfolge eines Wortes/einer Gleichung abhüpfen;

— Spiele, die durch starken Zug und Druck auf die Sehnen und Gelenke die Propriozeption anregen (z.B. schwer gängige Steckbausteine zu bestimmten Mengen zusammenstecken und wieder auseinandernehmen; schweren Medizinball zu bestimmten Wörtern hintragen/hinrollen);

Eltern können in diese Art der Förderung nach entsprechender Vorbereitung und Anleitung gut einbezogen werden:

taktiler Bereich:
— Schlafen auf Frottee-Bettbezügen, in Frotteeschlafanzügen
— vielerlei Spiele auf dem Boden, Teppich (auch Hausaufgaben)
— Rollspiele in Matten, Reifen, Decken
— Rubbelspiele: Hände, Füße warm reiben, klopfen . . .
— Dusch-, Wasser-, Sand-, Lehmspiele
— Fingerfarben, Kleister mischen
— Teig mit Händen rühren, kneten
— Erbsen, Linsen, Reis mit Händen anfassen, zwischen Fingern durchrieseln lassen etc.
— Eincremen, Schminken
— auf Matten/Planen (mit Wasser) rutschen
— Spiele mit Öl, Duschschaum, bunten Seifen, Creme, Shampoon
— Wasserspiele
— Wetterspiele (Wind, Regen, Schnee, Eis, Sonne, Schatten)

vestibulärer Bereich:
— vielerlei Spiele im Freien (Ball-, Hüpf-, Lauf-, Versteck-, Beobachtungsspiele)
— Spielplatz, Abenteuerspielplatz
— Wald, Wiese, Feld, unebenes Gelände
— schräge Wiesen zum Rollen
— Schnee/Eis zum Rutschen, Rollen, Spuren, Werfen etc.

propriozeptiver Bereich:
— Kampf-, Raufspiele
— Schieb-, Ziehspiele (Wagen, Möbel, Kisten etc.)
— Tragen schwerer Sachen
— Hängen an Ästen, Leitern, Stangen
— Hüpfspiele

allgemein:
— Kinderzimmer als „Bewegungszimmer“ neu gestalten
— Hausaufgaben, Bastelarbeiten, Buch-Anschauen, Gesellschaftsspiele etc. in verschiedenen Positionen (z.B. im Liegen) und nicht unbedingt am Tisch durchführen.

6.2 Weiterführende Förderung

Nach und neben der Förderung in den grundlegenden Wahrnehmungsbereichen werden durch individuell abgestimmte, weiterführende Spiel- und Förderangebote im Unterricht die zunehmende Ausdifferenzierung der Motorik und Wahrnehmung wie auch der Ausbau der Integrationsfähigkeit angeregt.

Förder- und Lernangebote können sich dabei auf den ganzen Körper oder einzelne Körperteile konzentrieren:

1. Förderstufe:	Muskeltonus Halte-, Stell- und Gleichgewichtsreaktionen extraokulare Muskelkontrolle
2. Förderstufe:	Körperschema Körpermittellinie kreuzen Bilateralintegration
3. Förderstufe:	Auditive Wahrnehmung und Sprachbenutzung Lateralisation, Rechts-Links-Unterscheidung Visuelle Form- und Raumwahrnehmung Handmotorik und Auge-Hand-Koordination

6.2.1 Angebote zur Normalisierung des Muskeltonus;

Um den Muskeltonus zu normalisieren, spannt sich das Kind bei verschiedenen Aufgabenstellungen im Unterricht bewußt an oder es entspannt sich. Es nimmt evtl. in bestimmten Situationen (z.B. beim Schreiben) reflexhemmende Stellungen ein. Auch alle Angebote, die Stell-, Stütz- und Gleichgewichtsreaktionen erfordern, wirken tonusregulierend. Schnelle Bewegungen erhöhen meist den Tonus, langsame Bewegungen reduzieren ihn dagegen.

Förder und Lernangebote können sich dabei auf den ganzen Körper oder einzelne Körperteile konzentrieren:

- ganzer Körper (z.B. sich steif machen und schieben/ziehen lassen auf Rollbrett, Tuch)
- Arme/Hände/Finger (z.B. sich gegenseitig mit Handflächen über ein Wort etc. wegdrücken; Fingerhakeln; mit Spritzflaschen Ziffern/Buchstaben/Wörtern anspritzen; Steckbausteine/-perlen zum Rechnen verwenden);
- Beine/Füße (z.B. sich mit den Füßen gegenseitig aus Reifen drücken, sich rückwärts auf glattem Boden wegdrücken; mit Pedalo, Holländer zu einem Wort/Satz/Rechenergebnis fahren);
- Nacken (z.B. mit dem Kopf großen Therapieball an jenen Stellen wegstoßen, die mit Ziffern markiert sind;

6.2.2 Angebote zur Förderung der Halte-, Stell- und Gleichgewichtsreaktionen

Zeigt ein Schulkind noch Anzeichen eines reflexhaften Verhaltens, eignen sich zur Förderung u.a. Angebote, in denen es möglichst häufig die Bauch- oder Rückenlage einnimmt. Wichtig ist dabei, daß es den Kopf und die Beine zur Ausführung der Spielaufgabe zwingend anheben muß, möglichst über einige Sekunden hinweg.

Kinder mit schlecht ausgebildeten Halte-, Stell- und Gleichgewichtsreaktionen werden ermuntert, möglichst häufig bei Tätigkeiten daheim und in der Schule die Bauch- und Rückenlage einzunehmen. Sie dürfen sich auch im Klassenzimmer oft im Robben, Krabbeln und im Vierfüßlergang vorwärtsbewegen. Sie sitzen und knien bei vielen Lern- und Spielaufgaben mit einer breiten Auflagefläche der Beine auf dem Boden oder auf großflächigen Unterlagen. Erst wenn die Kinder eine sichere Haltung und gutes Gleichgewicht entwickelt haben, führen sie die meisten Tätigkeiten am Tisch, im Stand oder in der senkrechten Fortbewegung aus.

Förderangebote sehen außerdem vor allem Spiele vor, die in allen Positionen und Bewegungsarten, vorwärts und rückwärts durchgeführt werden sollten:

— Bauchlage/Rückenlage:
  Rollbrett, Schaukelbrett, Wackelbrett, Wippbrett
  Schlauchrolle, Tunnel
  großer Therapieball
  Pappröhren, Rollen, Fässer, Tonnen

— Vierfüßlerstand:
  Schemel, Stuhl
  wackelige Tunnels
  Balancierbretter
  Plattformschaukel
  Rollbrett
  Straßen (z.B. mit niedrigen Brücken)

— Sitzen, Knien, Stand:
  Drehscheibe, Karussel
  Therapiekreisel
  Schaukeln
  Hängeleiter, Hängekorb

6.2.3 Angebote zur Weiterentwicklung der extraokularen Muskelkontrolle:

Die Steuerung der äußeren Augenmuskeln übt das Kind durch gezieltes Fixieren von Punkten und durch Verfolgen von Bewegungen (es fixiert und verfolgt z.B. mit Pappröhren/durchbohrten Holzkugeln rollende Bälle, fahrende Autos, Taschenlampenlichter). Der Entwicklung entsprechend werden alle Förderspiele im Liegen, Sitzen, Knien, Stehen und in der Fortbewegung angeboten. Das Kind kann dabei einäugig oder beidäugig im Nah- und Fernbereich (40—50 cm bzw. 150 cm) fixieren und verfolgen.

Bei jedem Augenfunktionstraining muß beachtet werden, daß das Kind seinen Kopf wirklich ruhig hält und tatsächlich ausschließlich seine Augen bewegt. Über ca. 15 Sekunden hinweg kann bereits ein 6jähriges Kind auf diese Weise Punkte fixieren und Bewegungen verfolgen.

Da visuelle Fixier- und Verfolgungsspiele sehr anstrengend sind, sollte das in seiner Augenmotorik stärker gestörte Kind anfangs alleine in einem Raum ohne allzu viel Ablenkung gefördert werden. Es müssen ihm evtl. Hilfen zur Kopf-Fixierung angeboten werden (z.B. Kissen, Nackenstütze, Handunterstützung). Auch das Fixieren und Verfolgen eines Zielpunktes sollte anfangs nicht länger als etwa 5—8 Sekunden dauern, dafür aber täglich mehrfach wiederholt werden.

Kann das Kind solche Aufgaben auch nach einiger Übung nicht problemlos lösen, muß möglichst bald ein Augenarzt zu Rate gezogen werden.

Förderaufgaben beziehen im Unterricht folgende Bereiche ein:

— Training der Nackenmuskulatur:
  Kopf rollen, kreisen (z.B. mit Kopf „O“ schreiben)
  Kopf-Stell-Reflexe provozieren
  Rollen in einer Tonne, Schlauchrolle (z.B. zu bestimmten Satzteilen)
  Abhang herunterrollen, im Flur rollen (z.B. dabei bestimmte Rechenaufgaben aufsammeln)
  schnelle Änderung der Bewegungsrichtung im Sitzen
  Aufgaben im Liegen, bei denen der Kopf nicht aufliegt
  Aufgaben im Vierfüßlerstand

— Fixieren:
  Ziele anfangs 5—7,5 cm im Durchmesser
  in Augenhöhe, mit ca. 45—50 cm Abstand
  Kopf fixieren
  10—15 Sekunden
  Hilfen: Hell-dunkel-Effekte, Geräusche, kräftige Farben, minimale Bewegung (etwa 5 mm)

— Augensprünge:
  anfangs genau in Körpermitte, später über/unter/rechts/links der Mittellinie
  Fixierung von zwei nah beieinander liegenden und von zwei entfernt liegenden Punkten (z.B. Magnetbuchstaben an der Wandtafel/auf dem Tisch)
  senkrechte, waagerechte, diagonale Sprünge
  Augensprünge mit unterschiedlich entfernten Punkten

— visuelles Verfolgen:
  nahe der Körpermittellinie

langsame senkrechte Bewegung: Specht, Purzelmann, Seifenblasen, Zeitlupenball
langsame waagerechte Bewegung: Autos, Züge, Bälle, bewegliche Tiere
diagonale Bewegungen: Kugelbahnen, Purzelmänner
Halbkreis, Kreis: Pendel, Ball an Schnur, Fingerpuppe
Taschenlampe

— sequentielle Kontrolle: (sequentiell fixieren)
Reihenanordnungen: von links nach rechts/oben nach unten
Hand zeigt mit (evtl. mit einer Taschenlampe)
dazu rhythmisches Sprechen

— systematisches Suchen: (Blick sucht und fixiert erst dann)
nach Farben, Formen suchen (z.B. mit Lupe)
Reihen/Zeilenanordnung, gute Strukturierung auf Blatt

6.2.4 Angebote zur Förderung des Körperschemas:

Im Unterricht werden Spiel- und Lernsituationen angeboten, die durch Berührung und Bewegung, durch An- und Entspannen, durch Zug und Druck dem Kind seine einzelnen Körperteile, ihre Bewegungsmöglichkeiten und ihre Stellung zueinander bewußt machen.

- An-/Entspannungsübungen;
- bewußte Wahrnehmung von Zug, Druck und Widerstand mit einzelnen Körperteilen (z.B. Zieh-, Drück- und Schiebespiele mit Fingern, Händen, Armen, Beinen, Rücken z.B. über Aufgabenkarten)
- taktile Spiele mit Differenzierung und Lokalisation der Reize (z.B. wo wurde ein Buchstabe auf den Körper gestempelt?)
- Spiele auf federnden Unterlagen, Springen auf Trampolin
- Spiele, die unbewußt die beiden Körperhälften benötigen und einsetzen (gleichzeitig und abwechselnd: fallen/springen/beugen, um z.B. Wortkarten/Rechenaufgaben aufzuheben;)

Vorsicht: keine Körperteile vernachlässigen!

6.2.5 Angebote, bei denen die Körpermittellinie gekreuzt wird:

Alle Aufgaben erfordern das mehrfache gleichzeitige oder abwechselnde Überkreuzen der Mittellinie mit den Armen und Händen. Jedoch müssen auch Beine, Füße, Kopf und Rumpf diese Mittellinie problemlos kreuzen können, um ein situationsangemessenes schnelles Handeln zu ermöglichen. Dabei darf das Überkreuzen nicht bewußt durchgeführt werden, sondern es muß automatisch erfolgen. In Förderangeboten werden daher immer solche Spielregeln eingebaut, die das Überkreuzen der Mittellinie zwingend erfordern.

Das Überkreuzen der Körpermittellinie mit den Augen fällt manchen Kindern außerordentlich schwer. Sie blinzeln beim Überkreuzen dieser Linie, grimassieren und/oder verlieren das vorher fixierte Ziel. Ein gezieltes Augentraining kann hier oft Abhilfe schaffen. Ein Augenarzt sollte möglichst bald zu Rate gezogen werden.

In Spielangeboten kann folgendermaßen die Mittellinie überkreuzt werden:

— mit beiden Händen/Armen/Beinen gleichzeitig:
  beidhändiges Fassen (z.B. Tablett, Kanne, Besen, Pinsel, dicker Zimmermannsstift)
  beidhändiges Spuren (z.B. Taschenlampe, Flaggen, Bänder, Kreide)
  beidhändiges Rühren (z.B. mit großem Kochlöffel)
  Werfen von Gegenständen aus einer Drehbewegung heraus (z.B. auf Ziffern/Wörter zielen)
  beidbeiniges Hüpfen (z.B. über Mittelstab, Wort, Satz)
  beidbeiniges Spuren (z.B. Halbkreise, Kreise um sich/um Rechenaufgaben, Wörter)

— mit Armen, Händen, Beinen nacheinander:
  Xylophon-Spielen mit zwei Schlägeln (z.B. nach aufgeklebten Zahlen, Buchstaben)
  Hin- und Herrollen eines Balles (z.B. vom Satzanfang zum Satzende)
  Hin- und Herschieben eines Autos (z.B. auf vorgegebenem Muster)
  überkreuzte Fußstapfen nachgehen (z.B. von Begriff zu Oberbegriff)
  Krabbeln über ein Seil mit gekreuzten Händen, Füßen (z.B. dabei Buchstaben für ein vorgegebenes Wort einsammeln)
  Malspiele an der Tafel (z.B. liegende/stehende Acht, Kreise, senkrechte/waagerechte Linien)

6.2.6 Angebote zur Förderung der Bilateralintegration:

Im Unterricht werden dafür Tätigkeiten und Spiele angeboten, bei denen der Schüler mit beiden Armen oder Beinen gleichzeitig oder rhythmisch abwechselnd agieren muß. Vor allem aber wird er herausgefordert, jedem paarigen Körperteil eine eigene motorische Aufgabe zuzuweisen und mit beiden dennoch koordiniert zusammenzuarbeiten.

Spiele zur Förderung der Bilateralintegration sehen daher Aufgabenstellungen vor, die

— gegengleiche Bewegungen mit beiden Körperhälften erfordern:
  mit beiden Armen/Händen/Beinen gleichzeitig (z.B. Engel im Schnee, beidhändiges Malen/Kreisen, Lichtspuren, Flaggenspiele, Schwingen von Bändern in Ziffern-/Buchstabenform; beidbeiniges Hüpfen mit zusammengebundenen Füßen)

mit Armen/Händen/Beinen rhythmisch wechselnd (z.B. Xylophonspieler, Schlagen eines Pendelballes, Hüpfspiele über Buchstaben/Wörter, Flaggenspiele; mit Pedalo, Dreirad, Fahrrad, Rollschuh, Stelzen zu bestimmten Wörtern, Satzteilen, Ergebnissen gelangen)

— Aufgaben, die das Festhalten eines Arbeitsmaterials/-gerätes mit der einen Hand erfordern, um mit der anderen eine bestimmte Tätigkeit am Gegenstand wie Fädeln, Nageln, Schneiden, Stecken etc. durchführen zu können.

6.2.7 Angebote zum Ausbau von Auditiver Wahrnehmung und Sprachbenutzung

Auf der 3. Förderstufe wird im Unterricht die Sprachentwicklung des Kindes besonders angeregt. Innerhalb von Bewegungsangeboten wird daher vom Kind bewußt das Sprachverständnis gefordert, z.B. durch Ordnen von ertastbaren Gegenständen, von Tätigkeiten, Bildern, Wörtern oder Sätzen zu Oberbegriffen.

Zur Förderung der auditiven Wahrnehmung erhält das Kind Spiel- und Lernaufgaben, in denen es auditive Eindrücke mit solchen aus anderen Sinnesmodalitäten verknüpfen muß. Es erhält z.B. starke taktile Reize, Bewegungsreize und Gleichgewichtsreize in Verbindung mit auditiver Wahrnehmungs- und Differenzierungsaufgaben.

Die Hörgedächtnisspanne wird durch komplexere Aufgabenstellungen erweitert, z.B. legt das Kind eine bestimmte Strecke zurück/führt eine Tätigkeit aus, bevor es eine Lautanordnung, einen Satz, Reim oder Auftrag wiedergibt oder zuordnet.

Der sichere Gebrauch der Artikulationsorgane als Voraussetzung für lautgerechtes und verständliches Sprechen wird durch vielfältige Lall-, Schnalz-, Schmatz-, Saug- und Blasspiele geübt. Dieses Training wird wiederum in stark motorisch ausgerichtete Spielaufgaben verpackt, z.B.

Spiele, in denen die Sprechwerkzeuge gestärkt und geübt werden;

— Blasen: durch Kugeln/Scheiben, in Luftballons, Wegblasen von Papier, Faltmännchen/-autos, Wattekugeln/Tennisbällen, Blasen auf selbst gebauten Straßen/Irrwegen;
— Lippenkräftigung: Knopfziehen, Spatel halten, tragen, weitergeben

Spiele, in denen Laute richtig gebildet werden müssen:
— „r", „sch" als Fahrgeräusche bei Autos auf der Straße, auf Rollbrettern, Pedalos etc.
— „p" auf dem Hopsball, bei Hüpfspielen
— „s" als Schlangengeräusch von Perlenschnüren, als Sausgeräusch des Schwungrohres

Spiele, bei denen grammatikalisch richtige Sätze geformt werden müssen:

— ein Satzmuster wird vorgegeben: die Kinder suchen auf Rollbrettern entsprechende andere Wörter und bauen sie zu analogen Sätzen zusammen (evtl. Wörter/Satzteile farblich unterscheiden)

Integrationsgestörte Kinder zeigen oft wenig Gefühl für Rhythmus, d.h. für räumliche und zeitliche Ordnung von Reizen und Abläufen. Als Folge dieser Störung der Seriation stellen sich daher bei ihnen häufig unkoordiniertes Bewegungsverhalten, Sprachauffälligkeiten, „ungeordnetes“ (oft schlampiges oder chaotisches) Verhalten, Gedächtnis- und Aufmerksamkeitsprobleme, Entwicklungs- und Lernstörungen ein.

Förderangebote sehen für diese Kinder Spiele mit Reihenfolgen, Anordnungen und rhythmischen Kombinationen vor.

— motorisch: Posen/Bewegungen/Tätigkeiten ausdenken und ausführen, in Bilder umsetzen und nach diesen wieder ausführen; evtl. schriftlich fixieren
— Geruch/Geschmack: verschiedene Speisen an verschiedenen Orten erschnuppern und schmecken, dann gleiche Reihenfolge und Ort wiederfinden, evtl. schriftlich wiedergeben;
— visuell: Form-/Farbketten nach gegenständlicher, bildlicher oder verbaler Sequenzvorgabe fädeln, malen, darstellen, aufschreiben;
— auditiv: Geräusch- oder Lautquellen in verschiedenen Raumbereichen hören, suchen und in der gleichen Reihenfolge wieder aufsuchen; Rhythmus auf (Körper-)Instrumenten wiedergeben

Hilfen:
— zusätzliches Einbeziehen möglichst vieler Sinne
— Reihenfolge, Rhythmus, Sequenz deutlich und bewußt machen und darstellen (z.B. durch Gegenstände oder Bilder)
— Sprache und Schriftsprache bzw. Symbole unbedingt einsetzen (z.B. Begriffe: vor — hinter/nach, vorher — nachher — zuletzt, zuerst — dann — als letztes)

6.2.8 Angebote zur Förderung der Lateralisation und der Rechts-, Links-Unterscheidung

Förderangeboten für diese Kinder sprechen in Lernaufgaben möglichst oft beide Hemisphären des Zentralnervensystems in ihrem Zusammenspiel an. Das koordinierte gemeinsame Agieren der Körperseiten wird durch vielerlei Spiele bewußt gemacht.

Da die Bilateralität allmählich in eine echte Lateralität überleitet, werden für den Schüler Spiele und Aufgaben möglich, in denen er eine genaue Links-Rechts-Unterscheidung von seinem eigenen Körper und dem umgebendem Raum erbringen muß.

Aufgaben zur Entwicklung der Lateralität können sich mit Rechen-, Schreib- oder Leseeinheiten als folgende Spiele darstellen:

— Balance-, Gleichgewichtsspiele
  Therapiekreisel/-rolle/-ball, Wipp-Flipp, Schwebebalken, dicke Seile, Latten

— Fang-Wurf-Spiele
  Luftballon, Sandsäckchen, Bälle, Ringe

Pedalo, mit Rollschuhen, Fahrrad

telzen

ternierenden Bewegungen beider Körperseiten
ittellinie

gleicher/spiegelbildlicher Stellung, Spiegel-

tete Spiele zur groben Auge-Hand-Koordina-
Schere sondern mit Schrauben, Klammern,
alten etc.)

ng der Visuellen Form-

r visuellen Form- und Raumwahrnehmung ge-
es über altersgemäß entwickelte Haltungsme-
Gleichgewichtssinn, über sichere Fortbewe-
Augenmuskeln verfügen. Es muß seinen ei-
hmen und seine Körperteile gezielt einsetzen
rperschema besitzen. Es muß Beziehungen
dem umgebenden Raum herstellen und auf
angemessen reagieren können. Auch die vi-
nung und die Formkonstanz müssen gut aus-

Vorwiegend visuell ausgerichtete Spiele sollten daher nicht zu früh angeboten werden, da sie das Kind sonst überfordern bzw. isolierte „Splitterfähigkeiten“ anbilden können.

Spiele zur Weiterentwicklung der visuellen Form- und Raumwahrnehmung konzentrieren sich vorwiegend auf visuelle Reize wie Farben, Formen und Linien:

— Spiele zur bewußten visuellen Wahrnehmung der Umgebung
  — Vierfüßlergang/Rollbrett: auf farbigem Stich entlanggehen/fahren, zu bestimmtem Ziel hinkommen, Weg suchen, Linien trotz Überkreuzung einhalten

  - Schaukeln/Balancierbretter/Wippen: nach verschiedenen Seiten schaukeln/wippen, Dinge/Wörter/Ziffern von Seiten holen oder ablegen (nach rechts/links, vorne/hinten, oben/unten)
  - Wurfspiele: in/auf/über/unter Zielpunkt werfen

- Spiele mit vorwiegend visuellen Reizen
  - Puzzlespiele
  - Nachbauen, Nachlegen nach Vorlage
  - schnelles Erfassen und Wiedergeben optisch dargebotener Formen, Anordnungen (Memory, Blitzlesen, stachistoskopische Darbietung)

Hinweis: Nur wenn ein Kind normal fixieren und verfolgen kann, gelingen ihm diese Aufgaben gut. Falls es diese Fähigkeit noch nicht besitzt, jedoch vorwiegend visuell ausgerichtete Spiele durchführt, wirken diese für das Kind nicht integrationsfördernd!

6.2.9 Angebote zur Weiterentwicklung der Auge-Hand-Koordination

Alle Aufgaben, die eine gute Auge-Hand-Koordination erfordern, sind eng verbunden mit und gleichzeitig abhängig von der Entwicklung der visuellen Form- und Raumwahrnehmung des Kindes. Daher werden bei der gezielten Förderung handmotorische Aufgaben mit vielerlei vorrangig visuell aufgenommenen Informationen gekoppelt (z.B. Schreiben eines Buchstaben auf Holz/Kork und dann exakt auf diese Linie Nägel einschlagen).

Alle Aufgaben müssen abwechslungsreich sein, da sie oft eine sehr langwierige Ausführung erfordern. Sie müssen außerdem auf der tatsächlichen handmotorischen Entwicklungsstufe des einzelnen Kindes ansetzen. Fehlhaltungen der Hände bei bestimmten Tätigkeiten wie Schneiden, Malen oder Schreiben sollten gar nicht erst zustande kommen bzw. sofort korrigiert werden.

Spiele zur Förderung der Auge-Hand-Koordination beinhalten

- Spiele zum Greifen und Loslassen:
  Ball werfen, prellen (z.B. auf Ergebnis einer Aufgabe)
  Erbsen in Flasche fallen lassen (z.B. bestimmte Anzahl nach Ziffernvorgabe)
  Finger-Tipp-Puppen
  Trommeln (z.B. Rhythmus eines Wortes, Satzes)
  Klammern, Zangen (z.B. Wortteile zusammenklammern; bestimmte Anzahl Bälle hochheben)

— Fingerausdifferenzierung:
  Fingerspiele (z.B. lesen und nachspielen)
  Tasten/Löcher drücken mit verschiedenen Fingern (z.B. Hupe, Klavier, Flöte)
  Fingerpuppen (z.B. basteln und dazu Geschichte erfinden)

— Pinzettengriff:
  Auffädeln von Perlen auf dicke/dünne Seile (z.B. nach Vorgabe einer Gleichung)
  Einordnen von kleinen Dingen (z.B. Muggelsteinen, Steckern, Buchstaben des Lesekastens)

— Förderung der Handgeschicklichkeit/-beweglichkeit:
  Schrauben, Drehen, Schlagen, Hämmern, Klammern
  Zusammendrücken/Spreizen der Finger
  Halbkreise, Wellenbewegung (Autos schieben, Stäbchenweben, mit Blockkreiden malen, schreiben)

— einfacher Werkzeuggebrauch
  (Hammer, Zangen, Bohrer, Besteck, Zahnbürste, Stifte, Pinsel, Schere etc.)

— Bewegungsplanung mit Schreibwerkzeugen
  spezielle graphomotorische Aufgaben mit vielerlei verschiedenen Schreibwerkzeugen:
  zur Präzision der Strichführung (Zielen, Steuern, Bremsen)
  zur Planung der Strichführung (Formergänzung, Formwiedergabe, räumliche Orientierung des Striches)
  Kritzelzeichnungen, Striche, Punkte, Bögen, Kreise, Zielpunktierungen

Hat das Kind alle Förderstufen erfolgreich durchlaufen, sind bei ihm die notwendigen Voraussetzungen für das Lernen mit kognitiven und sozialen Inhalten sowie für abstraktes und logisches Denken geschaffen. Das Kind kann nun ohne wesentliche Zusatzhilfe schulische Leistungen erfolgreich erbringen.

Literatur:

AFFOLTER, F.: Wahrnehmungsprozesse, deren Störungen und Auswirkungen auf die Schulleistungen, insbesondere Lesen und Schreiben. Zeitschrift für Kindes- und Jugendpsychiatrie, 1975

AKERT, K.: Probleme der Hirnreifung, in: LEMPP, R. (Hrsg.) Teilleistungsstörungen im Kindesalter. Stuttgart 1974

AYRES, J.: Lernstörungen. Sensorisch-integrative Dysfunktionen. Berlin 1979

AYRES, J.: Bausteine der kindlichen Entwicklung. Berlin 1984

BECKER, R.: Früherziehung geschädigter Kinder. Berlin 1978

BURGMAYER, S.: Die Verwendung des Teilleistungsmodells; in: BRACK, U. (Hrsg.), Frühdiagnostik und Frühtherapie. Psychologische Behandlung von entwicklungs- und verhaltensgestörten Kindern. München 1986

BRAND, I.: Kreatives Spielen, Entwicklungsförderung mit dem Pertra-Spielsatz. Dortmund 1988

BRAND, I./BREITENBACH, E./MAISEL, V.: Erziehung und Förderung in den schulvorbereitenden Einrichtungen für behinderte Kinder. Würzburg 1987

BRAND, I./BREITENBACH, E./MAISEL, V.: Diagnose und Therapie im Erstunterricht. 4. überarbeitete Auflage. Würzburg 1988

BREITENBACH, E.: Neurophysiologische und entwicklungspsychologische Grundlagen von Integrationsstörungen; in: Akademieberichte Dillingen, Sprach- und Entwicklungsverzögerungen. Diagnostik und Förderung im (vor-)schulischen Bereich. Band 1. Dillingen 1986. S. 53—75

DELACATO, C. H.: Diagnose und Behandlung der Sprach- und Lesestörung. Freiburg 1970

FROSTIG, H./MÜLLER, H.: Teilleistungsstörungen. Ihre Erkennung und Behandlung bei Kindern. München — Wien — Baltimore 1981

GRAICHEN, J.: Teilleistungsschwächen, dargestellt an Beispielen aus der Sprachbenutzung. Zeitschrift für Kinder- und Jugendpsychiatrie 1973, 112—143

GOFFINET, A./EVRARD, Ph.: Neurotransmitters, receptors and embryonic brain development. Unveröffentlichtes Manuskript

GUTTMANN, G.: Einführung in die Neuropsychologie. Stuttgart 1972

KIPHARD, E.: Motopädagogik. Dortmund 1979

LEMPP, R.: Organische Psychosyndrome; in HARBAUER, H./LEMPP, R./NISSEN, G./STRUNK, P.: Lehrbuch der speziellen Kinder- und Jugendpsychiatrie. Berlin 1980

MARTINIUS, J.: Reifungsverzögerungen im Zentralnervensystem; in: REMSCHMIDT/SCHMITT (Hrsg.), Neuropsychologie des Kindesalters. Stuttgart 1981

MORRIS, D.: Liebe geht durch die Haut. Zürich 1972

MÜLLER, D.: Neurologische Untersuchung und Diagnostik im Kindesalter. Wien 1968

NICKEL, H.: Entwicklungspsychologie des Kindes- und Jugendalters (Bd. 1). Stuttgart 1976

NIEDERGALL/PAPOUSEK/REMSCHMLDT/RENZ/SCHMIDT: Auf Verhaltensparameter gestützte Methoden; in: REMSCHMIDT/SCHMIDT (Hrsg.): Neuropsychologie des Kindesalters. Stuttgart 1981

OERTER, R./MONTADA, L.: Entwicklungspsychologie. München 1982

PREKOP, I.: Wahrnehmungsstörungen im Bereich des Tastsinns und des Bewegungssinns. Reutlingen 1980

RADIGK, W.: Kognitive Entwicklung und zerebrale Dysfunktion. Dortmund 1986

SCHERLER, K.: Sensomotorische Entwicklung und materiale Erfahrung. Schorndorf 1979

SCHMIDT, M.: Umschriebene Entwicklungsrückstände und Teilleistungsschwächen; in: REMSCHMIDT, H./SCHMIDT, M. (Hrsg.): Neuropsychologie des Kindesalters. Stuttgart 1981

SINGER, M.: Learning to see: Mechanismus in Experiencedependent Depelopment; in: MALER, P./TERRACE, H.: The Biology of learning. Berlin — Heidelberg — New York 1984

WINTER, R.: Zur Periodisierung der motorischen Entwicklung von der Geburt bis zur Einschulung; in: Education physique des enfants avant époque de la puberté. Conférence Internationale Scientifique-Méthodique. Gdansk, 27. — 31. Mai 1974

Die Southern California Sensory Integration Tests (SCSIT), empirische Untersuchungen und deren Implikationen

Peter Knorn

1. Einleitung

Der vorliegende Beitrag beschäftigt sich mit der Testbatterie SCSIT (AYRES 1980), die von AYRES mit dem Ziel zusammengestellt wurde, ein objektives Meßinstrument für viele Aspekte sensorisch-integrativer Dysfunktionen zu erhalten (AYRES 1979). In dieser Testbatterie werden nicht alle Symptome dieser Dysfunktion erfaßt. Die Autorin empfiehlt daher zum einen zusätzliche Testverfahren als Ergänzung (beispielsweise den Illinois Test of Psycholinguistic Abilities[1], zur Erfassung von Gehör- und Sprachstörungen) zum anderen betont sie darüberhinaus die Notwendigkeit, neben und bei der Testanwendung klinische Beobachtungen durchzuführen. Hierunter ist folgendes zu verstehen:

Bei der Testdurchführung soll großer Wert auf die Beobachtung der Handlungsplanung und -ausführung der Kinder, die untersucht werden, gelegt werden, wobei Bewegung, Haltung und Motorik zu berücksichtigen sind. Außerdem wird in diesem Zusammenhang empfohlen, die primitiven Stellreflexe (wie tonischer Labyrinthreflex und asymmetrischer tonischer Halsreflex), die Fähigkeit, antagonistische Muskeln zu kontrahieren, die Kontrolle der extraokularen Muskeln, die Funktionsintegration der beiden Körperhälften, die Funktion des vestibulären Systems und das Vorhandensein unfreiwilliger Bewegungen zu erfassen (AYRES 1979). Obwohl diese Verhaltensbeobachtungen im Zusammenhang mit der Testanwendung zu berücksichtigen sind, wird hierauf im folgenden weniger eingegangen werden und es sei hier auf andere Stellen verwiesen (s.u.a. den Beitrag von Frau MISKE-FLEHMING). Den Kernpunkt der Darstellung bilden die Testverfahren, die zunächst erläutert werden, sowie in diesem Zusammenhang durchgeführte empirische Untersuchungen, welche im Anschluß berichtet werden. Abschließend wird aufgrund der vorliegenden Ergebnisse eine Bewertung vorgenommen, die für potentielle Anwender sinnvolle Hinweise für Durchführung und Interpretation beinhaltet und auf immanente Problemfelder eingeht. Was den theoretischen Hintergrund betrifft, wird auf AYRES (1979) verwiesen.

---

[1] Der Test liegt in einer deutschen Version als Psycholinguistischer Entwicklungstest (PET) vor (s. ANGERMEYER 1974).

2. Beschreibung der SCSIT

Die SCSIT wurden erstmals 1972 veröffentlicht und liegen in einer revidierten Version von 1980 vor. Es handelt sich hierbei um eine Testbatterie von 17 Subtests, die zumeist als Einzeltests schon vorher publiziert worden waren. (WESTMANN 1978)[2]. Es gibt hierbei jedoch einige Modifikationen, die die Testdurchführung und die Verbesserung der Normierung betreffen. Die folgende Gruppierung soll einen Überblick geben und die Zuordnung erleichtern. Bei der Testzuordnung zu den verschiedenen Kategorien wurde auf eine Darstellung von EMRICH (1984b) bezug genommen.

A. Tests zur visuellen Wahrnehmung

1. Space Visualisation (Räumliche Wahrnehmung) — SV
2. Figure Ground Perception (Figur-Grund-Wahrnehmung) — FG
3. Position in Space (Wahrnehmung der Lage im Raum) — PS

B. Tests zur Feinmotorik

4. Design Copying (Muster nachzeichnen) — DC
5. Motor Accuracy (Revised) (Feinmotorische Genauigkeit) — MAC-R

C. Taktil-kinästhetische Tests

6. Kinesthesia (Kinästhesie) — KIN
7. Manual Form Perception (Manuelle Formwahrnehmung) — MFP
8. Finger Identification (Finger erkennen) — FI
9. Graphestesia (Graphästesie) — GRA
10. Localisation of Tactile Stimuli (Erkennen von Berührungsreizen) — LTS
11. Double Tactile Stimuli Perception (Wahrnehmung simultaner taktiler Reize — DTS

D. Tests zum Körperschema

12. Imitation of Postures (Immitation von Körperhaltungen) — IP
13. Crossing Midline of the Body (Überkreuzen der Körpermittellinie) — CML
14. Bilateral Motor Coordination (Bilaterale motorische Koordination) — BMC
15. Right-Left Discrimination (Rechts-Links Diskrimination) — RLD
16. Standing Balance — Eyes Open (Einbeinstand mit offenen Augen) — SBO
17. Standing Balance — Eyes Closed (Einbeinstand mit geschlossenen Augen) — SBC

---

[2] Bereits vorher veröffentlicht waren: AYRES Space Test, Southern California Motor Accuracy Test, Southern California Kinesthesia and Tactile Perception Tests, Southern California Perceptual Motor Tests.

2.1. Die SCSIT-Subtests

An dieser Stelle sollen nun die einzelnen Subtests näher beschrieben werden. Da die Testbatterie nicht in einer veröffentlichten deutschen Version vorliegt, sei in diesem Zusammenhang auf die Arbeit von KNORN (1985) verwiesen. Bis auf den Subtest „Rechts-Links Diskrimination" werden von den Testpersonen nur nonverbale Reaktionen verlangt. Um das Verständnis der Instruktionen bei den Kindern zu gewährleisten, kann bei fast allen Subtests auf Trial-Items zurückgegriffen werden.

2.1.1. Räumliche Wahrnehmung/Space Visualization (SV)

Dieser Subtest, der in einer ersten Version als AYRES Space Test vorlag, „erfordert die Vergegenwärtigung und mentale Manipulation der räumlichen Lage der Stimuli" (BAUMGARTNER 1985).

Von zwei vorgelegten Plastikformen soll diejenige herausgefunden werden, die in ein passendes Formbrett eingesetzt werden kann. Es gibt vier ovale und vier rautenförmige Formen, wobei eine Schwierigkeit darin besteht, daß gleiche Figuren an jeweils einer von vier möglichen Positionen ein Loch haben, das sich an der gleichen Stelle wie der Positionierungsstift im Formbrett befinden muß.

Neben den nicht-bewerteten Übungsanordnungen stehen 30 Items zur Verfügung, wobei nach insgesamt 5 falschen Lösungsversuchen abgebrochen wird. Da der Testwert lediglich die räumliche Vorstellung, nicht aber die feinmotorische Reaktion wiedergeben soll, wird lediglich die Entscheidung des Kindes für eine er beiden Alternativen, nicht aber seine Geschicklichkeit bei der Ausführung im Rohwert erfaßt. Probleme in der feinmotorischen Handlungsplanung und -ausführung werden in anderen Subtests erfaßt, sollten aber auch hier im Rahmen der „klinischen Beobachtungen" (s.o.) notiert werden.

Für den Versuchsleiter handelt es sich hierbei um einen der kompliziertesten Tests, da neben der Vorgabe der Formen sowie der Beobachtungen und Bewertung des Kindes auch noch die Zeit für die Testdurchführung zu messen und zu notieren ist.

Benötigte Testmaterialien:
Protokollbogen, Stoppuhr, Plazierungskarte, 2 Plastik-Formbretter, 8 Plastikformen, 2 Positionierungsstifte.

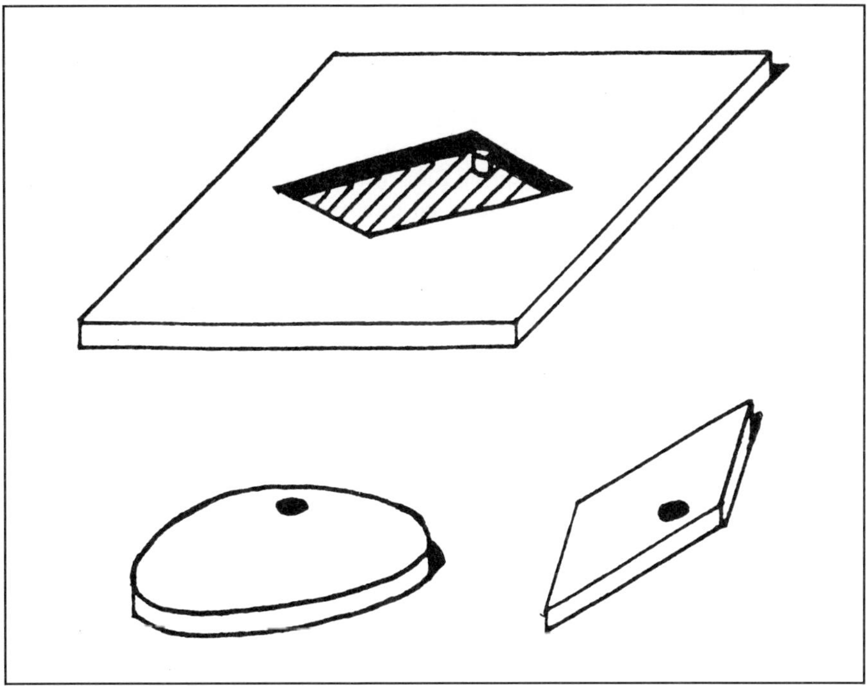

Abb. 1: Beispielitem aus dem Test SV

2.1.2. Figur-Grundwahrnehmung/Figure Ground Perception (FG)

Der Test, der die visuelle Auflösungsfähigkeit des Kindes messen soll, indem die optische Diskriminationsfähigkeit zwischen Figur und Hintergrund getestet wird, findet seine Ursprünge bei GOTTSCHALDT (siehe AYRES 1980) dessen geometrische Muster von THURSTONE (1944) reproduziert wurden.

Drei übereinandergedruckte Formen sollen innerhalb von 60 Sekunden aus einer Auswahl von 6 Alternativen erkannt werden. Neben 2 Übungsitems gibt es 16 Testvorlagen, die nach steigendem Schwierigkeitsgrad geordnet sind. Diese Einteilung ist jedoch nicht optimal gelungen (EMRICH 1984a, BAUMGARTNER 1985). Ab Item 9 werden die konkreten Abbildungen durch geometrisch-abstrakte Formen ersetzt.

Benötigte Testmaterialien:
Protokollbogen, Stoppuhr, Testbuch, Abdeckschild.

2.1.3. Wahrnehmung der Lage im Raum/Position in Space (PS)

Getestet wird die visuelle Wahrnehmung feiner Unterschiede, wobei im letzten Teil auch Gedächtnisprozesse gefordert sind. Vorlage ist ein Subtest aus „FROSTIG, LEFEVER & WHITTLESEY, 1961)[3], der von der Autorin noch in früheren Untersuchungen verwendet wird (AYRES 1963, 1965). Eine Kombination von geometrischen Figuren soll aus mehreren Alternativen wiedererkannt werden. Der Subtest ist in drei Teile mit unterschiedlichen Durchführungsmodalitäten gegliedert, wobei in jedem Teil der Schwierigkeitsgrad pro Vorlage (1—5) durch zunehmende Anzahl der Formen Alternativen (2—4) ansteigt.

Im 1. Teil werden die Vorlagen auf einem Kärtchen unter die Alternativen gelegt, im zweiten Teil befinden sie sich auf gegenüberliegenden Seiten im Testbuch und im 3. Teil wird die Vorlage nach 3 Sekunden weggeblättert und muß aus den nun aufgeschlagenen Alternativen wiedererkannt werden. Zusätzlich wird im zweiten Abschnitt die Testzeit erfaßt.

Benötigte Testmaterialien:
Protokollbogen, Stoppuhr, Testbuch, Abdeckschild, 8 Stimuluskarten für Teil I.

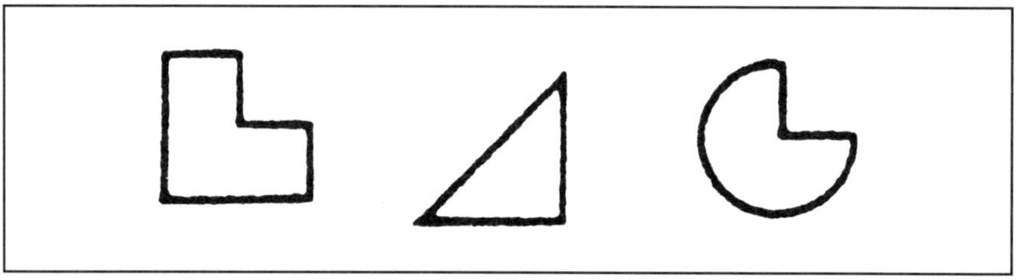

Abb. 2: Einige der im Test PS verwendeten geometrischen Figuren

2.1.4. Muster nachzeichnen/Design Copying (DC)

Das Verfahren wurde zuerst von MACQUARRIE (1925) verwandt, um mechanische Fähigkeiten zu messen, später von FROSTIG (FROSTIG et al., 1961) aufgegriffen und leicht modifiziert von AYRES in die Testbatterie übernommen. Für eine erfolgreiche Ausführung ist das Zusammenwirken von visueller Wahrnehmung, visuellem Gedächtnis und motorischer Handlungsplanung erforderlich. Hierzu wird dem Kind die Aufgabe gestellt, zunehmend komplexere Strichverbindungen in ein leeres Punktegitter (Größe 2x2 bis 4x4 Punkte) zu kopieren.

[3] Der DTVP liegt in einer deutschen Version als FROSTIG Entwicklungstest der visuellen Wahrnehmung (FEW)" von LOCKOWANDT (1979) vor.

Benötigte Testmaterialien:
Testbogen, spitzer Bleistift, vorbereiteter Abdeckkarton, durchsichtiges Lineal (für die Auswertung).

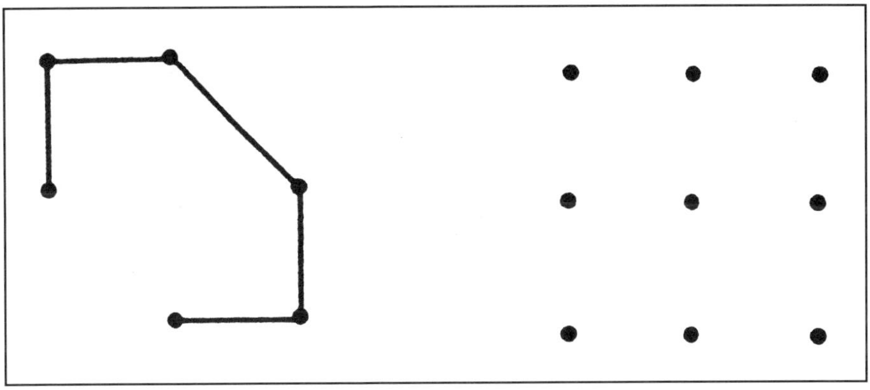

Abb. 3: Zu reproduzierendes Muster aus dem Test DC

2.1.5. Feinmotorische Genauigkeit/Motor Accuracy Revised (MAC-R)

In diesem Test, der von AYRES selbst entworfen wurde, sollen die feinmotorische Genauigkeit, die Koordination beider Hände sowie die Auge-Hand-Koordination untersucht werden. Das Kind soll eine vorgegebene Linie in Schmetterlingsform zunächst mit der dominanten und dann mit der nicht-dominanten Hand so exakt wie möglich nachzeichnen. Bei der Auswertung wird die Summe der Abweichungen von der Linie (bestimmt mit einem Meßrad) berücksichtigt, wobei die benötigte Zeit einbezogen wird.

Benötigte Testmaterialien:
Testblatt, Stoppuhr, roter Kugelschreiber mittlerer Stärke, Klebeband, Meßrad (für die Auswertung).

2.1.6. Kinästhesie/Kinesthesia (KIN)

Dieser Test, sowie die folgenden (MFP, FI, GRA, LTS und DTS) entstammen dem vormals veröffentlichten Testkompendium: „Southern California Kinesthesia and Tactile Perception Tests“. Er untersucht die Fähigkeit, Position und Bewegungen der Arme im Raum ohne visuelle Hilfe wahrzunehmen und zu reproduzieren. Die Zeigefinger des Kindes (abwechselnd der rechte und der linke) werden bei verdeckter Sicht vom Ausgangspunkt zum Endpunkt einer Geraden und zurück bewegt. Anschließend soll das Kind versuchen (bei weiterhin verdeckter Sicht) den Finger möglichst genau auf den Endpunkt der Geraden zurückzubringen. Auf einem Testkarton sind insgesamt 10 Geraden unterschiedlicher Länge und Richtung vorgegeben, die als Testitems benutzt werden. Als Testrohwert wird die Abweichung von den Zielpunkten (in cm) gemessen.

Benötigte Testmaterialien:
Testkarton, Lineal, Protokollbogen, Sichtschutz.

2.1.7. Manuelle Formwahrnehmung/Manual Form Perception (MFP)

Bei diesem Verfahren spielen taktile und visuelle Wahrnehmung und deren Integration sowie die perzeptuelle Schnelligkeit die wesentliche Rolle. Es läßt sich auf BENTONs „Stereognostic Test" zurückverfolgen (BAUMGARTNER 1985), der jedoch im Gegensatz zu AYRES noch verbale Antwortreaktionen verlangte, auf die im MFP verzichtet wird. Geometrische Kunststoffformen (Oval, Dreieck, Stern, Kreis, Quadrat, Achteck, Sechseck, Trapez, Raute, Kreuz) sollen mit der Hand ertastet werden (5 mit der linken und 5 mit der rechten) und anschließend auf einer Tafel mit 4 bzw. 12 Alternativen visuell wiedererkannt werden. Beim Ertasten der Formen werden visuelle Hinweisreize durch eine Sichtblende verhindert. Aus der Anzahl der richtigen Items und der gemessenen Reaktionszeit wird der Testwert gebildet.

Benötigte Testmaterialien:
10 Plastikformen, Protokollbogen, Stoppuhr, Sichtschutz, Karte mit 4 bzw. 12 Formen.

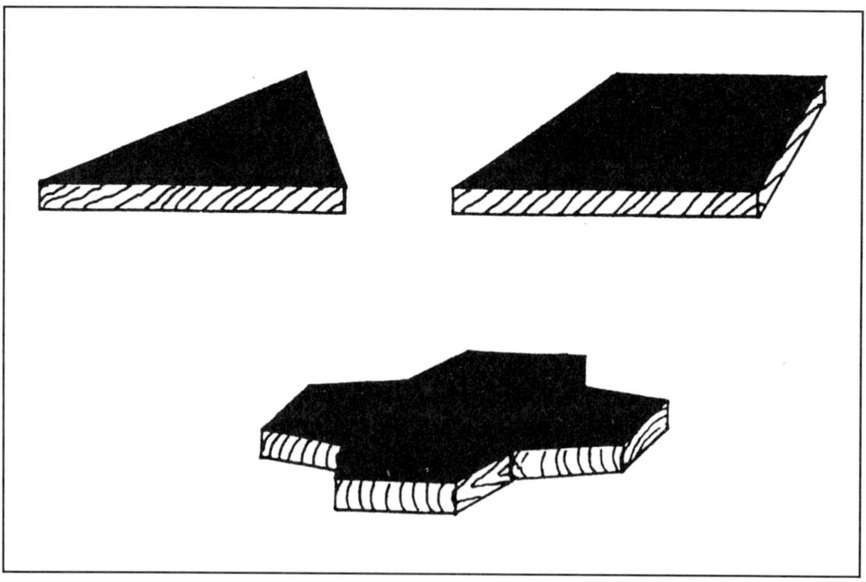

Abb. 4: Einige Formen aus dem Test MFP

2.1.8. Finger erkennen/Finger Identification (FI)

Die Fähigkeit zur Identifikation einzelner Finger wird erstmals in BENTONs „Finger Localisation Test“ gemessen (vgl. BAUMGARTNER 1985). Neben der taktilen Wahrnehmung ist für eine erfolgreiche Aufgabenbewältigung das wahrgenommene Körperschema von Bedeutung, da die Wahrnehmung der Stellung eines Fingers in Beziehung zu den anderen untersucht wird. Das Kind muß hierbei Finger wiedererkennen (1 oder 2), die der Testleiter zuvor bei geschlossenen Augen berührt hat.

Benötigte Testmaterialien:
Protokollbogen, Sichtschutz.

2.1.9. Graphästesie(Graphestesia (GRA)

Dem Kind werden hierbei einfache geometrische Formen (Strich, Kreis, Kreuz, V, M, S) bei verdeckter Sicht mit dem Radiergummiende eines Bleistiftes auf den Handrücken „gezeichnet“ und sollen von ihm mit dem Zeigefinger der anderen Hand nachgezeichnet werden. Ziel des Tests ist es, die taktile Wahrnehmung von Form- und Raumlage sowie die Neigung zu taktilem Abwehrverhalten zu erfassen.

Benötigte Testmaterialien:
Protokollbogen, Bleistift mit Radiergummiende, Sichtschutz.

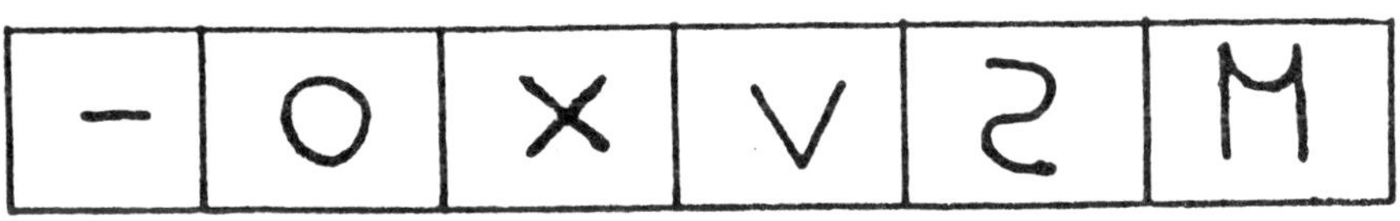

Abb. 5: Im Test GRA verwendete Formen

2.1.10. Erkennen von Berührungsreizen/
Localisation of Tactile Stimuli (LTS)

Um die taktile Wahrnehmung im Zusammenhang mit dem Körperschema zu testen, werden mit dem Kugelschreiber auf jedem Unterarm (und zwar sowohl auf der Ober- wie auf der Unterseite) jeweils drei Punkte leicht berührt, die das Kind ohne visuelle Hilfe mit dem Finger der anderen Hand möglichst genau wiederfinden soll. Bei den einzelnen Items wird jeweils die Abweichung vom Zielpunkt (in mm) gemessen.

Benötigte Testmaterialien:
Protokollbogen, Kugelschreiber, Lineal, Sichtschutz.

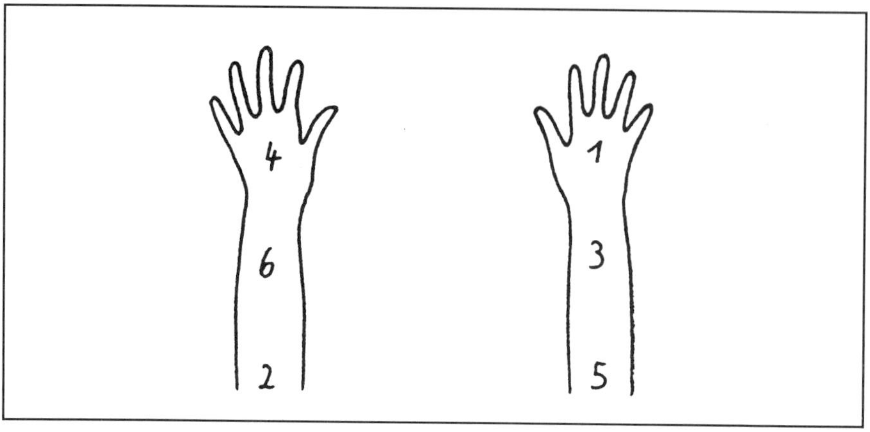

Abb. 6: LTS-Berührungspunkte auf der Oberseite des Unterarms

2.1.11. Wahrnehmung simultaner taktiler Reize/Double Tactile Stimuli Perception (DTS)

Hierbei sind die Differenzierungsfähigkeit simultan dargebotener Reize und die taktile Wahrnehmung von Bedeutung. Bei der Durchführung berührt der Testleiter, der aus Gründen des Sichtschutzes hinter dem Rücken des Kindes steht, mit den Radiergummienden zweier Bleistifte jeweils eine Hand, eine Wange oder simultan beide Bereiche, worauf das Kind aufgefordert wird, die berührten Stellen zu zeigen.

Benötigte Testmaterialien:
Protokollbogen, 2 Bleistifte.

2.1.12. Imitation von Körperhaltungen/Imitation of Postures (IP)

Voraussetzung für eine erfolgreich Testleistung sind die Fähigkeit ungewohnte und/oder schwierige Bewegungen zu planen sowie die eigene Körperwahrnehmung. Bei dem Verfahren, das Parallelen zu „Le Test d'Imitation des Gestes" von BERGER-LENZINE (JOHNSON 1971) aufweist, muß das Kind Körperhaltungen, die der Untersucher vorgibt, spiegelbildlich nachahmen. Neben der Genauigkeit der Ausführung spielt bei der Bewertung der Zeit bis zur Einnahme der Körperhaltung eine Rolle.

Benötigte Testmaterialien:
Protokollbogen

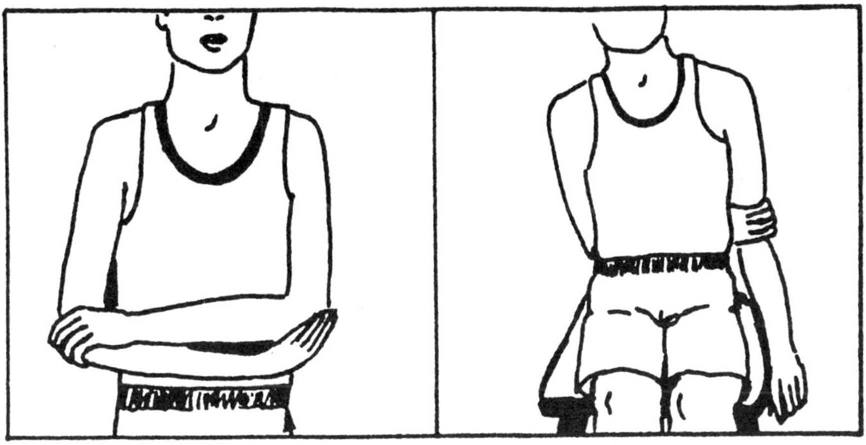

Abb. 7: Körperhaltungen aus dem Test IP

2.1.13. Überkreuzen der Körpermittellinie/Crossing Midline of Body (CML)

Es soll erfaßt werden, ob bei dem Kind eine Vermeidungstendenz beim Kreuzen der Körpermittellinie besteht. Das Kind soll den Testleiter spiegelbildlich imitieren, der mit seiner rechten bzw. linken Hand ipsi- und contralaterales Auge und Ohr berührt (in allen 8 möglichen Kombinationen) und dabei häufig die Körpermittellinie kreuzt.

Benötigte Testmaterialien:
Protokollbogen

2.1.14. Bilaterale motorische Koordination / Bilateral Motor Coordination (BMC)

Der Testleiter klopft dem Kind bei 8 Items jeweils einen einfachen Rhythmus vor, der nachgeahmt werden soll. Die Hände müssen dabei sowohl symmetrisch als auch asymmetrisch benutzt werden. Gefordert sind die Fähigkeit zur motorischen Handlungsplanung und die Integration der Funktionen beider Körperhälften.

Benötigte Testmaterialien:
Protokollbogen

2.1.15. Rechts-Links Diskrimination / Right-Left Discrimination (RLD)

Das Kind soll auf Körperteile zeigen, die der Testleiter verbal benennt. Hierbei wird u.a. überprüft, inwieweit das Kind die Begriffe „rechts" und „links" internalisiert hat.

Benötigte Testmaterialien:
Protokollbogen

2.1.16. Einbeinstand mit offenen Augen /
Standing Balace — Eyes Open (SBO)

2.1.17. Einbeinstand mit geschlossenen Augen /
Standing Balance — Eyes Closed (SBC)

Das Gleichgewichtsempfinden des Kindes wird überprüft, indem die Zeit gemessen wird, die es auf einem Bein balancieren kann. Es muß dabei die Arme vor der Brust kreuzen und darf weder hüpfen, noch sich anlehnen, abstützen oder stark hin- und herbewegen. Im ersten Test können visuelle Hilfen in die Gleichgewichtssuche miteinbezogen werden, während sie beim zweiten durch das Schließen der Augen verhindert werden.

Benötigte Testmaterialien:
Protokollbogen, Stoppuhr

2.1.18. Zusammenfassung

Bei den SCSIT handelt es sich um eine Testbatterie von 17 Subtests, die als diagnostisches Instrument zur Therapieplanung für Kinder mit sensorischen Integrationsstörungen eingesetzt werden können. Es werden im wesentlichen die Bereiche räumliche Wahrnehmung, Feinmotorik, taktile und kinästhetische Wahrnehmung, Wahrnehmung des eigenen Körperschemas, motorische Handlungsplanung und -ausführung sowie Gleichgewichtsempfinden erfaßt. Darüberhinaus sollten neben Gehör- und/oder Sprachproblemen Daten über die primitiven Stellreflexe sowie über die Testausführung des Kindes per Verhaltensbeobachtung erhoben werden.

3. Empirische Untersuchungen

3.1 Einleitung

Obwohl sich der Einsatz der SCSIT als diagnostisches Instrumentarium im deutschen Sprachraum schon seit einiger Zeit zunehmender Beliebtheit erfreut (vgl. BRUNDIEK & KILIAN, 1985; EMRICH, HAAG & SCHIRM, 1985; AUGUSTIN, 1986), liegen bislang weder eine deutsche Version noch deutsche Normierungen vor. Da sich nach Angaben der Autorin einige Tests[4] noch

---

[4] Laut AYRES (1980, S. 5) sind dies IP, CML und BMC.

im experimentiellen Stadium befinden, wurden aus diesen Tatsachen einige empirische Arbeiten angeregt. Die bisher vorliegenden Untersuchungen können in zwei Kategorien gegliedert werden:

Zum einen Untersuchungen, die die SCSIT mit anderen Testverfahren vergleichen, und zum anderen Arbeiten, die Implikationen für die Anwendung im deutschen Sprachraum als Schwerpunktthema haben. Im folgenden werden zunächst kurz die Arbeiten zum ersten Themenbereich zusammengefaßt, die in veröffentlichter Form vorliegen. Sodann werden zwei Untersuchungen ausführlicher dargestellt, die als Diplomarbeiten an der Universität Bielefeld durchgeführt wurden[5] und bisher noch nicht publiziert worden sind. Sie werden daher den Schwerpunkt dieses Abschnitts bilden.

3.2 Untersuchungen zum Vergleich der SCSIT mit anderen Testverfahren

Da es bei der Entwicklung der SCSIT in Teilbereichen Überlappungen zu bereits veröffentlichten Verfahren gibt (siehe Abschnitt 2), wurden einige Autoren angeregt (AYRES, 1969a; KIMBALL, 1977; ZIVIANI, et al., 1985), vorhandene Zusammenhänge zu untersuchen. Da diese Untersuchungen, wie bereits erwähnt, in veröffentlichter Form vorliegen, werden hier lediglich die Ergebnisse zusammengefaßt und es sei darüberhinaus auf die Originalarbeiten verwiesen.

In einer ersten Studie werden von der Autorin selbst (AYRES, 1969a) Zusammenhänge der perzeptumotorischen Fähigkeiten mit dem „Gesell Entwicklungsquotienten" untersucht. In dieser Studie waren jedoch die Subtests CML und MFP nicht enthalten. Bis auf die Unterscheidungsfähigkeit zwischen „rechts" und „links" (RLD) fanden sich hochsignifikante Korrelationen, wobei die stärksten Zusammenhänge mit den Tests Graphestesie, Imitation von Körperhaltungen, den Tests zur Feinmotorik und zur räumlichen Wahrnehmung gefunden wurden. In einer korrelativen Untersuchung fand KIMBALL (1977) signifikante Zusammenhänge zwischen den Subtests zur taktil-kinästhetischen Wahrnehmung und dem „Bender Gestalt Test". ZIVIANI, et al. (1982) verglichen die Leistungen lernbehinderter Kinder in den SCSIT mit dem „Bruinniks-Oseretzky Test of Motor Proficiency (BOTMP), der speziell grob- und feinmotorische Fähigkeiten erfaßt. Sie fanden hoch signifikante Zusammenhänge mit den Tests DC, MAC, KIN, MFP, IP, RMC, SBO/SBC und SV. Das liegt im wesentlichen im Bereich

---

[6] Die Arbeiten von KNORN (1985) und BAUMGARTNER (1985) wurden mit Unterstützung der Lehrstühle für Pädagogische Psychologie (Prof. Dr. H. SKOWONEK) und die Rehabilitation (Prof. Dr. M. BRAMBRING) an der Fakultät für Psychologie und Sportwissenschaften der Universität Bielefeld durchgeführt.

der Erwartungen, da bei diesen Tests zumeist auch motorische Leistungen in die Testwerte eingehen. Lediglich bei dem Test SV, der ja nur visuelle Leistungen erfassen soll und bei dem keine motorische Reaktion bewertet wird, war nicht unbedingt davon auszugehen, daß er auch motorische Verhaltensaspekte erfaßt. In einer ersten Untersuchung in der Bundesrepublik (EMRICH, 1984a; EMRICH et al., 1985) wurden die Tests mit dem „Göttinger Formreproduktionstest (GFT)" und dem „Körperkoordinationstest für Kinder (KTK)" verglichen und keine bedeutsamen Zusammenhänge gefunden. Die Autorin zieht daraus den Schluß, „daß die Southern California Sensory Integration Tests" anders und anderes messen als der „Körperkoordinationstest für Kinder" und der „Göttinger Formreproduktionstest" (EMRICH et al., 1985). BAUMGARTNER (1985) weist jedoch darauf hin, daß „durch die Wahl ihrer statistischen Methode diese Ergebnisse nicht sehr gut abgesichert" sind.

Zusammenfassend läßt sich feststellen, daß die gefundenen und plausiblen Zusammenhänge (wie beispielsweise bei ZIVIANI et al.) Hinweise auf die Validität der Testbatterie darstellen können, wobei systematische Untersuchungen über mögliche Zusammenhänge zwischen vorhandenen perzeptiv-motorischen sowie neuropsychologischen Tests mit den SCSIT noch ausstehen.

3.3. Bielefelder Untersuchungen zur Anwendung der SCSIT im deutschen Sprachraum

3.3.1. Einleitung

Da wie bereits erwähnt, die SCSIT auch im deutschen Sprachraum vielfältige Anwendung finden (s.o. 3.1.), gibt es naturgemäß Forderungen nach einer deutschen Fassung. Darüber hinaus sind für ein normorientiertes Vorgehen, was AYRES (1976), trotz Vorbehalte, für die Testauswertung und Interpretation anregt, entsprechende Normierungen unerläßlich (vgl. u.a. LIENERT, 1973). Da jedoch entsprechende Bemühungen gescheitert sind[6], wurden empirische Untersuchungen mit dem Ziel durchgeführt, eine erste Grundlage für die hiesige Anwendung zu liefern (KNORN, 1985; BAUMGARTNER, 1985). Vorgehensweise und Ergebnisse dieser Studien werden im folgenden zusammenfassend dargestellt.

---

[6] Ein dahingehendes Projekt von Dr. M. BECK und P. KNORM konnte nicht realisiert werden, da die Autorin letztlich die Rechte hierfür verweigerte. Dies wurde damit begründet, daß die SCSIT zugunsten einer neuen Version „Sensory Integration and Praxis Tests (SIPT)" vom amerikanischen Markt genommen werden. Im europäischen Bereich werden jedoch nach wie vor die SCSIT vertrieben.

3.3.2. Vorarbeiten für eine deutsche Version

Um empirische Untersuchungen zu den SCSIT durchführen zu können, wurde es als notwendig erachtet, zunächst eine Übersetzung der Testbatterie zu erstellen, da diese, aus den oben erwähnten Gründen, in veröffentlichter und somit zugänglicher Form nicht vorliegt. Zu diesem Zweck wurde eine erste Fassung erstellt, die zunächst von einer Kandidatin der Anglistik in Bezug auf sprachliche Korrektheit überarbeitet wurde. Da die Instruktionen für die Kinder im Original in sehr einfachem Englisch verfaßt wurden und daher nicht wortgetreu übersetzt werden können, wurden sie in Zusammenarbeit mit der Leiterin einer Kindertagesstätte und einigen vierjährigen Kindern dahingehend modifiziert, daß Verständnisprobleme eliminiert wurden. So kam beispielsweise von Kindern auf die Aufforderung „Berühre diesen Finger!“ (Original: „Touch that finger“) im Test FI die Reaktion „Kann ich nicht!“. Nachdem die Instruktion in „Tippe diesen Finger an!“ geändert wurde, konnten alle Kinder die gewünschte Reaktion auf Anhieb ausführen. Da die so entstandene Form der Übersetzung nicht publiziert werden konnte, müssen Interessenten auf die unveröffentlichte Diplomarbeit von KNORN (1985) verwiesen werden, wo sie, zu Dokumentationszwecken, im Anhang mitgeteilt ist.

3.3.3. Untersuchung der Auswertungsobjektivität

Die Objektivität eines Testverfahrens stellt neben der Validität und der Reliabilität eines der Hauptgütekriterien dar. Man kann hierbei drei Objektivitätsaspekte betrachten: die Durchführungsobjektivität, die Auswertungsobjektivität und die Interpretationsobjektivität. Von einem guten Test wird also gefordert:

1. Die im Manual mitgeteilten Hinweise zur Testanwendung müssen so eindeutig formuliert sein, daß bei verschiedenen Testleitern die gleichen Durchführungsbedingungen herrschen.

2. Die mitgeteilten Auswertungshinweise dürfen keinen Interpretationsspielraum lassen, so daß unterschiedliche Auswerter bei ein und derselben Testdurchführung zu den gleichen Ergebnissen gelangen.

3. Die Interpretation der Ergebnisse und deren Implikationen auf eine mögliche Therapieplanung müssen eindeutig erfolgen können.

In der im folgenden referierten Untersuchung (KNORN, 1985) wurde zunächst der zweite Aspekt herausgegriffen, um eine erste Bewertung vornehmen zu können.

Wie bereits oben ausgeführt, versteht man unter der Auswertungsobjektivität die Unabhängigkeit der Testergebnisse vom Auswerter. Um dies untersuchen zu können, mußten Bedingungen geschaffen werden, die für die verschiedenen Auswerter identisch sind, gleichwohl aber die Unabhängigkeit zwischen ihnen gewährleisten. Hierfür wurden 10 unauffällige Kinder im Alter von 5,0—5,9 Jahren untersucht und dabei mit einer ferngesteuerten Videokamera aufgezeichnet. Dieses aufwendige Verfahren wurde u.a. auch deshalb gewählt, da es für die untersuchten Kinder im Alter von 5—6 Jahren als eine zu große Belastung angesehen wurde, sie während der Testdurchführung mit einer größeren Anzahl von Auswertern zu konfrontieren. Darüber hinaus konnten so die Auswertungen auch vollkommen unabhängig anhand der Videobilder erfolgen. Bei einigen Subtests gab es jedoch zusätzliche Besonderheiten: Die Verfahren DC und MAC-R konnten direkt ausgewertet werden, da hier entsprechende Protokollbögen vorliegen. Bei den Tests KIN und LTS sind Abstandsmessungen vorzunehmen, wobei zusätzliche Abweichungen durch das Anlegen des Lineals in der Testsituation kommen können. Hier wurde ein spezielles Lineal konstruiert, daß eine Ablesegenauigkeit am Bildschirm von 0,5 cm ermöglichte. Zusätzlich wurden die Tests an Erwachsenen durchgeführt, an denen die Auswerter in vivo nacheinander unabhängige Messungen vornahmen. (Diese Daten finden sich weiter unten mit der Abkürzung KINsim bzw. LTSsim). Die so erhobenen Testleistungen wurden 5 Auswertern, die mit den Kriterien vertraut waren, zur Bewertung vorgelegt. Aus den vorliegenden Ergebnissen wurde der Übereinstimmungskoeffizient (Cronbach's α) mit Hilfe einer zweifaktoriellen Varianzanalyse bei zwei gekreuzten Random-Fakoren bestimmt (vgl. u.a. WINER, 1970). Dieser Koeffizient (r_α) kann von 0 bis 1 variieren, wobei 1 erreicht wird, wenn kein Meßfehler mehr vorhanden ist und 0 bedeutet, daß überhaupt keine Übereinstimmung vorhanden ist. Eine gute Auswertungsobjektivität ist gegeben, wenn die Werte nahe an 1 heranreichen. Die folgende Tabelle gibt die Daten für die einzelnen Tests wieder:

Test	r_a	Test	r_a
SV Accuracy	0,999	FI	0,996
SV Zeit	0,977	GRA	0,954
SV Adjusted	0,954	LTS	0,993
FG	0,997	LTS sim	0,984
PS Accuracy	0,996	DTS	0,983
PS Zeit	0,982	IP	0,955
PS Adjusted	0,995	CML	0,977
MAC-R	0,927	CMLX	0,993
KIN	0,993	BMC	0,997
KIN sim	0,989	RLD	0,995
MFP Rohwert	0,998	SBO	0,999
MFP Zeitwert	0,779	SBC	0,982
MFP Adjusted	0,968	DC	0,973

Tabelle 1: Übereinstimmungskoeffizienten für alle Tests

Beim Betrachten der Tabelle läßt sich feststellen, daß die testtheoretischen Anforderungen bezüglich der Auswertungsobjektivität in hohem Maße erfüllt werden. Die niedrigsten Werte finden sich bei den Zeitmessungen, was plausibel erscheint, da hier die Testdurchführung eine gewisse Latenzzeit beinhaltet. Ansonsten finden sich die niedrigsten Werte bei MAC-R, DC, GRA und IP, wo auch die Auswertungsprozeduren am kompliziertesten zu beherrschen sind.

3.3.4. Validierungsuntersuchung

In einer weiteren Studie wurde von BAUMGARTNER (1985) versucht, an einer größeren Stichprobe (N = 70) deutscher lernbehinderter Kinder SCSIT-Testdaten zu erheben, um diese Ergebnisse mit Untersuchungen, die AYRES an amerikanischen Lernbehinderten durchgeführt hat, vergleichen zu können. Die zentrale Fragestellung war hierbei, ob sich die von AYRES gefundenen Syndrome in der Bundesrepublik Deutschland replizieren lassen. Es handelt sich hierbei also um eine Validitätsstudie. Unter Validität versteht man, inwieweit die Testresultate tatsächlich das erfassen, was durch den Test bestimmt werden soll. Dies kann, wie bei BAUMGARTNER, mit Hilfe von Faktorenanalysen geschehen (vgl. hierzu CRONBACH & MEEHL, 1966; LIENERT, 1973). Das Problem der Identifizierung von Lernbehinderung[7] wurde, wie bei den Untersuchungen von AYRES, dadurch gelöst, daß die Definition des Kultusministeriums zugrunde gelegt wurde (s. SCHERZINGER, 1977). Es wurden 70 Kinder aus 4 Sonderschulen für Lernbehinderte (42,9% Mädchen = 30; 57,1% Jungen = 40) bei einem Durchschnittsalter von 9,9 Jahren untersucht. Die obere Altersgrenze lag bei 10;11 Jahren. Obwohl die Obergrenze der Normierung, wie auch bei AYRES, in einigen Tests[8] überschritten wurde, konnten Deckeneffekte nur bei dem Subtest DTS festgestellt werden. Dieser Test diskriminiert also wenig unter den Teilnehmern.

Zunächst wurden einige Unterschiede analysiert, die z.T. von AYRES berichtet wurden. Die Geschlechtsunterschiede zwischen Jungen und Mädchen konnten für die Tests IP und BMC bestätigt werden, in allen anderen Subtests gingen sie über eine Zufallswahrscheinlichkeit nicht hinaus (Fehlerrisiko 5%). Ebenfalls signifikant wurden die Unterschiede für die rechte und linke Körperseite in den Tests FI, GRA, MAC und CML/CMLX, wobei jedoch die Ergebnisse für die rechte und linke Körperhälfte nicht unabhängig voneinander waren. Ein Alterseffekt konnte für die Tests LTS, DTS und RLD nicht gefunden werden, was die Vermutung nahelegt, daß die ent-

---

[7] Nach CRUICKSHANK (1972) sind in der einschlägigen Literatur im englischen Sprachraum mehr als 40 verschiedene Definitionen zu finden.

[8] Die taktil-kinästhetischen Tests und die Tests zum Körperschema sind nur bis 8;11 Jahren normiert.

scheidenden Prozesse, die Einfluß auf diese Testwerte haben, bei einem Alter von 8 Jahren bereits abgeschlossen sind. Bei einer Korrelationsanalyse mit den Intelligenztests (CPM von Raven und CFT2 von Catell) fanden sich bedeutsame Zusammenhänge mit den visuellen Subtests und DC sowie mit den relevanten Unterteilen vom CFT2 mit MFT, FI, GRA, IP MC und MAC (links), wie sie die folgenden Tabelle wiedergibt.

	SV	FG	PS	DC	MACL	MACR	KIM	MFP	FI
CFT2	.49**	.32*	.60**	.41**.	36**.	08	.28*	.34**	.45**
(CFE	.40**	.27*	.48**	.34**	.33**	.22	.20	.42**	.38**)
(CFG	.31*	.34**	.51**	.37**	.19	-.19	.23	.12	.38**)
CPM	.36**	.29*	.43**	.27*	.00	-.10	.08	.36	.11

	GRA	LTS	DTS	IP	BMC	SBO	SBC	CML	RLD
CFT2	.34**	.08	.21	.34**	.43**	.05	-.15	.22	.00
(CFE	.36**	.02	.12	.46**	.37**	.21	.01	.19	.19)
(CFG	.16	.04	.21	.09	.29**	-.06	-.22	.08	.18)
CPM	.30*	.08	-.05	-.06	-.08	.00	-.06	.21	.06

Tabelle 2: Korrelationen der SCSIT-Subtests mit den Intelligenztests CPM (N = 48) und CFT2 (N = 49). CFE und CFG sind Bestandteil des CFT2 (= P ≦ .05, ** = ≦ .01).*

In den R-Faktorenanalysen, die analog zu Ayres' (1965, 1966b, 1972b) Untersuchungen durchgeführt wurden, ließen sich bei den Gesamttestwerten 5 interpretierbare Faktoren finden: Faktor A enthält alle visuellen Subtests, sowie DC, MFP, FI, GRA und IP. Man könnte ihn „visuelle Wahrnehmung und motorische Reproduktionsleistung“ nennen. Faktor B wird im wesentlichen durch das „Kreuzen der Körpermittellinie“ erklärt. Es scheint plausibel, daß dies auch bei KIN und CTS eine wichtige Rolle spielt und so diese Ladungen auf dem Faktor erklärt. Faktor C wird im wesentlichen durch die „feinmotorische Genauigkeit“ beschrieben, wobei hier auch BMC eingeht, das aber ebenso auf Faktor A eine Ladung von .40 aufweist. Dies kann darauf hinweisen, daß für das Rhythmusnachklopfen sowohl visuelle Prozesse, die motorische Reproduktionsleistung, als auch die Feinmotorik eine wichtige Rolle spielen. Faktor D repräsentiert im wesentlichen das „Gleichgewichtsempfinden“. Faktor E wird durch das „Testalter“ erklärt. Ein sechster Faktor F beschreibt die Diskriminationsfähigkeit zwischen rechts und links. Er ist aber weniger bedeutsam, da er lediglich noch 5,4% Varianzanteil erklärt und sollte daher nicht mehr interpretiert werden.

Die folgende Tabelle gibt die Ergebnisse einer R-Faktorenanalyse wieder, wobei, wie bei Ayres, Ladungen unter .30 nicht aufgeführt sind.

Factor	Eigenvalue	Percent of Variance	Cum. Percent
A	5.36	48.2	48.2
B	1.79	16.1	64.3
C	1.50	13.5	77.8
D	1.12	10.0	87.9
E	0.75	6.7	94.6
F	0.60	5.4	100.0

	A	B	C	D	E	F	Kom.
SVA	.65						.46
FG	.48					.30	.43
PSA	.74						.67
DC	.55		.33				.50
KINT	.37	.39					.38
WFPA	.45				.32		.42
FIT	.71						.68
GRAT	.56				.31		.57
LTST		.37					.28
DTS							.18
IP	.61						.48
BMC	.40		.54				.46
SBOT				.81			.80
SBCT				.82			.70
MACRA			.61				.42
MACLA			.71				.65
CMLT		.95					.93
CMLXT		.92					.93
RLD						.64	.44
ALTW				.30	.72		.74

Tabelle 3: R-Faktorenanalyse mit 20 Variablen, Ladungsmatrix der rotierten Faktoren.

Bei den Q-Faktorenanalysen geht es um die Frage, ob sich bestimmte Personentypen in der Untersuchung finden lassen, die als Syndromkonstellationen zu interpretieren sind. Diese Ergebnisse sind vorsichtig zu interpretieren, da in der Analyse ein ungünstiges Verhältnis zwischen Testpersonen und SCSIT-Variablen besteht, das methodischen Kriterien nicht standhält, wie BAUMGARTNER selbst auch einräumt. Es wurde hier ein sehr heterogenes Leistungsmuster gefunden, so daß die von AYRES postulierten Syndrome nicht repliziert werden konnten, selbst die Betrachtung der Fallprofile konnte dies nicht leisten.

Es wurde mit Hilfe von Faktorenanalysen an einer Stichprobe von 70 lernbehinderten deutschen Kindern untersucht, welche Zusammenhänge sich zwischen den SCSIT-Subtests finden lassen. Es fanden sich nur geringe Ähnlichkeiten mit den von AYRES nach der gleichen Methode gefundenen Faktoren und die abgeleiteten Syndrome konnten nicht repliziert werden. BAUMGARTNER vermutet, daß dies auf kulturelle Unterschiede bei der Stichprobenselektion und der Stichprobe zurückgeführt werden könnte.

3.3.5. Vergleich der Testleistungen deutscher Kinder mit den amerikanischen Normierungsdaten

Um der Frage nachzugehen, ob sich zwischen deutschen und amerikanischen Kinder kulturelle Unterschiede in den SCSIT-Werten auswirken, wurden in der oben bereits erwähnten Untersuchung von KNORN (1985) 42 unauffällige Kinder im Alter von 5—5½ Jahren mit den SCSIT untersucht. Es wurde eine Klumpenstichprobe aus den Kindergärten eines repräsentativen Bielefelder Stadtteils gezogen. Um eine ausgewogene Verteilung bezüglich des Alters und des Geschlechtes zu erhalten, gingen 36 Kinder in die Auswertung ein. Die folgende Tabelle bildet die Testwerte der Stichprobe ab.

BMDP1D Verteilung der Rohdaten

Variable Nr.	Name	Total Frequency	Mean	Standard Deviation	St.Err. of Mean	Coeff. of Variation
1	SV ACC.	36	16.778	4.917	0.8195	0.29307
2	SV ADJ.	36	14.333	3.891	0.6486	0.28149
3	FG	36	12.889	3.267	0.5445	0.25347
4	PS	36	11.417	2.960	0.4934	0.25931
5	KIN:L	36	31.806	6.427	1.0711	0.20207
6	KIN:R	36	32.333	8.117	1.3528	0.25104
7	KIN	36	64.139	12.606	2.1011	0.19655
8	MFP:L	36	3.472	1.444	0.2407	0.41585
9	MFP:R	36	3.861	1.222	0.2037	0.31661
10	MFP	36	6.028	2.197	0.3662	0.36452
11	FI:L	36	4.278	1.994	0.3324	0.46623
12	FI:R	36	5.056	1.620	0.2701	0.32050
13	FI	36	9.333	2.976	0.4960	0.31887
14	GRA:L	36	4.694	1.636	0.2726	0.34843
15	GRA:R	36	4.083	1.918	0.3197	0.37730
16	GRA	36	9.722	3.104	0.5173	0.31927
17	LTS:L	36	40.444	2.873	0.4788	0.07104
18	LTS:R	36	39.444	3.426	0.5711	0.08686
19	LTS	36	80.194	41915	0.8192	0.06129
20	DTS	36	27.028	4.025	0.6708	0.14891
21	IP	36	12.556	3.605	0.6009	0.28713
22	CMLX	36	10.917	4.184	0.6974	0.38328
23	CML	36	14.917	5.838	0.9729	0.39135
24	CML:R	35	17.143	4.095	0.6923	0.23890
25	CML:L	35	13.686	5.028	0.8499	0.36739
26	CMLX:R	35	6.714	2.986	0.5047	0.44472
27	CMLX:L	35	4.000	3.020	0.5104	0.75489
28	BMC	36	5.972	3.517	0.5862	0.58893
29	RLD	36	12.750	4.059	0.6766	0.31838
30	DC	36	5.556	3.629	0.6048	0.65319
31	MAC-R:R	36	134.751	8.748	1.4581	0.06492
32	MAC-R:L	36	126.736	8.986	1.4976	0.07090
33	C SBO:R	35	6.894	3.682	0.6223	0.53399
34	C SBO:L	35	5.891	4.472	0.7559	0.75910
35	C SBO	35	10.12.	3.169	0.5357	0.31316
36	C SBC:R	35	1.300	2.481	0.4194	1.90854
37	C SBC:L	35	1.206	2.276	0.3848	1.88796
38	C SBC	35	4.343	3.251	0.5495	0.74854

Tabelle 4: Parameter der Tests

Anschließend wurden mit Hilfe geeigneter statistischer Methoden die Daten dieser Stichprobe mit der im Manual mitgeteilten Normierung verglichen, wobei sich folgende bedeutsame Unterschiede fanden:

1. Die amerikanischen Kinder zeigen signifikant höhere Werte in GRA sowohl rechts als auch links, DTS, CML/CMLX (hier sind die Unterschiede bei der linken Hand größer), SBO, SBC, MAC.

2. Die deutschen Kinder in dieser Altersgruppe können besser vorgegebene Haltungen nachahmen (IP), können einen vorgegebenen Rhythmus besser nachklopfen (BMC) und besser zwischen den Begriffen „rechts" und „links" differenzieren (RLD).

3. In den Tests DTS, SBC und MAC (rechts) weisen die Werte der deutschen Kinder eine bedeutsame größere Streuung auf.

4. In allen übrigen Tests, insbesondere zur visuellen Wahrnehmung, lassen sich keine signifikanten Unterschiede feststellen.

In den weiteren Analysen konnten Geschlechtsunterschiede für die räumliche Vorstellung (SV), wo die Jungen besser abschnitten und bei der Graphästhesie (GRA), wo die Mädchen höhere Werte erzielten, gefunden werden. Diese Geschlechtsunterschiede bedürfen jedoch einer Bestätigung in anderen Untersuchungen. Unterschiede zwischen den Testwerten für rechts und links konnten, wie bei BAUMGARTNER (1985), für die Tests CML/CMLX und MAC bestätigt werden. Bei den taktil-kinästhetischen Tests lassen sich keine bedeutsamen Unterschiede bezüglich der Körperseite feststellen, was den Ergebnissen von EMRICH (1984a) entspricht. Im Gegensatz zu BAUMGARTNER ist nach den Ergebnissen bei den Testwerten für CML/CMLX und LTS jedoch von einer Unabhängigkeit der Werte für „rechts" und „links" auszugehen. Die darüber hinaus durchgeführten Faktorenanalysen sind aufgrund des geringen Stichprobenumfangs kaum interpretierbar, deuten jedoch, wie auch EMRICH (1984a) schon vermutet, daraufhin, daß bei unauffälligen Kindern ebensoviele Faktoren wie Variablen zu finden sind, die Subtests mithin unterschiedliche Bereiche erfassen.

Da keine vergleichbaren interkulturellen Studien bekannt sind und der Stichprobenumfang Generalisierungen nur mit Vorsicht zuläßt, sind die gefundenen Unterschiede naturgemäß zu relativieren. Sie liefern jedoch genügend Hinweise, daß nicht unbedingt von einer Normgleichheit zwischen amerikanischen und deutschen Kindern in allen Bereichen der SCSIT ausgegangen werden kann.

4. Diskussion und Zusammenfassung

Wenn man das zunehmende Maß an Beachtung betrachtet, die dem theoretischen Ansatz der sensorischen Integrationsstörungen und ihrer Diagnostik mit Hilfe der SCSIT im deutschen Sprachraum geschenkt wird, scheint es sinnvoll, eine Einschätzung des diagnostischen Instrumentariums auf Grundlage der vorliegenden Ergebnisse vorzunehmen. Bei den SCSIT handelt es sich um eine Testbatterie, die in ihrer Zusammenstellung die verschiedensten Bereiche der sensorischen Integration erfaßt. Dies gilt insbesondere für den taktil-kinästhetischen Bereich und die Tests zur Erfassung des Körperschemas und der Integration beider Körperhälften. Ergebnisse von Faktorenanalysen bei unauffälligen Kindern weisen darauf hin, daß es sich um hinreichend unterschiedliche Bereiche handelt, die untersucht werden. Was die Testdurchführung betrifft, zeigt sich, daß die Testanweisungen gut elaboriert sind und so ein hohes Maß an Auswertungsobjektivität erzielt werden kann. Es ist aber auch zu betonen, daß die Testdurchführung zum Teil recht kompliziert ist und dadurch eine Menge an kontrollierter Einübung erforderlich ist, bis sie ausreichend beherrscht werden kann. In diesem Zusammenhang sind Untersuchungen, die die Durchführungsobjektivität betreffen bisher noch nicht geleistet worden. Unter diesem Aspekt sind auch die Diskussionen zu sehen, die darüber geführt wurden, wer zur Testdurchführung qualifiziert sei (siehe AUGUSTIN, 1986 sowie KILIAN & BRUNDIEK-RÖHRICHT, 1987). Hier scheint eine berufsgruppenspezifische Auseinandersetzung zwischen Ergotherapeuten und Diplom-Psychologen fehl am Platze: Da es sich bei sensorischen Integrationsstörungen um einen interdisziplinären Ansatz handelt, ist Kooperation gefordert. Spezielle Kenntnisse in den zu untersuchenden Bereichen und deren Entwicklung sind ebenso notwendig wie das Wissen um testtheoretische Grundlagen, um eine therapieorientierte Diagnostik zu ermöglichen. Hier zeigen die vorliegenden Untersuchungen die Grenzen eines normorientierten Verfahrens auf, wenn es in einen anderen Sprachraum übertragen wird. Um einen solchen normorientierten Einsatz im deutschen Sprachraum zu ermöglichen, müssen eigene Normen erhoben werden. Die vorliegenden Ergebnisse liefern genügend Hinweise darauf, daß ein direktes Übertragen der amerikanischen Normdaten zumindest in einigen Bereichen als problematisch einzustufen ist. Darüber hinaus weisen einige Subtests zu geringe Reliabilitäten auf und lassen somit eine große Streuung des wahren Wertes eines untersuchten Kindes zu. LEICHNER (1979) vergleicht das Messen mit einem Instrument mit geringer Reliabilität treffend mit dem Vorgang, man würde beispielsweise beim Messen der Körpergröße statt einer Meßlatte ein Gummiband verwenden. Je geringer die Reliabilität ist, desto elastischer wäre dies Gummiband, so daß auch dem Laien plausibel erscheint, daß hinreichende Reliabilitäten zu fordern sind. Für die

Anwendung der Tests im hiesigen Sprachraum bedeutet dies, daß der Schwerpunkt weg vom normorientierten Ansatz und hin zur standardisierten Verhaltensbeobachtung zu legen ist. Nicht umsonst wird sowohl von der Autorin als auch von hiesigen Anwendern die Notwendigkeit der Beobachtung der Testdurchführung betont. Empfehlenswert wäre daher eine Durchführung mit zwei Testleitern, da die Testhandhabung selbst bei ausreichender Übung eine Menge Aufmerksamkeit in Anspruch nimmt. Dieser Anspruch wird jedoch, aufgrund der herrschenden Abrechnungspraxis, kaum einzulösen sein. AUGUSTIN (1986) weist darauf hin. Insgesamt wird jedoch vom Einsatz der Tests nicht abgeraten, da in den zu untersuchenden Bereichen kein besseres differentialdiagnostisches Instrumentarium verfügbar ist und sie bei entsprechender Handhabung wertvolle Hinweise für die Therapieplanung liefern.

LITERATUR:

ANGERMAIER, M.: Psycholinguistischer Entwicklungstest (PET), Weinheim: Beltz 1974

AYRES, A. J.: The development of perceptual-motor abulities: a theoretical basis for treatment of dysfunction. American Journal of Occupational Therapie, 17, 221—225, 1963

AYRES, A. J.: Paterns of perceptual-motor dysfunktion in children: a factor analytic study. Perceptual and motor skills, 20, 335—368, 1965

ARES, A. J.: Interrelations among perceptual-motor abilities in a group of normal children. American Journal of Occupational Therapy, 20, 288—292, 1966

AYRES, A. J.: Relation between Gesell Developmental Quotients and later perceptual-motor performance. American Journal of Occupational Therapy, 23, 11—17, 1969a

AYRES, A. J.: Deficits in sensory integration in educationally handicapped children. Journal of Learning disabilities, 2, 160—168, 1969b

AYRES, A. J.: Characteristics of types of sensory integrative dysfunction. American Journal of Occupational Therapy, 25, 329—334, 1971

AYRES, A. J.: Types of sensory integrative dysfunctions among disabled learners. American Journal of Occupational Therapy, 26, 13—18, 1972a

AYRES, A. J.: Improving academic scores through sensory integration. Journal of learning disabilities, 338—343, 1972b

AYRES, A. J.: Interpreting the southern california sensory integration tests. Los Angeles: Western Psychological Services 1976

AYRES, A. J.: Cluster analysis of measures of sensory integration. American Journal of Occupational Therapy, 31, 362—366, 1977

AYRES, A. J.: Lernstörungen. Sensorisch-integrative Dysfunktionen. Heidelberg: Springer 1979

AYRES, A.J.: Southern California Sensory Integration Tests. Los Angeles: Western Psychological Services 1980

AUGUSTIN, A.: Sensorische Integration/Sensorische Integrationsstörungen: Diagnostik und Therapie nach Jean Ayres in der Ergotherapie. Der Kinderarzt, 17, 736—740, 1986

BAUMGARTNER, U.: Eine Untersuchung zur Validierung der „Southern California Sensory Integration Tests" (SCSIT) von A. J. AYRES an einer Stichprobe lernbehinderter Kinder. Unveröffentlichte Diplomarbeit. Universität Bielefeld: Fakultät für Psychologie und Sportwissenschaft, 1985

BRUNDIEK, A. & KILIAN, H.: Zur Diagnostik und Therapie der minimalen cerebralen Dysfunktion. Der Kinderarzt, 16, 334—340, 1985

CRONBACH, L. J. & MEEHL, P. E.: Construct validity in psychological tests. In: MEGARGEE, E. I.: Research in clinical assessment. New York: Harper & Row 1966

EMRICH, R.: Vergleich der „Southern California Sensory Integration Tests" von AYRES mit dem „Göttinger Formreproduktionstest", dem „Körperkoordinationstest für Kinder" und Daten aus der „Münchener pädiatrischen Längsschnittstudie". Unveröffentlichte Diplomarbeit. Universität Freiburg: Psychologisches Institut 1984a

EMRICH, R.: Die „Southern California Sensory Integration Tests" von A. J. AYRES. Der Kinderarzt, 15, 1059—1063, 1984b

EMRICH, R., HAAG, G. & SCHIRM, H.: Sensorische Integrationsdiagnostik: Zur Leistungsfähigkeit der „Southern California Sensory Integration Tests" nach A. J. AYRES. Ergebnisse einer Befragung und eine empirische Untersuchung. Der Kinderarzt, 16, 706—709, 1985

FROSTIG, M., LEFEVER, D. W. & WHITTELSEY, J. R. B.: A development test of visual perception for evaluating normal and neurologically handicapped children. Perceptual and Motor Skills, 12, 383—394, 1961

JOHNSON, O. G.: Tests and measurements in child development: a handbook. San Francisco: Jossey-Bass 1971

KILIAN, H. & BRUNDIEK-RÖHRICHT, A.: Sensorische Integration-Sensorische Integrationsstörungen: Zur Rezeption des Konzepts sensorischer Integration von Jean AYRES in der Bundesrepublik Deutschland — eine Stellungnahme zu dem Beitrag von Anneliese AUGUSTIN in „Der Kinderarzt" 5/1986. Der Kinderarzt, 18, 354—357, 1987

KIMBALL, J. G.: The Southern California Sensory Integration Tests (AYRES) and the Bender Gestalt: a correlative study. American Journal of occupational Therapy, 31, 294—299, 1977

KNORN, P.: Übersetzung der Southern California Sensory Integration Tests und empirische Untersuchung der Auswertungsobjektivität und der sensorischen Integrationsleistung 5—5½jähriger deutscher Kinder. Unveröffentlichte Diplomarbeit. Universität Bielefeld: Fakultät für Psychologie und Sportwissenschaft 1985

LEICHNER, R.: Psychologische Diagnostik. Weinheim: Beltz 1979

LIENERT, G. A.: Testaufbau und Testanalyse. Weinheim: Beltz 1969

LOCKOWANDT, O.: Frostigs Entwicklungstest der visuellen Wahrnehmung. Manual. Weinheim: Beltz 1979

MACQUARRIE, T. W.: MacQuarrie test for mechanical ability. Monterey: California Test Bureau 1925

SCHERZINGER, K.: Die Sonderschule für Lernbehinderte. Verband für Bildung und Erziehung 1977

THURSTONE, L. L.: A factorial study of Perception. Chicago: University of Chicago Press 1944

WESTMAN, M.: The „Southern California Sensory Integration tests“. In: BUROS, O. K. (ed.): The eighth mental measurements yearbook, Vol. 2. Highland Park, N.Y.: Gryphon Press 1978

WINER, B. J.: Statistical principles in experimantal design. London: McGraw-Hill

ZIVIANI, J., POULSEN, A. & O'BRIEN, A.: Correlation of the Bruininks-Oseretsky-Test of motor proficiency with the Southern California Sensory Integration Tests. American journal of Occupational Therapy, 36, 519—523, 1982

Marina — Ein Fallbeispiel

Waltraut Doering

I. Vorgeschichte

2. Oktober

Vormittags — ich sitze zufällig am Schreibtisch und nicht im Therapieraum — klingelt das Telefon. Frau G. ist am Apparat. „Ich möchte mit meiner Tochter zu Ihnen kommen, ich weiß nicht mehr, was ich machen soll." Auf meine Frage, was ihrer Tochter fehlen würde, beginnt Frau G. zu erzählen. Sie muß so viel loswerden, daß es mir nicht gelingt, kontinuierliche Notizen zu machen, aber im Moment ist es wahrscheinlich auch viel wichtiger, daß diese Frau einfach erst einmal alles berichten kann, was sie beschäftigt. Wenn ich nicht alles behalte, kann ich ja später immer noch einmal nachfragen. Nach einer dreiviertel Stunde habe ich zumindest ein grobes Bild.

Marina ist fast zwei Jahre alt und macht nichts, außer auf dem Boden zu sitzen und Flusen aufzusammeln. Sie beschäftigt sich stundenlang damit, kleine Krümel aufzuheben, diese zwischen den Fingern zu reiben und wieder fallen zu lassen. Sie spricht nicht, reagiert selten, wenn die Mutter sie ruft, scheint sie sich für nichts zu interessieren. Die Eltern waren schon bei vielen Ämtern. Marina ist „vollkommen auf den Kopf gestellt und von oben bis unten durchgecheckt worden, aber es ist nichts festgestellt worden." Ich bestelle die Familie für die nächste Woche.

II. Anamnese und Diagnostik

7. Oktober

Wir warten zu zweit auf Familie G. Bei Erstvorstellungen sind immer zwei Therapeuten anwesend. Einer beschäftigt sich mit dem Kind und macht erste Beobachtungen, der andere führt das Anamnesegespräch mit Eltern, Erziehern oder anderen Personen, die das Kind begleiten; möglichst in getrennten Räumen — soweit das Kind das zuläßt. Wir wollen damit vermeiden, daß sich die Erwachsenen über das Kind unterhalten, während dieses daneben sitzt und seine gesamten Probleme in geballter Form mitanhören muß.

Marina wird vom Vater hereingetragen, auf den Boden gesetzt und ausgezogen. Sie schaut im Flur herum und scheint alles genau zu betrachten. Die Manipulationen an ihrem Körper — Arm aus dem Jackenärmel ziehen,

Mütze über den Kopf streifen, Füße aus den Schuhen herausbugsieren — beachtet sie nicht sonderlich. Nach der Ausziehprozedur macht sie keinerlei Anstalten, sich fortzubewegen, sondern sitzt mit breiten Beinen und eingefallenen Schultern; sie dreht den Kopf in alle Richtungen. Nach der Begrüßung begeben sich die Eltern mit Marina auf dem Arm und die Therapeuten in einen Therapieraum, wo Marina wieder auf den Boden gesetzt wird. Nach wenigen Minuten — Marina sitzt immer noch und schaut im Raum herum — verlassen die Eltern mit mir den Raum, um ins Besprechungszimmer zu gehen — Marina zeigt keine sichtbare Reaktion darauf.

Im Nebenraum besprechen wir, was den Eltern und anderen Personen bisher an Marina aufgefallen ist und wie der Verlauf ihrer bisherigen Entwicklung war.

Dieses sind die geordneten Ergebnisse der Anamnese:

1. Schwangerschaft und Geburt
   Marina ist ein gewolltes Kind. Sie hat bisher noch keine Geschwister. Die Schwangerschaft verlief ohne Auffälligkeiten. Die Mutter fühlte sich wohl und beide Eltern freuten sich sehr auf ihren Nachwuchs.

   Die Geburt fand einen Tag nach dem errechneten Zeitpunkt statt, und es gab keine Komplikationen. Das Kind war ebenfalls wohlauf und Mutter und Tochter konnten eine Woche nach der Geburt aus der Klinik entlassen werden.

2. Erstes Lebensjahr
   Probleme bei Marina fielen den Eltern schon sehr früh auf. Sie war ein außerordentlich ruhiges Kind, schlief viel und machte sich, auch, wenn sie wach war, wenig bemerkbar. Sie trank schlecht, schien schlaff und desinteressiert zu sein.

   Zunächst machten die Eltern sich keine Sorgen, aber als Marina mit 5 Monaten immer noch wenig auf Ansprache reagierte, sich selten umdrehte, sondern nur still im Bett lag, wandten sie sich mit ihren Bedenken an einen Arzt, wurden aber beruhigt. „Jedes Kind ist anders, die einen sind lebhafter, die anderen ruhiger. Warten Sie mal ab"

   Die Eltern ließen sich jedoch nur für kurze Zeit beruhigen und drängten immer wieder auf Untersuchungen, um festzustellen, ob ihrer Tochter etwas fehlt. Mit einem Jahr — Marinas Verhalten hatte sich nur wenig verändert — wurde die Diagnose „Spätentwickler" gestellt. Den Eltern wurde der Rat gegeben, abzuwarten. Marina konnte zwar inzwischen sitzen, aber ihr Interesse an der Umwelt wurde nicht viel größer. Sie nahm ab und zu einen Gegenstand in die Hand, legte ihn aber wieder weg, ohne ihn genauer anzusehen, zu betasten oder auf andere Weise zu erkunden. Den Eltern war dieses Verhalten unverständlich. Marina schien körperlich gesund zu sein, sie hatte kaum unter Infekten oder anderen Erkrankungen zu leiden, aber sie wirkte unzufrieden. Sie weinte und schrie zwar nicht, aber sie nörgelte häufig, sie schien an nichts Freude zu haben, und jede Bewegung war ihr offenbar zu anstrengend und lästig.

3. Zweites Lebensjahr

Mit knapp 1½ Jahren setzten die Eltern endlich eine gründliche Untersuchung in einem speziellen Diagnostikzentrum durch. Hier wurde eine Psychomotorische Entwicklungsverzögerung festgestellt und der Verdacht auf Wahrnehmungsintegrationsstörungen geäußert.

Marina war körperlich altersentsprechend entwickelt. Es wurden keine pathologischen Bewegungsmuster oder Reflexe bemerkt. Ihr Grundtonus war hypoton.

Bei der Untersuchung der Augen wurden keine Auffälligkeiten festgestellt, auch die Höruntersuchung blieb ohne Befund. Marina war inzwischen interessierter geworden, sie konnte krabbeln und sich allein hinsetzen. Sie reagierte, wenn jemand zu ihr ging und sich mit ihr beschäftigte, indem sie diesen Menschen anschaute oder ihn anfaßte. Am liebsten räumte sie Gegenstände hin und her, aus und ein, erkannte aber die Funktion dieser Dinge häufig nicht. Sie steckte viele Sachen in den Mund und offensichtlich machte ihr das Berühren und Betasten von verschiedensten Materialien Spaß.

Am wenigsten reagierte Marina auf auditive Reize. Sie erzeugte auch selbst keine Laute.

4. Therapeutische Maßnahmen

Marina bekam zunächst einmal wöchentlich heilpädagogische Förderung im obengenannten Diagnosezentrum. Zuerst reagierte sie gar nicht auf das angebotene Spielmaterial, ließ sich aber dann nach einiger Zeit darauf ein, die Türme umzuwerfen, die die Therapeutin aufbaute. Sie begann, mehr und mehr auszuprobieren, zeigte aber bei neuen Materialien zu Beginn Angst. Nach ein paar Wochen produzierte Marina erste Laute und zeigte auf Gegenstände, die sie haben wollte, begleitet von einem „da". Als Problem stellte sich heraus, daß Marina am liebsten immer auf einem Fleck saß, mit Material hantierte und wenig Motivation zeigte, sich zu bewegen. Aus diesem Grund wurde die heilpädagogische Förderung zunächst beendet und nach einer Behandlung gesucht, die Marinas Bewegungsfreude fördert. Deshalb waren Marinas Eltern zu uns gekommen.

Erste Beobachtungen

Parallel zum Anamnesegespräch wird Marina in einem anderen Raum beobachtet. Als Marinas Eltern den Raum verlassen, bleibt Marina sitzen, ohne eine Reaktion darauf zu zeigen. Der Therapeut bietet ihr verschiedene Spielsachen an (Autos, Puppen, Teddys, Bälle, Klötze, Tierfiguren u.a.). Marina nimmt sie in die Hand, steckt sie in den Mund, betastet und betrachtet sie kurze Zeit und legt sie dann wieder weg.

Als der Therapeut Marina auf den Arm nimmt, lacht sie sofort, schmiegt sich an ihn und genießt es, herumgetragen zu werden. Aber als er sich mit ihr auf das Schaukelbrett setzt, beginnt sie sofort, Unmutslaute zu äußern und zu zappeln. Also steht der Therapeut wieder auf und trägt Marina herum. Sofort strahlt sie wieder.

Beim Absetzen auf einer etwas wabbeligen dicken Luftmatratze verzieht sie sofort ihr Gesicht, hält kurze Zeit inne und versucht dann, rutschenderweise rückwärts von dieser Matratze herunter auf den Fußboden zu gelangen. Als der Therapeut ihr kleine und große Bälle zurollt, nimmt sie diese auf, betrachtet und dreht jeden Ball ausgiebig, gleichgültig, ob er aus Flausch oder Gummi ist. Auch den stacheligen Igelball nimmt sie und untersucht ihn.

Sie krabbelt dann durch den Raum, hält an verschiedenen Gegenständen an, um sie kurz zu betrachten. Um Gegenstände, die auf dem Boden liegen — flache Schaumstoffmatratzen, kleine Holzkästen etc. — krabbelt sie herum, versucht nicht, sich daran aufzurichten oder hinauf zu gelangen. Dünne Matten aus verschiedenen Materialien betastet sie kurz, krabbelt dann darüber oder daran vorbei. Sie scheint keine besonderen Abneigungen oder Vorlieben für eines der Materialien zu haben.

Sie krabbelt wieder weiter und bleibt schließlich auf einer Stelle sitzen wie zu Beginn der Stunde. Zwischendurch hebt sie kleine Flusen auf und zerreibt sie zwischen den Fingern; dies macht sie jedoch nur kurze Zeit und nicht so ausdauernd und intensiv, wie ihre Mutter es am Telefon beschrieben hatte.

In den kommenden drei Wochen wird jeweils eine Beobachtungsstunde durchgeführt, in der Marina verschiedene Angebote gemacht werden, die sie aufgreifen oder ablehnen kann. Die Ergebnisse dieser Diagnostikphase sind folgende:

1. Taktile Wahrnehmung

Marina setzt sich mit verschiedenen taktilen Materialien auseinander (weich, flauschig, hart, glatt, kratzig etc.). Sie steckt vieles kurz in den Mund, zeigt dabei aber keine deutliche Abneigung oder Bevorzugung bestimmter Qualitäten. Sie läßt sich auch etwas Creme auf die Hand streichen, probiert sie ebenfalls mit dem Mund, verzieht das Gesicht und wischt die Creme wieder ab.

Marina reagiert auf taktile Stimuli an ihrem Körper, indem sie hinschaut, wo sie berührt wurde; wenn sie am Rücken, Nacken oder Hinterkopf angefaßt wird, dreht sie sich beim ersten oder zweiten Mal um. Danach reagiert sie nicht mehr.

Wir gehen davon aus, daß Marina im taktilen Bereich eine relativ gut entwickelte Wahrnehmung hat, wobei sie nicht ganz altersgemäß entwickelt ist, was z.B. die starke Betonung der oralen Empfindung zeigt. Es gibt aber in diesem Bereich offensichtlich keine starken Über- oder Unterempfindlichkeiten; auffällig ist nur das Suchen von Flusen und Krümeln und deren Zerreiben zwischen den Fingern, obgleich dies Verhalten — auch nach den Aussagen der Mutter — in der letzten Zeit abgenommen hat.

2. Vestibuläre Wahrnehmung

Marina bevorzugt im großen und ganzen zwei Positionen. Entweder sitzt sie, dabei klappt sie die Unterschenkel nach hinten und sitzt mit dem Po zwischen den Füßen (Zwischen-Fersensitz) oder sie krabbelt, wobei sie alle Hindernisse umgeht. Beim Krabbeln fällt auch auf, daß Marina ihre Füße stark anwinkelt und fast vom Boden abgehoben hält, ihre Zehen sind nach innen gekrallt. Marina richtet sich nicht auf, vermeidet von sich aus alle höher gelegenen Bereiche, und wenn sie auf etwas Höheres gesetzt wird, versucht sie, es so schnell wie möglich zu verlassen. Gleichgewichtsstimulationen durch sich bewegende Gegenstände wie Schaukel, Hängematte, Rollbrett o.ä. lösen bei ihr Panik aus. Auf dem Arm und festgehalten durch einen Erwachsenen, kann Marina leichte vestibuläre Reize ertragen. Sie vermeidet aber Lagenwechsel, besonders, wenn er fremdbestimmt ist. Sie mag nicht auf dem Rücken liegen, schreit, wenn jemand versucht, sie auf dem Boden herumzukugeln.

Wir gehen davon aus, daß Marina im vestibulären Bereich stark überempfindlich ist. Reize dieser Art scheinen sie zu „erschlagen“ und dementsprechend zu intensiven negativen Gefühlen zu führen.

3. Propriozeptive Wahrnehmung

Sofern es ihre Bewegungsmöglichkeit zuläßt, sucht Marina nach Tiefenwahrnehmungserfahrungen. Sie drückt und zieht größere Schaumstoffrollen und mag es, stark gedrückt zu werden. Es scheint oft, als würde Marina sich gern häufiger mit schweren und großen Gegenständen auseinandersetzen, kann es aber nicht, weil sie dabei aus dem Gleichgewicht gerät und umfällt.

Wir gehen davon aus, daß Marina im Bereich der Tiefenwahrnehmung unterversorgt ist und nach Informationen sucht, die sie aber aufgrund der mangelnden vestibulären Kontrolle nicht erhält.

4. Visuelle Wahrnehmung

Marina hat, gemessen an ihrem sonstigen Entwicklungsstand, eine erstaunlich gute Auge-Hand-Koordination. Dies ist auch der Bereich, mit dem sie sich am ausführlichsten beschäftigt. Sie steckt alle Gegenstände, die sich dazu eignen, in- oder aufeinander, stapelt Säckchen und andere Dinge, füllt Material in Behälter, holt es wieder heraus und so weiter. Sie scheint sich am wohlsten zu fühlen, wenn sie sitzen und Dinge ansehen kann.

Wir sind der Meinung, daß Marina sich aufgrund ihrer defizitären Verarbeitung im Gleichgewichtsbereich Positionen gesucht hat, in denen sie sicher ist; dies ist für sie der Sitz. In dieser Haltung hat sie sich auf den Wahrnehmungsbereich spezialisiert, der am „einfachsten" für sie ist, die visuelle Wahrnehmung, und sie hat deshalb hier eine deutlich bessere Entwicklung erreicht als in den anderen Bereichen.

5. Auditive Wahrnehmung

Marina spricht nicht und zeigt auch sonst wenig Lautproduktion. Sie benutzt zwar mit Vorliebe Rasseln und andere Gegenstände, die Geräusche erzeugen, aber es scheint, als sei das Bewegen (propriozeptiv) und Beobachten (visuell) der Dinge für sie wichtiger als die Geräusche.

Marina reagiert nur selten, wenn sie angesprochen wird. Setzt man sich direkt vor sie und sagt etwas, dann nimmt sie Blickkontakt auf. Wenn man sie ruft und befindet sich dabei nicht in ihrem Blickfeld, schaut sie sich sehr selten um, meist zeigt sie keine Reaktion. Wenn hinter ihr Geräusche durch Klingeln, Rasseln, Quietschen etc. erzeugt werden, reagiert Marina gar nicht; bringt man diese Gegenstände in ihr Blickfeld oder berührt sie damit, greift sie zu und erzeugt selbst Geräusche.

Da Marinas Gehöruntersuchung ohne Befund war, müssen wir davon ausgehen, daß die Reizaufnahme ungestört ist. Wir nehmen allerdings an, daß die Verarbeitung der auditiven Reize problematisch ist. Ganz besonders fällt dies auf, wenn Marina mit anderen Dingen beschäftigt ist, dann scheint die zusätzliche Aufnahme auditiver Reize für sie gänzlich unmöglich zu sein.

6. Entwicklung insgesamt

Die starken Beeinträchtigungen in der vestibulären und in der auditiven Wahrnehmung und die wahrscheinlich leichteren, aber doch vorhandenen Defizite in der Tiefenwahrnehmung, haben bei Marina zu einer Entwicklungsverzögerung von ungefähr einem Jahr geführt. Daß die Beeinträchtigung der Wahrnehmung nicht nur isoliert auf die einzelnen Bereiche bezogen ist, sondern ebenfalls die Integration verschiedener Stimuli Defizite aufweist, ist wahrscheinlich und besonders aus den Bewegungen und Reaktionen des Kindes zu ersehen. Marina hat zwar keine pathologischen Bewegungsabläufe, wirkt aber insgesamt unkoordiniert und hat meist nur geringe Muskelspannung. Es scheint, als benötige sie für ihre Fortbewegung und die Aufrechterhaltung des Tonus so viel Kraft, daß eine Entwicklung der in ihrem Alter notwendigen Neugier und des Interesses an der Umwelt kaum stattgefunden hat.

III. Therapie

Die Beobachtungsphase ist zu Ende, und wir planen unsere Therapie. Oberstes Ziel ist die „Normalisierung" der Grundwahrnehmungsbereiche, bei Marina besonders die vestibuläre und propriozeptive Wahrnehmung. Damit verbunden sind die Sensorischen Integrationsschritte, die zur Aufrichtung und Schwerkraftsicherheit, sowie zur Normalisierung des Muskeltonus führen. Wir wollen die taktile Wahrnehmung als Integrationsbestandteil miteinbeziehen, obwohl in diesem Bereich keine gravierenden Defizite erkennbar sind. Trotz der großen Probleme in der auditiven Wahrnehmung werden wir in der Anfangsphase keine gezielte Therapie in diesem Bereich vornehmen. Natürlich wird durch Sprache und Lautproduktion der Therapeutin dieser Wahrnehmungsbereich ebenfalls angesprochen.

Um die vestibuläre, propriozeptive und taktile Wahrnehmung anzusprechen, haben wir folgende Gestaltung des Therapieraumes geplant: Der gesamte Fußboden des Raumes (ca. 20 qm) ist ausgelegt mit Matratzen, Decken, Matten und Schaumstoffteilen. Dazwischen werden Rollbretter eingebaut, die durch die umliegenden Matratzen gehalten werden und sich dadurch nicht bewegen. In einer Ecke sind auf 2 qm Kugeln eines Kugelbeckens. Insgesamt ist vom ursprünglichen Fußboden nichts mehr zu sehen.

Dadurch bietet der Untergrund verschiedenste Qualitäten. Er gibt (durch die verschiedenen Materialien) unterschiedlich stark nach, und es sind außerdem überall leichte Höhenunterschiede vorhanden, die es zu bewältigen gilt. Die Seile der Hängematte wurden soweit verlängert, daß das Tuch auf dem Boden aufliegt und einen Teil der Untergrundgestaltung bildet. Außerdem sind im Raum einige größere Schaumstoffteile, leichte und schwere Sand- oder anders gefüllte Säckchen und ein paar Bälle mit unterschiedlichen Oberflächen verteilt.

4. November

Die Therapie beginnt. Ich bin gespannt, wie Marina auf den neu gestalteten Boden reagieren wird. Sie wird von ihrer Mutter hereingetragen. Ich nehme sie auf dem Flur in Empfang. Marina will sofort auf meinen Arm. Ich ziehe sie dieses mal auf dem Flur aus (bis auf die Unterhose), damit sie sich in dem Therapieraum sofort auf die Neugestaltung konzentrieren kann. Dann trage ich sie in den Therapieraum und setze mich mit ihr zusammen auf den (gestalteten) Fußboden. Marinas Mutter setzt sich in eine Ecke und schaut uns zu.

Marina ist sichtlich verdutzt, mit großen Augen schaut sie im Raum herum, krabbelt ein kurzes Stück, kratzt etwas an einer Flauschdecke, guckt wieder und bleibt zunächst eine ganze Weile lang sitzen. Aus der Ecke ruft die Mutter: „Marina, komm doch mal her. Guck mal — der Ball." Marina reagiert nicht, und ich winke ab. Das Kind soll erst einmal die neuen Eindrücke auf seine Weise verarbeiten.

Nach einigen Minuten setze ich mich neben sie und gucke mit ihr im Raum herum. Neben mir liegen zwei Säckchen, ein leichtes und ein schweres. Ich lege jedes auf ein Bein Marinas, die dieses Mal, ganz gegen ihre sonstigen Gewohnheiten im Langsitz sitzt. Marina packt die Säckchen hinunter und krabbelt los. In einer kleinen Senke liegt unsere „Knubbeldecke". Das ist ein Stück Stoff, 1 m mal 1,5 m groß. Darauf befinden sich festgenähte und mit verschiedenen Materialien gefüllte Stoffsäckchen, die durch ihre Form wie verschieden große Bälle und Kugeln aussehen. Mehr zufällig krabbelt Marina darauf. Eigentlich rutscht sie mehr. Da einer der Knubbel unter ihr knistert (er ist mit Glaspapier gefüllt), wird sie aufmerksam und zieht mit beiden Händen daran. Er ist festgenäht und geht nicht ab. Jetzt beginnt Marina, auch an den anderen Knubbeln zu ziehen — keiner geht ab. Ich habe Bedenken, daß sie frustriert wird und lege einige Sandsäckchen zwischen die Knubbel. Als sie eines erwischt und dieses sich löst, fällt sie um. Sie hatte ihre Kraft auf die festgenähten Teile eingestellt. Aber sofort setzt sie sich wieder in den Zwischenfersensitz und zieht weiter. Sie paßt jetzt auf, was geschieht. Erst zieht sie wenig, wenn nichts passiert, stärker. Die Sandsäckchen wirft sie kreuz und quer durch den Raum, quietscht und lacht.

Als sie einen Ball, den ich dazwischengeschummelt habe, wegwirft, schaut sie ihm nach und krabbelt dann hinterher. Er wird von der auf dem Boden liegenden Hängematte gestoppt. Marina wird auf dem Weg dorthin von einer Schaumstoffrolle abgelenkt. Das Mädchen setzt sich hin, umfaßt die Rolle mit beiden Armen und wippt mit dem Oberkörper nach vorn, wobei sie mit dem oberen Ende der Rolle, das höher ist als ihr Kopf, vorn auf den Boden schlägt. Als diese Tätigkeit nach einiger Zeit stereotyp zu werden droht, setze ich mich hinter Marina und führe gemeinsam mit ihr das Wippen aus, indem ich durch Druck und Zug die Richtung und die Intensität verändere. Bald darauf fallen wir gemeinsam zur Seite und rollen über den Boden. Das ist allerdings die Grenze dessen, was Marina mitmachen will, sie krabbelt schnell weg.

Der Rest der Stunde vergeht damit, daß Marina abwechselnd auf dem Boden sitzt oder ein Stück krabbelt. Ihre Mutter versucht immer wieder, sie zu rufen oder auf Bälle oder andere Gegenstände aufmerksam zu machen. Ich bitte sie allerdings, Marina ein wenig Ruhe zu gönnen, damit sie die vielen neuen Eindrücke der heutigen Stunde verarbeiten kann.

In der kommenden Woche bekommt Marina Windpocken und die Therapie fällt für einige Zeit aus.

3. Dezember

Marina hatte in der vergangenen Nacht sehr schlecht geschlafen und viel geweint. Auch zu der Stunde kommt sie quengelig, will sich nicht ausziehen lassen und klammert sich an ihre Mutter. Also wird sie nicht ausgezogen, und ihre Mutter bringt sie in den Therapieraum. Marina bleibt an der Stelle sitzen, wo ihre Mutter sie hinsetzt und rührt sich nicht. Sie hat den Kopf nach unten gerichtet und scheint total in sich selbst versunken. Ich setze mich neben sie und warte erst mal ab. Nichts geschieht, Marina rührt sich nicht. Ich berühre sie leicht am Arm, nichts passiert. Auch einige weitere Berührungen bleiben ohne Echo. Ich hole einen großen Noppenball und lege ihn ihr in den Schoß. Marina schubst ihn weg, fängt an zu weinen, krabbelt zu ihrer Mutter und bleibt neben ihr sitzen. Die Mutter versucht, sie zu trösten, aber ohne großen Erfolg. Inzwischen ist fast eine halbe Stunde vergangen. Marina quengelt immer noch vor sich hin. Als ich sie auf den Arm nehmen, beginnt sie zu schreien. Wir beschließen, die Stunde für heute zu beenden.

10. Dezember

Ich hoffe auf einen anderen Stundenverlauf als beim letzten Mal, aber Marina weint bereits, als sie hereingetragen wird. Als die Mutter Marina auf dem Boden absetzen will, beginnt das Kind herzzerreißend zu schreien. Ich nehme sie auf den Arm und gehe mit ihr in den Therapieraum. Jedes Mal, wenn ich mich auf dem Boden niederlassen will, beginnt sie zu weinen. Auf meinem Arm scheint sie jedoch zufrieden zu sein, besonders wenn ich sie drücke und leicht hin- und herwiege. Also machen wir es so.

Ich wandere durch den Raum, Marina auf dem Arm. Nach einigen Minuten „taut" sie auf, sie hebt den Kopf und beobachtet wieder ihre Umgebung. Ich variiere die Schaukel- und Wippbewegungen, drücke stärker und schwächer, drehe mich um die eigene Achse. Marina beginnt zu lächeln, zu lachen, schließlich quietscht sie vor Vergnügen, als ich sie etwas durch die Luft schwenke. Meine Kräfte lassen langsam nach und ich versuche, mich mit Marina niederzulassen. Wieder Geschrei und Weinen. Ich nehme sie auf den Schoß und spiele „Hoppe-Reiter“ mit ihr. Sie beruhigt sich etwas. Ich drücke sie fest an mich und wiege sie hin und her. Jetzt hört sie ganz auf zu quengeln. Mit viel Drücken, Hin- und Herbewegen verbringen wir die nächsten Minuten auf dem Boden. Sobald ich in meinen Bewegungen nachlasse, quengelt Marina wieder. Ich versuche es auszugleichen, indem ich sie auf die Matratzen lege und mit meinen Händen knete und drücke, aber das allein gefällt ihr nicht. Sie will auch bewegt werden. Irgendwie schaffe ich auch noch den Rest der Stunde. Als Marina auf dem Arm ihrer Mutter herausgetragen wird, bin ich geschafft, aber Marina scheint zufrieden zu sein.

17. Dezember

Wieder Geschrei und Gejammer. Trotzdem ziehen wir Marina aus und tragen sie dann ins Therapiezimmer. Marinas Mutter erzählt, daß sie während ihrer Windpocken lange Zeit apathisch im Bett gelegen habe und seitdem völlig unzufrieden mit ihrem Körper zu sein scheine. Manchmal sitze sie vollkommen zurückgezogen, schlaff und unbeweglich auf dem Boden, dann wiederum drehe und wende sie ihre Oberkörper im Sitzen wie ein Wurm, so, als wolle sie sich verbiegen oder zusammenfalten. Häufig falle sie dabei um und weine dann.

Die Suche nach Tiefenwahrnehmungsreizen ist deutlich. Durch die Probleme im vestibulären Bereich kann Marina sich nur schwer die propriozeptiven Empfindungen verschaffen, die sie sich wünscht. Das Ergebnis sind Mißempfindungen und Unzufriedenheit.

Das Problem ist, die richtige Dosierung zu finden, sie im Gleichgewichtsbereich nicht zu überfordern, diesen aber trotzdem anzusprechen und ihr dabei die nötigen propriozeptiven Stimulationen zu ermöglichen.

Wie in der letzten Stunde gelingt dies nur, wenn ich sie auf dem Arm habe. Dann genießt sie, gedrückt zu werden und kann das leichte Schaukeln und Wiegen gut aushalten. Ich habe allerdings das Gefühl, in einer Sackgasse zu stecken, weil die Eigenaktivitäten von Marina auf meinem Arm zu sehr eingeschränkt werden. Deshalb setze ich sie immer wieder auf den Boden (bzw. auf die vielen Matratzen) und versuche, sie über die großen Schaumstoffteile zu erreichen, mit denen sie sich in der ersten Therapiestunde so gerne beschäftigt hat.

Aber Fehlanzeige. Marina schreit, sobald ich sie absetze. Inzwischen scheint es schon beinahe ein Ritual zu sein, daß ich sie herumtrage. Nach einer guten halben Stunde setze ich mich mit Marine in das kleine Kugelbecken in der Ecke des Zimmers. Marina sitzt im Langsitz mit dem Rücken zu mir zwischen meinen Beinen, direkt in den Kugeln. In dem Augenblick, in dem ihre Oberschenkel die Kugel berühren, wird Marina aufmerksam und schaut nach, wo sie sich befindet. Sie berührt die Kugel mit der Hand, bewegt vorsichtig ihre Beine, doch dann beginnt wie wieder zu jammern. Ich nehme sie ganz fest in die Arme, lasse sie dabei aber in den Kugel sitzen, drücke sie und schaukle mit ihr ganz leicht hin und her. Sie beruhigt sich. Nach einiger Zeit bewege ich mich so, daß Marina mit ihrem Po leicht auf den Kugeln hin- und hergleitet und sich dabei etwas in die Kugeln eingräbt. Sie wird aufmerksam auf das, was mit ihrem Unterkörper geschieht, nimmt eine Kugel, läßt sie sich auf die nackten Beine fallen und beobachtet, wie sie darauf entlang ins Kugelbecken zurückrollt. Die nächste Kugel: aufheben, auf den Körper fallen lassen, hinuntergucken. Langsam vermindere ich den Druck der Umarmung und lasse schließlich Marinas Oberkörper los. Sie ist mit den Kugeln beschäftigt, nimmt manchmal zwei auf einmal, wühlt mit den Händen in den Bällen, bewegt ihre Beine und ist ganz fasziniert. Da sie in ihrem Verhalten eigene Variationen zeigt, lasse ich sie und greife nicht in ihre Tätigkeit ein. Am Ende der Stunde nehme ich sie hoch; sie läßt sich ohne Protest anziehen und scheint ruhig und ausgeglichen zu sein.

Leider folgt die Weihnachtspause, aber ich schiebe noch ein Abendgespräch mit den Eltern ein, um mit ihnen zu besprechen, wie sie die Pause nutzen können.

18. Dezember (Elterngespräch)

Die Mutter, die aufmerksam die letzten Therapiestunden beobachtet hatte, hat schon gesehen, was Marina gesucht hat. „Sie wollte gedrückt werden, so als würde sie sich sonst selbst nicht fühlen." Genau das ist es. Ich erläutere den Eltern die Wahrnehmungssysteme und die Probleme, die ihr Kind dabei hat.

Beide Eltern beschließen spontan, daß sie während der Weihnachtsferien Marinas Zimmer umbauen wollen. Aller Kleinkram, die Puzzles, die Puppen, die Bausteine und so weiter, mit denen Marina sowieso nicht gespielt hatte, kommen raus. Dafür werden einige große Kissen und andere Teile in das Zimmer gebracht. Dann planen sie, in einen Teil des Zimmer einen Zwischenboden einzuziehen, der hoch genug ist, daß Marina darunter krabbeln kann. Über eine Schräge soll Marina die Möglichkeit haben, hinauf und hinunter zu kommen.

Ich empfehle den Eltern außerdem, mit Marina ins Schwimmbad zu gehen, denn sie mag Wasser und durch den geänderten Schwerkrafteinfluß im Wasser bekommt Marina Informationen im Bereich der Tiefenwahrnehmung, des Gleichgewichts und der taktilen Wahrnehmung. Das sollte zunächst reichen, denn die Eltern sollen nicht zu Therapeuten werden und dadurch ihren spontanen Umgang mit dem Kind verlieren.

7. Januar

Marinas Eltern berichten, daß ihre Tochter in ihrem neuen Zimmer viel aktiver geworden ist. Sie krabbelt viel herum, schiebt Gegenstände hin und her und verkriecht sich in Ecken oder unter Tüchern und Schaumstoffbergen. Sie wirft Sandsäckchen umher und scheint viel zufriedener zu sein.

Die Kehrseite der Aktivität: Marina wollte abends nicht ins Bett. Sie weinte und wollte aus ihrem Gitterbett wieder heraus. Die Eltern haben einige Stäbe aus dem Bett herausgenommen, seitdem unternimmt Marina abends noch Ausflüge durch ihr Zimmer und schläft meist zwischen Matratzen und Kissen ein.

Die Therapiestunde beginnt ohne Weinen und Geschrei. Marina krabbelt durch den Raum und scheint ihn heute erst zu erkunden. Ich lasse sie in Ruhe ihre Erfahrungen machen. Am Rande des Kugelbeckens hält sie inne, kehrt aber wieder um, krabbelt unter die auf dem Boden liegende Hängematte, kommt heraus und zieht an dem Tuch. Ich nutze die Gelegenheit und verkürzte die Seile der Hängematte so, daß sie gerade über dem Boden hängt und hin und hergeschaukelt werden kann. Marina nimmt das Tuch, zieht daran, läßt es wieder zurückschaukeln. Nach ein paar Mal lege ich zwei Säckchen in die Matte, Marina schlägt dagegen und beobachtet, wie die Matte schwingt. Fast eine Viertelstunde lang beschäftigen wir uns mit dem sich bewegenden Tuch. Dann geht Marina für den Rest der Stunde noch auf Erkundungstour — quer über alle Matratzen, so, als würde ihr die Bewältigung des Bodens keinerlei Probleme mehr bereiten.

14. Januar

Marina kommt fröhlich an, läßt sich ohne Probleme ausziehen und krabbelt — kaum in den Therapieraum gesetzt — sofort los. Ich habe die Struktur des Raumes nicht verändert, damit Marina möglichst viel wiedererkennt und an die positiven Erfahrungen der letzten Stunde anschließen kann. Dies genau tut sie auch. Schon nach kurzer Zeit beginnt sie, sich wieder mit der Hängematte zu beschäftigen. Nach einigem Hin- und Herschaukeln, Be- und Entladen des Tuches, setze ich mich in das Tuch, was zur Folge hat, daß es durch die größere Belastung nicht mehr frei hängt, sondern ich auf dem Boden sitze. Marina schaut sich dies einen Augenblick an, krabbelt dann ebenfalls in das Tuch, probiert, ob es sich noch bewegt, krabbelt wieder heraus, hebt das Tuch an, krabbelt darunter und wieder hervor. So geht das eine ganze Weile. Ich verlasse die Hängematte, und Marina versucht wieder hinein zu klettern. Ich helfe ihr etwas, weil das Tuch nicht mehr auf dem Boden aufliegt. Aber auch Marinas Gewicht allein reicht aus, um das Tuch so durchzudrücken, daß es nicht mehr schaukelt. Ich nutze die Gelegenheit und nehme das eine Ende der Hängematte und ziehe Marina leicht über den Boden. Es scheint ihr zu gefallen. Sie lacht zwar nicht, zeigt aber auch keine negativen Reaktionen. Ich ziehe nun an verschiedenen Enden, so daß Marina in dem Tuch leicht auf dem Boden hin- und herrutscht. Sie sitzt im Langsitz und muß sich bei jeder Bewegung neu anpassen, damit sie nicht umfällt. Nach kurzer Zeit legt sie sich auf den Rücken. Ich hebe nun die Hängematte beim Ziehen etwas an, so daß Marina auf die Seite rollt, dann wieder zurück auf den Rücken. Ich beobachte ganz genau ihre Mimik, um sofort erkennen zu können, wann es ihr unangenehm wird. Aber ich scheine die richtige Dosierung gefunden zu haben. Beim nächsten Mal hilft Marina mit, so daß sie nicht nur vom Rücken auf die Seite rollt, sondern ganz bis auf den Bauch. Noch drei- bis viermal hin- und herziehen, dann verläßt Marina die Hängematte ohne Hilfe. Sie krabbelt durch den Raum bis zum Kugelbecken. Vorsichtig versucht sie, mit der Hand Halt zu finden, damit sie hineinkrabbeln kann. Es gelingt ihr nicht. Sie scheint frustriert, kehrt um, sucht sich auf dem Boden liegende Säckchen und wirft sie in Richtung Kugelbecken. Dann versucht sie noch einmal hineinzugelangen. Diesmal setze ich mich neben sie, die Beine im Kugelbecken, so daß sie an diesen etwas Halt findet. Mit viel Mühe, aber mit starkem Willen schafft sie es. Auf allen Vieren hockt sie auf den Kugeln und kann sich nun gar nicht mehr bewegen, weil sich unter ihr alles bewegt. Sie beginnt zu jammern. Ich helfe ihr, in den Langsitz zu gelangen, sezte mich hinter sie und schiebe sie auf den Kugeln hin und her. Sie findet das toll, greift nach den Kugeln, wirft sie herum und lacht. Kurz darauf ist unsere Stunde schon zu Ende.

21. Januar

Dieses Mal habe ich die Matten und Matratzen auf dem Boden verändert. Es sind größere Höhenunterschiede entstanden, und das vorher zwischen den Matten eingeklemmte Rollbrett hat etwas Bewegungsfreiheit bekommen. Marina zögert ein wenig, als sie in den Raum kommt, steuert dann aber zielgerichtet auf die Hängematte zu, die ich dieses Mal noch ein wenig höher gehängt habe. Marina will hinein, schafft es aber nicht allein — also helfe ich ihr. Dieses Mal hängt das Tuch so hoch, daß es auch nach Marinas Einstieg noch beweglich ist. Dies gefällt Marina gar nicht. Sie versucht sofort, wieder aus der Hängematte herauszubekommen. Als es ihr nicht gelingt, beginnt sie zu meckern. Ich helfe ihr heraus, und sie bleibt zunächst einmal auf dem Boden sitzen, ohne sich zu rühren, um wieder die Sicherheit des festen Boden zurückzugewinnen. Nach einer kurzen Verschnaufpause krabbelt sie los und bleibt auf einem auf dem Boden liegenden roten Schwungtuch sitzen. Das seidige Material gefällt ihr, und sie streicht darüber. Ich beginne, das Tuch an einer Seite leicht zu ziehen, so, wie ich es in der letzten Stunde mit der Hängematte gemacht habe. Marina wird sofort aufmerksam und gleicht die durch die Bewegung hervorgerufene Gleichgewichtsveränderung aus, so daß sie nicht umfällt. Als ich aufhöre, am Tuch zu ziehen, fordert sie mich durch einen Quietschlauf auf, weiter zu machen. Ich ziehe sie hin und her, auch über kleine Unebenheiten auf dem Boden. Marina genießt es und lacht. Nach einiger Zeit legt sie sich hin und läßt sich weiterziehen und -rollen, wie in der letzten Stunde. Als sie genug hat, krabbelt sie von dem Schwungtuch herunter und weiter durch den Raum. Als sie zufällig das Rollbrett mit einer Hand berührt, rollt dieses ein Stückchen weg. Marina stützt sich mit der anderen Hand ab und kann gerade noch verhindern, daß sie auf die Nase fällt. Die Bewegung des Rollbrettes interessiert sie. Sie setzt sich in den Zwischenfersensitz und hat so eine relativ feste Position. Dann rollt sie mit einer Hand das Rollbrett hin und her, soweit es zwischen den umgebenden Matratzen möglich ist. Nach kurzer Zeit versucht sie, mit einem Knie auf das Rollbrett zu gelangen, es ist ihr aber doch zu wackelig, und sie zieht sich auf die Matratze zurück. Sie krabbelt noch einmal zur Hängematte, bewegt diese hin und her. Als ich sie gestisch und verbal frage, ob sie in die Hängematte will, krabbelt sie weg. Sie schnappt sich eine größere Schaumstoffrolle, setzt sich im Langsitz hin, umfaßt die Rolle mit beiden Armen, drückt und bewegt sie und freut sich. Deutlich wird, daß Marina ihren Oberkörper wesentlich stärker bewegen und drehen kann, ohne aus dem Gleichgewicht zu geraten, wie dies vor einem Vierteljahr der Fall war. Ich greife ihr Spiel auf und ziehe am anderen Ende der Rolle. Marina hält fest. Ich drücke zurück. Marina stemmt sich dagegen. So verbringen wir den Rest der Stunde mit Zug und Druck, der Marina die für sie so notwendigen propriozeptiven Reize verschafft.

28. Januar

Diese Stunde verläuft fast genauso wie die letzte. Marina verbringt ihre Zeit mit dem Schwungtuch, einigen Schaumstoffteilen, dem Rollbrett und im Kugelbecken. Um die Hängematte macht sie einen Bogen. Sie streift sie nur kurz mit ihrem Blick.

4. Februar

Ich habe die Seile der Hängematte wieder verlängert, so daß diese wieder auf dem Boden aufliegt. Marina krabbelt ins Zimmer, hält kurz neben der Hängematte an, krabbelt dann aber weiter bis zum Rollbrett. Die stärkeren Höhenunterschiede, die ich seit ein paar Stunden in die Bodengestaltung eingebaut habe, scheinen sie nicht zu stören. Sie bewältigt sie problemlos. Heute ist rund um das Rollbrett noch mehr Platz, so daß noch ein wenig mehr Bewegung möglich ist. Marina krabbelt bis an das Rollbrett, mit einem Knie hinauf, verharrt ein wenig, zieht das Bein wieder zurück. Noch zweimal macht sie einen Ansatz, dann krabbelt sie mit beiden Knien hinauf und hockt auf dem Rollbrett. Ich warte noch einen Moment. Als sie keine Anstalten macht, wieder herunterzukrabbeln, bewege ich das Rollbrett hin und her. Marina schwankt nicht, sondern hält sich gut. Nach und nach nutze ich den gesamten Bewegungsraum für das Rollbrett aus. Marina freut sich. Als sie sich auf dem Rollbrett dreht und hinsetzt, höre ich auf, sie zu schieben. Sie tastet mit ihren Füßen auf dem Boden, begreift aber noch nicht, daß sie das Rollbrett auch mit ihren eigenen Füßen in Gang setzen kann. Nach einiger Zeit verläßt sie ihren Platz und krabbelt zur Hängematte und sofort hinein. Ich beginne, sie zu ziehen und hebe dabei das Tuch so weit an, daß Marina ganz knapp über dem Boden hängt. Zunächst guckt sie etwas irritiert, bleibt aber sitzen. Ich bewege die Hängematte nur ganz leicht hin und her. Nach kurzer Zeit legt Marina sich zurück und läßt sich schaukeln — keinerlei Abwehr mehr.

Als ich sie auf dem Boden absetze, signalisiert sie durch einen Ton, der so ähnlich wie „ooch" klingt, daß sie weitermachen möchte. Ihre Mutter erzählt, daß sie genau diesen Ton immer benutzt, wenn sie auf den Arm genommen und dort bewegt werden will. Die Eltern kommentieren diese Handlung immer mit „Willst du hoch?"

Also schaukele ich sie weiter, setze sie aber zwischendurch immer wieder ab, um ihr die Möglichkeit zu geben, die Hängematte zu verlassen. Einige Male kommt die Äußerung „ooch", dann krabbelt sie aus der Hängematte heraus, kreuz und quer durch den Raum. Heute habe ich den Eindruck, daß Marina die verschiedenen Untergrundstrukturen bewußt erkundet. Ab und zu hält sie inne, kratzt und streicht über den Boden, krabbelt weiter zu einer anderen Stelle mit einem anderen Untergrund und wiederholt dort diese Tätigkeit. Als sie am Rollbrett ankommt, setzt sie sich im Langsitz auf eine Matratze und stößt das Rollbrett mit den Füßen weg. Das geschieht heute zum ersten Mal. Marina hatte zuvor nur ihre Hände benutzt und nie ihre Füße oder Beine — wahrscheinlich schon deshalb, weil sie sich gar nicht aufrecht halten konnte, wenn sie ihre Beine nicht zum Abstützen benutzte. Jetzt sitzt sie aber relativ sicher und fällt bei ihrer Aktion nicht um.

Ich schiebe ihr das Rollbrett wieder hin. Sie stößt es zurück zu mir. Dieses machen wir einige Male, und jedesmal wird ihr Stoß kräftiger und gezielter. Zum Schluß der Stunde setzt sie sich noch einmal auf das Rollbrett, es gelingt ihr aber noch nicht, sich fortzubewegen.

8. Februar (Elterngespräch)

Marinas Eltern berichten, daß sich das Verhalten ihrer Tochter deutlich verändert hat. In ihrem Kinderzimmer krabbelt sie die schiefe Ebene hinauf, rutscht manchmal mit Absicht, manchmal ungewollt rückwärts wieder herunter. Sie richtet sich von allein zum Stand auf, versucht, auf verschiedene Gegenstände zu klettern, was ihr manchmal auch gelingt. Außerdem krabbelt sie allein die Treppe hoch und rückwärts wieder herunter. Seit letzter Woche hat sie die Schaukel, die seit langem in der Tür zur Küche hängt, entdeckt, darauf gezeigt und „da" gesagt. Es ist eine Schaukel mit Gitterstäben drumherum. Die Eltern haben die vorderen Stäbe herausgenommen und Marina ließ sich hineinsetzen und leicht schaukeln.

Dies verlangt sie seitdem häufiger. Auf Aufforderung hält sie sich auch an den Seilen fest.

Insgesamt ist Marina viel aktiver geworden. Sie nimmt an allem teil und will alles selbst machen. So beginnt sie jetzt auch, ihr Brot selbst zu schmieren und sich selbst anzuziehen (wenngleich sie noch deutlich Unterstützung benötigt). Sie benutzt häufig Lautäußerungen wie „da". In der letzten Zeit hat sie auch schon „mamama" und „wau wau" gesagt. Außerdem brabbelt sie viel vor sich hin.

Die Eltern fragen mich, ob sie mit Marina Laufen üben sollen, da sie sich jetzt so häufig aufrichtet. Ich rate ihnen allerdings ab und schlage weiterhin eine Stimulation im Gleichgewichts- und im Tiefenwahrnehmungsbereich vor. Laufen wird Marina, wenn sie soweit ist, von allein. Damit auch der taktile Bereich nicht zu kurz kommt, empfehle ich den Eltern, mit Marina zu „matschen". Sie sollen ihr Creme oder Körpermilch anbieten und Marina damit hantieren lassen. Nur so viel wie sie möchte und so lange wie sie will.

11. Februar bis 3. März

Die nächsten Therapiestunden verlaufen ähnlich wie die letzten. Die Bodengestaltung wird mehr und mehr aufgelöst, so daß Marina das Rollbrett in größerem Umfang benutzen kann. Dies tut sie auch ausgiebig. Sie läßt sich ziehen (an den Beinen) oder schieben, und sie beginnt, sich selbst mit den Füßen abzustoßen.

Die Hängematte wird langsam zu ihrem Lieblingsspielgerät. Marina läßt sich immer stärker schaukeln und auch ein wenig in dem Tuch hin- und herrollen. Mit großen Vergnügen wirft sie Bälle und Sandsäckchen, die ich in die Hängematte lege, wieder heraus und fordert mich durch Zeigen und „da" und „ein" auf, sie wieder aufzusammeln und ihr wiederzugeben. Dabei wechselt sie die Positionen, sitzt, liegt auf dem Bauch oder Rücken. Auch auf dem Boden wechselt sie ihre Lage häufiger; außer Sitzen und Krabbeln, was sie vor einigen Monaten fast ausschließlich gemacht hatte, kommen Bauch- und Rückenlage, Kniestand, Vierfüßlerstand und häufige erfolgreiche Versuche sich hinzustellen, hinzu. Marina wird von Tag zu Tag aktiver, beobachtet ihre Umwelt nicht nur, sondern sucht, erforscht, fordert und geht auf die Menschen ihrer Umwelt ein.

Außerdem haben sich Marinas Reaktionen auf auditive Reize verändert, ohne daß direkt etwas dafür getan wurde. Sie reagiert häufig auf Ansprache bekannter Personen, indem sie sich ihnen zuwendet. Um dies Verhalten weiter zu unterstützen, beziehen wir jetzt auditive Reize gezielt in die Therapie mit ein. Wir verstecken „Krachmacher" im Raum — das sind Glöckchen, Klappern, Quietschtiere, Schütteldosen, Knackfrösche und ähnliches. Auf ihren „Erkundungsgängen" durch den Raum findet Marina manchmal solche Dinge, die sie dann mit Wonne betätigt. Da jeder Gegenstand zweimal im Raum vorhanden ist, kann ich mit dem gleichen Geräusch, welches Marina erzeugt, „antworten". So entsteht ab und zu ein Zwiegespräch oder ein Krachmachen um die Wette. Zu anderen Zeiten erzeuge ich Geräusche, um Marinas Aufmerksamkeit zu erwecken. Je vertrauter ihr die Krachmacher werden, desto mehr reagiert sie.

6. März bis 4. April

Marina fährt mit ihren Eltern in den Urlaub. Wasser und Strand im Süden geben ihr viele neue Erfahrungsmöglichkeiten.

7. April (Elterngespräch)

Marinas Eltern sind überglücklich. Marina hat im Urlaub begonnen, frei zu laufen. Sie versichern mir, daß sie „ganz bestimmt nicht nachgeholfen haben". Im Urlaubsappartement hat Marina sich am Schrank aufgerichtet und ganz vorsichtig versucht, allein zu stehen und dann zu laufen.

Insgesamt war der Urlaub ein voller Erfolg. Marina hat „wie ein Kaninchen im Sand gebuddelt" und wäre am liebsten ununterbrochen im Wasser gewesen. Sie hat sich von den Eltern im Sand eingraben lassen und war die ganze Zeit zufrieden und ausgeglichen. Am Abend nach der Reinigungsprozedur haben wahre „Matschfeste" stattgefunden. Marina hat nicht nur sich, sondern auch ihre ganze Umgebung mit Mengen von Creme eingeschmiert.

Allerdings hatte das intensive Zusammensein Nachwirkungen, von denen die Eltern nicht so begeistert sind. Marina macht nichts mehr allein. Sie will die Eltern rund um die Uhr bei sich haben. Auch nachts schläft sie nur, wenn sie zu ihnen ins Bett darf.

14. April

Ich bin gespannt, wie Marina sich nach solch einer langen Pause verhalten wird. An der Hand ihrer Mutter kommt sie den Flur entlang. Sie läuft erstaunlich flüssig und nicht so breitbeinig, wie ich es erwartet hatte. Mich beachtet sie allerdings gar nicht, sondern hängt an ihrer Mutter: „Arm." Ausziehen darf ich sie auch nicht, das muß ebenfalls ihre Mutter machen. Im Therapieraum läßt sie sich wieder auf die Knie nieder und krabbelt, obwohl dies nicht nötig wäre, da die Matratzen nur noch an den Wänden liegen. Aber das ist wohl die alte Gewohnheit. Marina krabbelt zu ihrer Mutter, setzt sich bei ihr auf den Schoß und fängt an zu weinen, als ich etwas mit ihr machen will. Also lasse ich mich zunächst auf diese Situation ein und hole einige Schaumstoffteile, um Mutter und Tochter damit einzubauen. Marina wehrt ab, stößt die Teile um. „Nein, nein". Ich versuche es mit Schwungtuch, Kissen, Decken und anderen Tüchern. Der Erfolg — Marina dreht sich weg und weint. Also lasse ich die beiden ersteinmal in Ruhe. Aber auch die Angebote der Mutter werden abgelehnt. Mein letzter Versuch: die Krachmacher. Das einzige, was Marina damit tut, ist, sie wegzuwerfen.

Offensichtlich ist heute nicht unser Tag. Wir beenden die Stunde vorzeitig, weil Marina nur noch schreit.

21. April

Wieder die gleiche Situation wie in der letzten Stunde. Allerdings ist Marinas Mutter so genervt, daß sie mir Marina einfach auf den Arm setzt. Das Kind streubt sich mit aller Macht. Ich setze sie auf die Erde, und sofort krabbelt sie zur Mutter, richtet sich auf — „Arm". Wieder schlagen alle Angebote und Annäherungsversuche fehl. Marinas Mutter und ich beschließen, in einem Telefongespräch zu klären, wie es weitergehen soll.

21. April abends — Telefonat

Marinas Mutter berichtet, daß zu Hause sich nur noch alles um Marina drehen muß. Sie macht nichts mehr allein. Wenn die Mutter im Hause ist, muß sie für Marina da sein, sonst gibt es Geschrei. Mit dem Vater allein geht so etwas besser. Bei ihm ist Marina es gewöhnt, daß er nicht immer da ist, und wenn er allein mit Marina im Haus ist, läßt sie ihn wenigstens für kurze Zeit los.

Wir beschließen, die Therapiestunde zeitlich zu verlegen, so daß Marinas Vater das Kind bringen kann. In der Praxis wird er ihr sagen, daß er noch kurz weg muß und Marina dann allein bei mir lassen.

28. April

Ich bin gespannt auf das, was auf mich zukommt.

Marina kommt an der Hand ihres Vaters in die Praxis. Im Flur sagt er ihr, daß er wieder weggeht und daß Marina bei mir bleiben würde. „Nachher hole ich dich wieder ab." Dann dreht er sich herum, geht und schließt die Tür hinter sich. Marina fängt an zu weinen. Ich nehme sie auf den Arm und gehe mit ihr ins Therapiezimmer. Während des Ausziehens schluchzt Marina noch, aber sie schaut sich schon im Raum um. Ich lasse ihr Zeit, setze mich neben sie und warte ab. Noch ein tiefer Seufzer und dann krabbelt Marina los, geradewegs auf die Hängematte zu. Sie zieht sich daran hoch und versucht, hineinzuklettern. Ich will jede Frustration in dieser Situation vermeiden, deshalb unterstütze ich sie, damit sie in die Hängematte gelangen kann. Marina läßt sich mit Vergnügen schaukeln. Um sie zu etwas mehr Eigenaktivität anzuregen, werfe ich Säckchen und Bälle in die Hängematte, die sie sofort wieder hinausbefördert. Als sie wieder einmal alle Gegenstände auf dem Fußboden um die Hängematte herum verteilt hat, versuche ich sie zu locken, sich aus der Hängematte heraus ein Säckchen zu „angeln“. Zuerst quengelt sie, weil sie will, daß ich ihr die Dinge wieder zuwerfe, aber ich nehme ihr Lieblingssäckchen — es ist mit Bohnen und Glöckchen gefüllt — und halte es ihr so hin, daß sie es fast erreichen kann. Marina legt sich in Bauchlage quer in die Hängematte und schnappt sich das Ding.

In hohem Bogen wirft sie es in die Luft. Das neue Spiel gefällt ihr. Die Hängematte hängt immer noch so tief, daß Marina über den Rand greifen und Gegenstände vom Boden aufsammeln kann. Dabei setzt sie sich manchmal auch selbst etwas stärker in Bewegung. Ich baue ihr kleine Hindernisse auf, die sie umwirft oder sich daran abstößt, wenn sie stabiler sind. Marina ist voll in ihrem Element. Sie lacht, quietscht, äußert die ihr geläufigen Worte, wie „da“, „ab“ (für weg) „ooch“ (hoch), „ein“ (rein), „aus“ (raus), „mehr“. Als es klingelt, sind wir beide völlig überrascht. Unsere Stunde ist schon herum und Marinas Vater steht vor der Tür. Ich brauche ihm nicht zu sagen, wie die Stunde verlaufen ist. Marina sitzt lachend in der Hängematte und ruft „Pappa“.

5. bis 26. Mai

Der Bann scheint gebrochen. Marina kommt wieder gerne. Ihr Vater geht zunächst noch weg, später bleibt er im Wartezimmer. Marinas Interesse für die Dinge ihrer Umgebung dehnt sich immer mehr aus. Sie benutzt alles, was ihr angeboten wird: Hängematte, Schaukelbrett, Wippbrett, Rollbrett, Tunnel, Kugelbecken, Bälle, Säckchen, Schwungtuch und ihr Lieblingsgegenstand ist die kleine Rompa-Rolle, eine durchsichtige Rolle mit kleinen Kugeln drin. Sie wirft sich auf sie, rollt hinüber, „reitet“ auf ihr (mit Festhalten), legt sich darunter und freut sich, wenn die Kugeln, die sich in der Rolle befinden, über sie laufen.

Außerdem hat Marina das Trimm-polin entdeckt. Sie stellt sich darauf, wippt ein wenig und fordert mich auf, ebenfalls hinaufzukommen und zu wippen oder zu springen, dabei hält sie sich an mir fest oder setzt sich hin und genießt das Hopsen. Ich spreche zu Marinas Bewegungen mit einfachen, kurzen, lautlich klaren Worten und Marina greift dies auf. Worte wie „hopp“, „hin“ und „her“ benutzt sie bald synchron zu vollzogenen Bewegungen.

27. Mai — Elterngespräch

Marinas Eltern berichten von dem stark ausgedehnten Aktionsradius ihres Kindes. Marina klettert auf Stühle und Tische und fast nichts ist mehr vor ihr sicher. Auf dem Spielplatz benutzt sie die Rutsche — braucht allerdings noch etwas Hilfe. „Es geht im Moment alles so schnell bei ihr. Wir können es gar nicht glauben! Sie ist so aktiv und kreativ wie nie."

Zur großen Freude der Eltern hat Marina zum Sommer einen Kindergartenplatz bekommen. Sie wird in eine bestehende Gruppe aufgenommen und kann diese vor den Sommerferien schon 1x pro Woche zum Kennenlernen besuchen. Dies ist für uns der Zeitpunkt, an die Beendigung der Therapie zu denken. Marinas Eltern sind zunächst gar nicht so begeistert von diesem Gedanken, aber ich kann sie überzeugen. Mein Vorschlag: wir planen gemeinsam die Ablösephase, in der die Eltern mehr und mehr die Angebote machten, die Marina noch benötigt. Außerdem nehme ich sofort Kontakt zum Kindergarten auf, so daß dort mit Beginn des neuen Kindergartenjahres entsprechende Förderungsschwerpunkte gesetzt werden können.

Dazu werde ich in den nächsten Therapiestunden verstärkt therapiebegleitende Diagnostik einsetzen, die sowohl aus systemischer Beobachtung wie auch aus einigen Testitems besteht. Außerdem werden die Eltern in den Therapiestunden einen Teil der Zeit mit ihren Angeboten füllen, und ich werde mich zurückziehen.

III. Ablösephase und Zukunftplanung

Marina hat in den vergangenen Monaten sehr große Fortschritte gemacht. Durch die bessere Verarbeitung in den Grundwahrnehmungsbereichen (vestibulär, propriozeptiv, taktil) hat sie eine Basis zum selbständigeren Handeln erhalten, die es ihr ermöglicht, die Reize, die aus ihr selbst und aus ihrer Umgebung kommen, adäquat zu verarbeiten und miteinander in Verbindung zu setzen. Diese Voraussetzung ermöglichte ihr eine Öffnung, Neugier- und Erkundungsverhalten und damit neue Lernerfahrungen.

Für die nächste Phase sind noch spezielle Angebote zu verschiedenen Integrationsschritten notwendig. Wir legen die Schwerpunkte auf:

- Bilateralintegration (und spätere Dominanzentwicklung)
- Körperschema
- Bewegungsplanung und Raumorientierung
- Verknüpfung von visuellen und auditiven Reizen und selbstverständlich
- Sprache und Sprachverständnis.

Diese Aufgaben können im Rahmen einer heilpädagogischen Förderung durch den Kindergarten geleistet werden. Da Marina sehr aufgeschlossen ist und viel beobachtet und imitiert, können ihr die anderen Kinder und die natürliche Umgebung viel mehr geben, als es zu diesem Zeitpunkt in der Sondersituation „Therapie“ möglich wäre. Eventuell ist später eine sprachtherapeutische Behandlung noch sinnvoll, aber zunächst kann die normale Umgebung Marina alles bieten, was sie braucht. Die Grundlagen sind gelegt, und wir können uns mit gutem Gefühl zurückziehen.

Olaf — Ein Fallbeispiel

Winfried Doering

1. Erster Kontakt

Olaf war bereits 17 Jahre alt, als seine Eltern mit ihm in unsere Praxis kamen. Wir erwarteten die Familie zu zweit, wie wir es bei Erstvorstellungen immer machen. Einer von uns führt das Anamnesegespräch durch, der andere beschäftigt sich mit dem Kind bzw. in diesem Fall Jugendlichen.

Schon der erste Auftritt von Olaf war beeindruckend für mich. Er folgte seinen Eltern in größerem Abstand, so daß diese längst in der Praxis standen, als Olaf langsam, sehr breitbeinig und nach rechts und links schwankend den Flur entlang kam. Mein Gott, dachte ich, er geht, als ob er volltrunken ist. Als Olaf die Eingangstür zur Praxis erreicht hatte, musterte er mich von oben bis unten: „Guck nicht so, ich bin besoffen!“ und ging an mir vorbei, direkt in einen der Therapieräume. Ich bekam einen ziemlichen Schreck und fühlte mich in meinen Gedanken erwischt. Wie das wohl weitergehen würde?

Die zweite Therapeutin hatte gar keine Gelegenheit, Olaf zu begrüßen, da er an ihr vorbeigegangen war, ohne sie zu beachten. Es herrschte ein etwas betretenes Schweigen, das von Olafs Vater unterbrochen wurde. „Da hören Sie es, so ist er immer. Alle Leute stößt er vor den Kopf. Er will mit niemandem etwas zu tun haben.“ Die Eltern gingen zum Anamnesegespräch ins Büro und ich selbst ging zu Olaf in den Therapieraum, in dem verschiedene Motorikgeräte standen bzw. lagen. Ein Einpunkt-Schaukelbrett, Rollbretter, Rompa-Rolle (große durchsichtige Rolle, in der sich kleine Bälle befinden), dicke und dünne Matten, diverses Schaumstoffmaterial und anderes. Olaf stand breitbeinig, wie angewurzelt, mitten im Raum, mit dem Rücken zu mir und dem Blick aus dem Fenster. Meine Versuche, ihn in ein Gespräch zu verwickeln, endeten in kurzen, einsilbigen Antworten. Auf meine Frage, ob er wisse, weshalb er bei mir sei, sagte er lediglich „ja“. Ich gab nicht auf und beschrieb ihm meine Situation und das, was ich aus einem kurzen Telefongespräch mit seiner Mutter schon erfahren hatte. Auch als ich mich dabei auf einem Matratzenberg niederließ, machte Olaf keine Anstalten, seine Position zu verändern. „Weißt Du was, ich will Dich nicht mit meinen Worten langweilen, deshalb sage ich jetzt einfach mal nichts mehr. Vielleicht hast Du irgendwann Lust, mir was zu erzählen oder hier irgendwas zu tun.“ Schweigen. Für mich schien es endlos. Plötzlich sagte Olaf: „Ich kann das ja nicht.“ Auf meine Frage, was er meinte, zeigte er auf die Schaukel. „Schaukeln, da wird mir schlecht.“ „Möchtest du lieber in die Hängematte? Dann kann ich die aufhängen.“ Das war wohl nicht meine glücklichste Idee. Die Antwort war Schweigen und Umdrehen. Das hätte ich mir denken können. Nach einiger Zeit meinte Olaf: „Du kannst mir auch nicht helfen. Ich weiß, daß ich das alles nicht kann.“

Ich war recht hilflos bei so viel geballter Negativeinschätzung. Was sollte ich ihm antworten, er hatte mir soeben „nur“ seine 17jährige Erfahrung mitgeteilt. Es herunterzuspielen, ihn zu trösten — das war wohl nicht der richtige Weg. Also schwieg ich erst mal eine Weile und machte dann einen neuen Anlauf: „Was machst Du denn gerne?“ „Nichts“ „Und womit beschäftigst Du Dich den ganzen Tag über?“ „Mit gar nichts.“ Olaf bugsierte sich umständlich auf zwei dickere Matratzen. Wir schwiegen wieder und ich war sehr erleichtert, als Olafs Eltern klopften und sagten, sie seien mit ihrem Gespräch fertig. „Nicht sehr gesprächig, der junge Mann, was?“, war der Kommentar seines Vaters. „Hier kann er sich aussuchen, wieviel er sagen oder was er machen möchte. Es ist in Ordnung“, gab ich zur Antwort. „Hättest Du Lust, wiederzukommen?“ frage ich Olaf. „Na ja, wenn's Dir Spaß macht!“ — Das war schon ein Riesenzugeständnis von ihm.

2. Anamnese

Olaf wurde als zweites Kind der Familie geboren. Ebenso wie bei der älteren Schwester verliefen Schwangerschaft und Geburt ohne Komplikationen. Olaf kam allerdings zwei Wochen vor dem errechneten Termin zur Welt.

Sein Zustand während und nach der Geburt war unauffällig; er war eher ein ruhiges Baby. Er begann, normal zu krabbeln und lief mit 14 Monaten.

Nach Vollendung seines zweiten Lebensjahres fielen erste Gleichgewichtsprobleme und ein zunehmend schwankender Gang auf. Seine Feinmotorik entwickelte sich nicht altersgemäß und auch die Sprache war retardiert. Die Eltern nahmen dies als deutliche Warnsignale wahr und suchten Rat bei verschiedenen Ärzten. Diese empfahlen, erst einmal abzuwarten, denn kein Kind entwickle sich wie das andere und man müsse den Kindern auch Zeit lassen. Die Eltern ließen sich zuerst vertrösten, fanden nach einiger Zeit aber einen Arzt, der meinte, daß „etwas Krankengymnastik nicht schaden“ könne. Man war froh, überhaupt ein Hilfsangebot zu bekommen — Olaf war bereits 5 Jahre alt — und nahm dieses wahr. Dieser Versuch — wie einige folgende — scheiterte, weil Olaf durch die Behandlung hoffnungslos überfordert war. Wie sollte er sich auf ein Bein stellen und den

Fuß des anderen Beines kreisen lassen, war es mittlerweile doch ein Problem geworden, auf **beiden** Beinen zu stehen.

Aber auch adäquatere krankengymnastische Angebote scheiterten.

Olaf, der inzwischen die Sonderschule für Lernbehinderte besuchte, wurde schließlich im Alter von 12 Jahren in einer Universitätsklinik vorgestellt. Erstmals fand eine systematische Diagnostik statt.

Diagnose: „Erkrankung aus dem Formenkreis der Ataxien."

Vorgeschlagenes therapeutisches Vorgehen: „Krankengymnastik, intellektuelle Förderung in der Schule; und zu Hause muß der Junge zur Selbständigkeit erzogen werden, um die Überfürsorglichkeit der Eltern zu vermeiden."

Wiedervorstellung ein Jahr später.

Es braucht nicht erwähnt zu werden, daß solche Aussagen zur Hilfe die Eltern nur wieder um Jahre zurückwerfen müssen. Sie waren verunsichert und unternahmen erstmals nichts, obwohl sich Olafs Zustand zunehmend verschlechterte, was wahrscheinlich in erster Linie auf die fehlenden Reizangebote zurückzuführen war.

Durch einen Zufall erfuhren die Eltern von einem Arzt, der sich mit entsprechenden Fragestellungen beschäftigte. Sie fuhren mit Olaf — er war fast siebzehn — über etliche Kilometer dorthin. Dieser diagnostizierte:

„Rechtsbetonte ataktische cerebrale Bewegungsstörung bei Kleinhirnwurm-Aphasie (cerebelläre Dysraphie). Hochgradige cerebrale Dysfunktion mit taktil-kinästhetisch-vestibulärer Wahrnehmungsintegrationsstörung", und überwies an uns.

3. Diagnostikphase

Um die Therapie planen zu können, benötigte ich noch einige zusätzliche Informationen. Mit Tests war allerdings bei Olaf nichts zu machen, er verweigerte jede Aufforderung. Jedoch war er bereit, sich etwas mehr zu bewegen als in der ersten Stunde, so daß ich mir über die Anamnesedaten und die Beobachtungen ein Bild machen konnte, welches für den Therapiebeginn ausreichte.

Vestibuläre Wahrnehmung

Aufgrund seiner Kleinhirnstörung und die mit dem starken Vermeidungsverhalten zusammenhängende mangelnde Stimulation, lag in diesem Bereich die stärkste Beeinträchtigung von Olaf.

Propriozeptive Wahrnehmung
Da dieser Bereich in engem Zusammenhang mit der vestibulären Wahrnehmung steht, fehlten Olaf hier ebenfalls Reize, die zum Aufbau eines funktionierenden Systems nötig gewesen wären.

Olaf hatte einen sehr niedrigen Muskeltonus, was zusätzlich zum vestibulären Bereich die Aufrichtung und Schwerkraftsicherheit beeinträchtigte. Dementsprechend vermied er auch die körperliche Auseinandersetzung mit Dingen seiner Umwelt.

Taktile Wahrnehmung
Olaf zeigte zwar in den Beobachtungen kein direktes Vermeidungsverhalten und auch keine Stimulationssuche, dennoch war seine Unterscheidungs- und Lokalisationsfähigkeit im taktilen Bereich nicht sehr gut entwickelt, was vor allem auf mangelnde Erfahrung und Umgang mit der Umgebung zurückzuführen zu sein schien.

Visuelle und auditive Wahrnehmung
In diesen Bereichen war in der Beobachtungsphase wenig zu erkennen. Ich hätte Tests zur visuellen und auditiven Wahrnehmung benötigt, um genauere Aussagen machen zu können. Da Olaf aber in dieser Beziehung jede Mitarbeit verweigerte, mußte ich zunächst auf Erkenntnisse in diesen Bereichen verzichten. Dies war aber auch nicht so schlimm, denn die Grundwahrnehmungsbereiche gaben genügend Anhaltspunkte für eine Therapieplanung.

4. Suche nach einem Weg

Mir war klar geworden, daß Olaf dringend eine Auseinandersetzung mit der Umwelt benötigte, die seinen Körper direkt einbezog. Ihm fehlte fast jede Grundlage zur Selbstwahrnehmung über die körpernahen Sinne. Alles wickelte er über Augen und Ohren ab. Aber wie konnte ich ihn nach einer solchen Lebenserfahrung zu anderem Handeln motivieren? Gab es überhaupt eine Chance, die Frustrationen der vergangenen 17 Jahre zu bewältigen und seine Abwehrhaltung abzubauen?

Ein weiteres Problem war für mich, wie ich ihn altersadäquat behandeln und ihn doch Erfahrungen machen lassen konnte, die er in den ersten Lebensjahren benötigt hätte.

Reden
Ich ließ mich zunächst einmal auf das ein, was Olaf mir anbot — ein Gespräch. Die Folge war, daß er seine gelernten und beherrschten Strategien des Abblockens einsetzte und ich keinen Schritt weiterkam. Weder körperlich noch psychisch gab es eine Annäherung. Es überraschte mich, daß

Olaf überhaupt regelmäßig kam. Aber wahrscheinlich fühlte er sich nicht angegriffen und einigermaßen sicher, so daß ihn nichts bedrohte.

Körperkontakt
Mir wurde klar, daß es so nicht weitergehen konnte, also beschloß ich, die Distanz, die durch unser Reden aufrecht erhalten worden war, zu verringern. Ich rückte ihm „auf die Pelle", setzte mich direkt vor oder neben ihn, berührte ihn mit meinem Körper und unterstützte Sätze von mir mit Gesten. Ich legte meine Hand auf seinen Fuß oder seinen Arm, knuffte ihn freundschaftlich in die Seite oder ähnliches.

Erstaunlicherweise ließ Olaf dies ohne Widerspruch geschehen. Er ging sogar noch weiter, berührte mich ebenfalls, oft nicht geplant, aber „so nebenbei".

In einer der nächsten Stunden kam es zu einer Grenzsituation. Olaf erzählte, daß er in der Pause auf dem Schulhof wieder geschubst worden und der Länge nach hingefallen war. Begleitet von den Worten der Klassenkameraden „Opa, Opa!" hätte er sich aufgerafft. Ich griff die Situation auf und sagte: „Aber es gibt auch Situationen, in denen Du nicht gleich hinfliegst" und schubste ihn von der Seite. Allerdings so dosiert, daß er es gerade noch auffangen konnte, was ihm etwas leichter fiel, da er auf dem Boden saß und nicht stand. „He, laß das, sonst schubs' ich dich auch!", bekam ich zur Antwort. „Ja, los, versuch es!" Mit aller Kraft, die ihn fast aus dem Gleichgewicht geraten ließ, verpaßte Olaf mir einen Schlag vor die Brust. Ich hatte nicht so schnell damit gerechnet und kam ins Wanken. Aus dieser Situation entstand eine kurze Balgerei, an deren Schluß wir beide auf den Matratzen lagen. Mit den Worten: „Bist gar nicht so doof", verabschiedete sich Olaf.

Handlungen
Diese Situation war der Auftakt zur Auseinandersetzung über Handlungen. Ich traute mich mehr an Olaf heran und hatte nicht mehr so große Befürchtungen, ihn zu verletzen. Es war eine Vertrauensbasis zwischen uns entstanden, auf der wir gemeinsam aufbauen konnten. Ich versuchte nun, wo immer es ging, taktile, vestibuläre und propriozeptive Elemente einzubeziehen. Allerdings blieben wir dabei „immer schön auf dem Boden", meistens sitzend. Wir bewarfen uns mit Säckchen und Bällen und versuchten, uns gegenseitig mit der Rompa-Rolle umzuwerfen.

Wenn Olaf sich zurückzog, interpretierte ich es. „Na, jetzt möchtest du eine Mauer um dich haben. Dann soll sie auch schön dick sein", und baute ihn mit Schaumstoffquadern zu. Olaf durchbrach die Schaumstoffmauer ganz und damit seine eigene Mauer ein wenig und bombadierte mich mit Worten und Säckchen. Er bekam endlich die Möglichkeit, seine über Jahre aufgestauten Aggressionen in Handlungen umzusetzen und vergaß dabei, daß er sich „eigentlich nicht bewegen kann".

In einer der folgenden Stunden befand sich Olaf in einem Tief, da in der Schule einiges schief gelaufen war.

Wie angewurzelt stand er wieder im Raum, durch nichts zu motivieren. Auf alle Fragen von mir kam „kann ich nicht", „will ich nicht", „weiß ich nicht". „Komm wenigstens her", war meine Bitte. „Kann ich nicht." „O.k., wenn du auf deinem Fleck stehen bleiben willst, dann sollst du auch gut stehen", bemerkte ich und klebte seine Füße mit Klebeband am Boden fest. Olaf fand das lustig und versuchte, sich zu befreien. Ich klebte noch mehr, er zog, zerrte, trampelte, erst im Stehen, später im Sitzen. Am Ende der Stunde hatten wir 3 Rollen Tesa-Krepp verbraucht und befanden uns in den unmöglichsten Positionen, „umsponnen" von einem Gewirr von Klebestreifen, aber in guter Laune, auf dem Fußboden.

5. Die Öffnung

Es waren drei Monate vergangen seit Beginn der Therapie. Trotz der langsamen Öffnung von Olaf und seiner leicht steigenden Motivation, sich zu bewegen, gab es immer wieder Schwierigkeiten, ihm alters-, aber gleichzeitig auch entwicklungsadäquate Angebote zu machen.

Es verging zu viel Zeit mit Sitzen und Sprechen. Zeit, die Olaf für Erfahrungen im Bereich der Grundwahrnehmungen dringend benötigt hätte. Aber seine Ängste, sich zu bewegen und seine ständig negativen Erfahrungen hielten ihn doch weitestgehend von wirklichen Entwicklungsfortschritten zurück. Das „Sprechen" hatte sicher von Anfang an eine zentrale Rolle gespielt. Über diesen Weg versuchte Olaf wenigstens ein Stück weit, sich selbst zu retten. Es diente auch zur Bewältigung seiner psychischen Probleme, aber auf diesem Weg hatte er es jahrelang versucht. Ich mußte die Verbindung schaffen: Bewegungsorientierte Tätigkeit, die an den Grundproblemen ansetzt, ihn aber trotzdem „zu Wort kommen", also sprechen läßt.

Ich beschloß, in ein Bewegungsbad zu gehen, um Olaf dort Erfahrungen machen zu lassen. Da Olaf nicht schwimmen konnte, hatten seine Eltern ihn nie allein ins Schwimmbad gehen lassen. Sie selbst hatten auch keine Zeit, ihn zu begleiten und in der Schule gab es nur für eine kurze Phase Schwimmunterricht, die für Olaf eher durch die Auseinandersetzung mit anderen Schülern, als durch Wasser- bzw. Wahrnehmungserfahrung gekennzeichnet war. Olaf stimmte meiner Idee zu. „Na ja, ausprobieren kann man's ja mal." Wir wählten ein Bewegungsbad mit warmem Wasser, das wir ganz für uns allein hatten. Es hatte zwar keine Flachwasserzone, in der man sich hinsetzen konnte, aber aus dem Plantschalter war Olaf sowieso längst herhaus. Dafür ging das Wasser ihm bis zum Oberkörper und er konnte überall stehen.

Ich war sehr gespannt auf Olafs Reaktion. Auf der Treppe zögerte er zunächst noch ein wenig, da er durch das Flimmern des Wassers die Tiefe nicht einschätzen konnte. Aber als er sah, daß es flach genug war und ich Boden unter den Füßen hatte, kam er doch nach. Im Wasser war Olaf deutlich verändert, er bewegte sich viel flüssiger, ließ Arme und Beine bewußt durchs Wasser gleiten und schien es zu genießen. „Schön warm", war sein Kommentar. „Und was soll ich jetzt machen?" „Das, was du willst. Such dir aus, was du möchtest." „Wieso, willst du mir jetzt nicht Schwimmen beibringen?" Olaf schaute mich skeptisch an. „Nein, wir sind nicht hier, um Schwimmen zu lernen, sondern einfach nur, um Spaß zu haben." Ganz glauben konnte er es wohl nicht. Er wartete einen Moment, steuerte auf ein großes Schwimmbrett zu und sagte, ich solle ihm raufhelfen. Mit etwas Mühe schaffte Olaf es, ohne abzurutschen, auf das Brett zu gelangen, auf dem er ganz liegen konnte. „Du bist mein Motor, setz' mich in Gang", forderte er mich auf. Ich schob ihn kreuz und quer durchs Becken und achtete darauf, daß er etwas schaukelte, aber nicht zu stark. Ich wollte auf keinen Fall, daß er hinunterrutschte und frustriert wurde. Die Stunde verlief sehr harmonisch. Nie zuvor hatte ich Olaf so auf seinen Körper bezogen erlebt. Er fühlte das Wasser und sich selbst darin. „Nächstes Mal wieder?", fragte er mich zum Schluß. Und ich hatte den Eindruck, jetzt den richtigen Weg entdeckt zu haben.

Die nächsten Stunden bestätigten diese Hoffnung. Olaf hatte Spaß an allen Bewegungen. Er schob und zog mich oder ich ihn, wir „kämpften" gegeneinander — jeder auf seinem „Boot". Wir hockten gemeinsam auf einer Riesenschwimmatte, schubsten uns gegenseitig runter und zogen uns hoch. Wir füllten die Wasseroberfläche mit Euromatic-Kugeln oder bauten uns ein „Zelt" auf der Wasseroberfläche mit einem Schwungtuch. Olaf lachte und schrie, wie ich es mir nie hatte vorstellen können. Nachdem er es auch zulassen konnte, daß sein Kopf unter Wasser kam, gab es fast kein Halten mehr. Er war in seinem Element. Die veränderten Schwerkrafteinflüsse und eine Situation ohne langjährige negative Vorerfahrung bewirkten, daß Olaf sich öffnen und Erfahrungen machen konnte, die ihm so deutlich fehlten.

Nach einiger Zeit wagte ich, ihm auch zusätzliche soziale Kontakte zuzumuten, um ein wenig die Probleme, die Olaf mit anderen Jugendlichen hatte, bearbeiten zu können.

Ich wählte einen 14jährigen Jungen aus, der lernbehindert war und wie Olaf große Gleichgewichtsprobleme hatte und ebenso wie Olaf versuchte, alles über Sprache zu lösen. Olaf guckte mich skeptisch an, als ich ihm erzählte, daß wir in Zukunft das Schwimmbad mit Lars und einem Therapeuten namens Wolfgang teilen würden, er sagte aber zunächst nichts.

In der ersten gemeinsamen Stunde blieb Olaf zunächst am Beckenrand stehen und beobachtete die beiden Neuen. Zurufe, Gesprächsangebote oder sogar das Angebot von Lars, mit ihm gemeinsam etwas zu machen, ignorierte er meistens. Ich ließ ihn in Ruhe und blieb in einiger Entfernung stehen, die ihm signalisierte, daß ich für ihn da war. Erst nach dem Verlassen des Wassers änderte sich die Situation. Als Olaf bemerkte, daß Lars die gleichen Probleme beim Anziehen hatte, wie er, ließ er sich auf einen Kontakt ein. Beide — Olaf und Lars — vermieden das Anziehen dadurch, daß sie redeten und redeten und redeten. Einer fragte, der andere antwortete und die Kleidungsstücke blieben liegen. Und als ich eingriff und ein etwas flachsiges Donnerwetter losließ, weil es so lange dauerte, verbündeten sich beide.

Das setzte sich auch in der nächsten Stunde fort. Olaf und Lars gegen Wolfgang und mich. Olaf hatte schnell bemerkt, daß Lars ihm seine Bewegungsprobleme nicht vorwarf. Lars hatte selbst genügend Probleme damit; aber zusammen gelang es ihnen, uns von unseren Schwimmbrettern zu werfen und ihre „Boote“ gegen uns zu verteidigen.

Die nächsten Stunden waren gekennzeichnet durch viel Bewegung und Spaß.

Fast vier Monate waren vergangen, seitdem ich mich entschieden hatte, die Therapiestunden ins Schwimmbad zu legen und Olaf hatte sich sehr verändert. Es gab etwas, was ihm Spaß machte. Am Ende einer Stunde zog er mich etwas beiseite und sagte: „Du, ich hab eine Freundin. Willst du etwas von ihr wissen?“ „Gerne“, antwortete ich. „Hast du morgen Lust, zu mir in die Praxis zu kommen?“ Er hatte. Das war der Beginn einer zweiten Therapiestunde pro Woche in der wir miteinander reden konnten. Olaf öffnete sich mehr und mehr, berichtete von Schwierigkeiten, aber auch von Erfolgen, die sich nach und nach einstellten. Und wenn etwas ganz schwierig war, versuchten wir, es im Rollenspiel auszuprobieren. Eines Tages berichtete er von seinem Vater, mit dem es immer Krach geben würde. Das war der Auftakt zur Elternarbeit.

6. Eltern und Umwelt

In den folgenden Wochen gab es mehrere Gespräche zu viert. Olaf, seine Mutter, sein Vater und ich. Alle sollten die Gelegenheit haben, den anderen mitzuteilen, was ihnen nicht gefiel, was geändert werden sollte. Es wurde schnell deutlich, daß Olafs Vater große Probleme hatte, seinen Sohn zu akzeptieren. Er war selbständiger Handwerker und hatte immer gehofft, daß der einzige Sohn sein Geschäft übernehmen würde. Die Enttäuschung darüber, was Olaf alles nicht konnte, war so groß, daß er überhaupt nicht in der Lage war, die Fähigkeiten seines Sohnes zu sehen. Er forderte nur, wie er es bei einem nicht behinderten Jugendlichen auch getan hätte. Das Ergebnis waren immer wieder Frustrationen. In vielen kleinen Schritten wurde deutlich, daß Olaf nie das Geschäft seines Vater übernehmen würde und auch nicht wollte. „Ich will was anderes", bemerkte Olaf in einem der Gespräche.

Die Eltern beachteten diese Aussage kaum, weil sie nicht gewöhnt waren, daß Olaf eigene Pläne hatte. Es war immer alles für ihn entschieden worden. Ich griff diesen Satz auf und fragte Olaf, was er möchte. „Ich will bei alten Menschen arbeiten, die so langsam sind wie ich, die verlangen nicht von mir, daß ich schnell bin. Die haben Geduld." Alle waren überrascht, welche Gedanken Olaf sich über sich selbst und seine Zukunft gemacht hatte. Diese Aussage war auch für Olafs Vater ein Signal. Plötzlich sah er seinen Sohn als jemanden an, der selber Entscheidungen traf. Es war der Auftakt zum gegenseitigen Verstehen und Ernstnehmen. Alle zusammen vereinbarten, daß Olaf noch ein Jahr zur Schule gehen und in diesem Jahr nach Berufsmöglichkeiten gesucht werden sollte.

In einem Gespräch, das Olaf, seine Lehrerin und ich gemeinsam führten, wurde diese Perspektive ebenfalls besprochen und von allen unterstützt. Die Lehrerin berichtete, welche großen Fortschritte Olaf in der letzten Zeit in der Schule gemacht habe. „Er wird kaum noch von den anderen geärgert, weil er ihnen deutlich gemacht hat, daß er auch seine Persönlichkeit hat und daß er auch etwas kann. Die anderen Schüler und Schülerinnen können das jetzt akzeptieren."

7. Rückblick und Ausblick

Fast ein Jahr eines gemeinsamen Weges liegt jetzt hinter uns. Olaf hat viel über sich selbst, über seinen Körper und seine Gefühle, erfahren. Er hat bemerkt, daß er nicht nur Schwächen, sondern auch Fähigkeiten hat. Er kann seine Stärken einsetzen und sie helfen ihm, die Frustrationen, die immer noch auftreten, etwas besser zu ertragen. Seine Bewegungen sind zwar etwas flüssiger und leichter geworden, aber er hat immer noch große Probleme und wird sie wohl auch behalten.

Wichtig ist, daß Olaf seinen Schwierigkeiten auch positive Seiten entgegenzusetzen hat und daß er Selbstvertrauen bekommt. Die größere Akzeptanz zu Hause und in der Schule wird ihm dabei helfen.

Ich hoffe, daß wir einen geeigneten Arbeitsplatz für ihn finden, und daß die positive Entwicklung ihre Fortführung findet. Bis zum Eintreten in das Berufsleben will ich ihn noch begleiten und unterstützen.

Teil 2:

Vergleiche zwischen Sensorische Integrationsbehandlung und anderen Therapiemethoden bzw. Förderkonzepten

Die sensorische Integrationstherapie von AYRES im Vergleich mit der Entwicklungstheorie der Sensomotorik nach PIAGET

Anneliese Augustin

Das Konzept der Sensorischen Integration von AYRES (1979, 1984) und die Entwicklungstheorie von PIAGET (1973), haben sehr viel Gemeinsamkeiten. Beide Autoren betonen die Bedeutung der basalen sensomotorischen Erfahrungen für die kognitive und geistige Entwicklung des Kindes. Ihre theoretischen Ausführungen greifen ineinander und ergänzen sich gegenseitig. Auch andere Konzepte, wie z.B. die Grundlagen der Bobath-Therapie (1962, 1969, 1970, 1971), die Wahrnehmungsbehandlung nach AFFOLTER (1987) oder nach FROSTIG (1973, 1974, 1981) hier speziell das Bewegungsprogramm (1973), die basale Stimulation nach FRÖHLICH (1982), wie auch die Mototherapie oder Psychomotorik-Behandlung nach KIPHARD (1979, 1983), beziehen sich auf die sensomotorischen Basisfunktionen und greifen die Theorien von PIAGET und AYRES auf. All diese verschiedenen Behandlungsansätze lassen sich in der Praxis sehr gut kombinieren. Im folgenden wird aber die Beziehung zwischen der Sensomotorischen Entwicklung nach PIAGET und der Sensorischen Integration von AYRES im Mittelpunkt stehen.

PIAGET (1973) hat sich mit der Entwicklung des Kindes auseinandergesetzt. Er hat — wie auch andere Entwicklungspsychologen — die Entwicklung in Entwicklungsphasen unterteilt, die sich aufeinander aufbauen und erweitern. PIAGET beschreibt eine Entwicklungsspirale, in der die einzelnen Stufen fließend ineinandergreifen und dennoch einzeln betrachtet werden können. In den einzelnen Entwicklungsstufen beschreibt er vor allem die jeweilige „Lernstrategie" des Kindes, mit deren Hilfe es die Anregungen und Anforderungen seiner Umwelt bewältigt. Durch alle Entwicklungsstufen zieht sich der „rote Faden" seiner Theorie der Wechselwirkung zwischen dem Individuum und seiner Umwelt, und der Prozeß von Assimilation und Akkomodation.

Nach Aussagen von PIAGET ist es weniger wichtig, wann das Kind die jeweilige Entwicklungsstufe erreicht oder wie lange es in ihr verweilt, als deren Reihenfolge. Einzelleistungen sind individuell verschieden und von den jeweiligen Umweltbedingungen abhängig und besonders in der sensomotorischen Phase sehr unterschiedlich. Jedes Kind hat eine eigene „Lerngeschichte“, entsprechend den jeweils individuellen Erfahrungen. Dies ist vermutlich auch der Grund, warum es so schwer ist, standardisierte Tests für die sensomotorische Entwicklungsstufe zu erstellen.

AYRES (1979/1984) hat als Beschäftigungstherapeutin und Psychologin mehr den therapeutischen Aspekt im Zentrum ihrer Sichtweise. Aufgrund ihrer jahrelangen Tätigkeit mit entwicklungsgestörten und neurologisch auffälligen Kindern und Jugendlichen, hat sie sich mit den sensorischen, motorischen und neurologischen Grundproblemen dieser Kinder auseinandergesetzt. Das Konzept der sensorischen Integration basiert auf jahrelanger therapeuticher Arbeit und ist immer noch nicht abgeschlossen. Neue Erkenntnisse der Hirnforschung, der Entwicklungspsychologie und der praktischen Erfahrungen aus der Therapie führen zu einer immer größeren Differenzierung.

Beschäftigungstherapeuten (Ergotherapeuten) haben sich schon immer mit der Schulung der sensorischen und motorischen Basisfunktionen beschäftigt, und das Konzept der sensorischen Integration hat zu einer Erweiterung der ergotherapeutischen Möglichkeiten geführt.

Da sowohl die Entwicklungstheorie von PIAGET (1973) als auch die Sensorische Integrations-Therapie nach AYRES (1979/1984) eine ganzheitliche Betrachtungsweise des Kindes beinhalten und die basalen sensomotorischen Erfahrungen in den Mittelpunkt ihrer Theorie stellen, ist es nur allzu verständlich, daß sich die verschiedensten Berufsgruppen (Psychologen, Pädagogen, Krankengymnasten, Logopäden und auch Ärzte) dafür interessieren. Jeder, der sich mit Kindern beschäftigt, die sich noch in der Entwicklung befinden, muß sich mit den sensomotorischen Funktionen auseinandersetzen. Jede Berufsgruppe wird aus den beiden Konzepten wiederum stets die Inhalte für sich herausziehen und nutzbar machen, die für die eigene Arbeit wichtig sind. Dabei erlangen beide Theorien neue Veränderungen und Erweiterungen. Gleichzeitig besteht aber auch die Gefahr, daß aus den ganzheitlichen und sehr dynamischen Konzepten, die das Individuum in den Mittelpunkt stellen, starre Lernprogramme erstellt werden, die im Grunde keine individuellen sensomotorischen Erfahrungen mehr zulassen. In diesem Augenblick wird die Integrationsfunktion, die nur von und durch das Individuum selbst (auf ganz persönliche Weise) bewältigt werden kann. gehemmt oder sogar verhindert. Werden Verhaltens-, Bewegungs- oder Handlungsschemata aufgezwungen, werden die Inhalte oft nicht mehr wirklich verarbeitet, sondern nur gespeichert. Das Kind kann dann die Zusammenhänge oder Querverbindungen nicht erfassen und kann das erworbene Wissen nicht in ähnlichen Situationen anwenden, bzw. nicht für den Gebrauch nutzen.

Es ist also wichtig, daß die Grundlagen der Sensorischen Integration und der Entwicklungstheorie von PIAGET mehr Beachtung finden, auch wenn die eigentliche Sensorische Integrationstherapie in den Händen qualifizierter Therapeuten bleiben sollte.

Der Prozeß der Wechselwirkung

PIAGET (1983) sieht in der Entwicklung einen Prozeß der Wechselwirkung, der von Anfang an zwischen dem Organismus (oder dem Kind) und seiner Umwelt stattfindet. Zu Beginn des Lebens hat die Umwelt einen größeren Einfluß, während das Kind mit zunehmendem Alter aktiv auf die Umwelt einwirkt und sie, entsprechend der eigenen Bedürfnisse, verändert. So beeinflussen das Verhalten und die Gesundheit der Mutter bereits die Entwicklung des Ungeborenen. Störende Einflüsse können in der frühen Schwangerschaft zu Mißbildungen beim Kind führen und später zu Funktionsstörungen. Aber auch die Mutter muß sich auf das Ungeborene ein- und umstellen. Nach der Geburt reagiert das Kind auf das Verhalten der Mutter, wie auch umgekehrt und beide entwickeln im Bereich ihrer Beziehungen Verhaltensweisen, die durch die Wechselwirkung zustande kommen.

AYRES (1979, 1984) spricht von Senso-motorisch-sensorischen Regelkreisen (Reiz — Reaktion — Reiz). Umweltreize, sensorische Stimuli sind Nahrung für die Neuralfunktion. Das Kind reagiert zunächst noch mehr oder weniger ungezielt auf die Außenreize, beginnt dann aber bald, die Bewegungen danach aufzurichten und die Reize zu lokalisieren. Wichtig ist vor allem in der frühen Entwicklungsphase der spürbare Widerstand für die Bewegungsanpassung oder Bewegungssteuerung. Im Laufe der Zeit, wenn das Kind dann genügend Erfahrungen gemacht hat, beginnt es die Bewegungen auch im voraus anzupassen und über das optische (oder auch akustische) System zu steuern. Die Beziehung zwischen Input und Output wird in der Sensorischen Integration in ihrer Wechselwirkung beachtet und therapeutisch genutzt. Das Kind soll sensomotorische Erfahrungen sammeln, indem es sich mit Materialien, Objekten, Geräten und auch Personen aktiv auseinandersetzt und auf diese Weise seine eigenen Fähigkeiten und Grenzen kennenlernt. (Selbsterfahrung, Ich-Bewußtsein).

Die Wechselwirkung begrenzt AYRES (1979, 1984) aber nicht nur auf die Interaktion zwischen Kind und Umwelt, sondern bezieht sie auch auf die verschiedenen „Hirnfunktionsniveaus“ und auf die Wechselwirkung der verschiedenen Sinnessysteme untereinander. Die primitiven Funktionen der „niederen Hirnabschnitte“ werden in die darüber aufbauenden Funktionsniveaus integriert und differenziert, störende Funktionen müssen entsprechend gehemmt werden, damit die übergeordneten Hirnfunktionszentren ihre „Vormachtstellung“ ausüben können. Jedes der Funktionsniveaus stellt ein selbständiges Organisationszentrum dar, welches in stetiger Wechselbeziehung mit den anderen Hirnabschnitten steht. So kommt es, daß Funktionsstörungen in dem einen Bereich sich auf die anderen Leistungen auswirken können. ROHEN (1978) beschreibt fünf Sensomotorische Regelkreise, die ineinandergreifen und aufeinander aufbauen.

Auf Rückenmarksebene werden die ersten beiden Sensomotorischen Funktionskreise reguliert. Der Eigenreflexapparat dient vor allem der statischen Tonusregulation und den Haltungsmechanismen gegen die Schwerkraft, während der Fremdreflexapparat einfache Beuge- und Streckbewegungen reguliert und dadurch einfache rhythmische Bewegungen zur Fortbewegung ermöglicht.

In diesen beiden Sensomotorischen Regelkreisen spielen Tastreize und sensorische Informationen aus der Tiefenwahrnehmung eine große Rolle. Die Bewegungen können dadurch den Berührungen, dem Druck oder Widerstand angepaßt werden (Hinwendebewegungen), oder aber sie führen, wenn die Reize nicht eingeordnet und erkannt werden oder bei einer möglichen Gefahr zu einer Abwehrreaktion.

Der dritte sensomotorische Regelkreis ist nach ROHEN (1978) das vestibulo-cerebeläre System, dessen übergeordnetes Steuerungszentrum im Rautenhirn liegt und in das auch die Kleinhirnfunktion eingreift. Jetzt können Bewegungen auch im dreidimensionalen Raum reguliert werden. Die Integration der vestibulären Reize ermöglicht die Aufrichtung gegen die Schwerkraft. Die Bewegungen werden vielfältiger, differenzierter und können fein abgestuft werden.

Die Sensorischen Reize werden im Bereich der formatio reticularis gefiltert und an die entsprechenden Zentren weitergeleitet. Die Aufmerksamkeit und Konzentrationsfähigkeit des Kindes hängen im wesentlichen von dieser Filterfunktion ab. Enge Verbindungen zum vegetativen System können bei einer Überstimulation zu vegetativen Reaktionen führen, und dies erfordert eine ständige Beobachtung des Kindes (vor allem des schwerbehinderten Kindes) bei der sensorischen Stimulation.

Im Bereich des vierten sensomotorischen Regelsystems, werden dann die Bewegungsabläufe mehr und mehr automatisiert. Das extrapyramidale System übernimmt ursprünglich bewußt erlernte Bewegungsabläufe, so daß die Bewegung als solche keine Konzentration mehr erfordert. Auf dieser Ebene werden die „höheren Sinne" zunehmend integriert. Bewegungen werden mehr und mehr über die Fernsinne (Sehen, Hören) gesteuert und im voraus den jeweiligen Bedingungen und der Zielsetzung angepaßt. Der fünfte sensomotorische Regelkreis steuert die Willkürmotorik. Auf dieser Ebene gelangt der Bewegungsablauf in das Bewußtsein und neue Bewegungen können über diesen Weg erworben werden. Die Großhirnrinde, die hier das übergeordnete Funktionszentrum darstellt ist ja im allgemeinen für das vorwiegend bewußte Lernen zuständig. Hier werden Wissensinhalte gespeichert, die allerdings nur dann für das Kind selbst eine Bedeutung erlangen können, wenn das Kind die Inhalte mit den sensomotorischen Erfahrungen, die von den untergeordneten Hirnfunktionszentren reguliert werden, in Beziehung bringen kann. Eine Wechselbeziehung besteht auch zwischen den beiden Großhirn-Hemisphären mit ihren unterschiedlichen Funktionen. Ein optimales Handeln ist nur möglich, wenn beide Körperseiten miteinander koordiniert werden, und wenn das ganzheitliche, emotionale Denken der rechten Hemisphäre mit dem analytischen, wissenschaftlichen Denken der linken Hemisphäre im regen Austausch erfolgt.

Die verschiedenen Sensomotorischen Regelkreise greifen ineinander, fördern und hemmen sich gegenseitig und benützen die gleichen Nervenbahnen. Keiner dieser Regelkreise kann für sich allein existieren, jeder ist auf die Funktion des anderen angewiesen. Das Gehirn arbeitet als Gesamtheit, auch wenn der eine oder andere Funktionsbereich theoretisch getrennt betrachtet oder untersucht werden kann.

Für die Sensorische Integrationstherapie spielt auch die Wechselwirkung der verschiedenen Sinnessysteme untereinander eine große Rolle. Sensorische Stimuli wirken sich nicht nur direkt auf die jeweilige Modalität aus, sondern sie beeinflussen auch die anderen Sinnessysteme wie auch die gesamte Hirnfunktion. Sensorische Reize sind gewissermaßen „Nahrung für die Hirnfunktion“ und sie bewirken, wenn sie richtig dosiert sind, eine allgemeine Aufmerksamkeit. Bei einer Überstimulation, d.h., wenn zuviel Reize auf einmal auf das Individuum einwirken, ist eine solche Aufmerksamkeit nicht mehr möglich, da es von anderen Reizen immer wieder abgelenkt wird (Figur-Grund-Wahrnehmung).

Reize, die die Tiefenwahrnehmung ansprechen (Zug, Druck, Widerstand, Gewicht) wirken sich im allgemeinen positiv auf die taktile Abwehrreaktion aus. Das Kind kann die Reize besser einordnen, da sie klarer sind, sich besser abgrenzen lassen; im Gegensatz zu diffusen, oberflächlichen Hautreizen.

Der Widerstand gibt dem Kind auch bei vestibulärer Stimulation mehr Sicherheit, wie auch eine bessere Rückmeldung, über das, was da passsiert. Es darf nicht vergessen werden, daß die Propioceptive Wahrnehmung gerade im Bereich der Tiefenwahrnehmung dominiert, und daß durch die eigene Aktivität Reize besser integriert werden können, während Außenreize als Bedrohung empfunden werden können. Je nach persönlicher Erfahrung erhalten die verschiedenen Reize für das Kind eine positive oder negative Bedeutung, und es ist wichtig, daß die negativen Erfahrungen nicht verstärkt werden. Dank der Wechselwirkung der Sinnessysteme untereinander ist es möglich, den „Umweg“ über eine andere Modalität zu machen.

Die Wechselwirkung zwischen Hemmung und Förderung (Facilitäation und Inhibition) spielt auch bei der Bobath-Therapie (1962, 1970) eine wichtige Rolle. Um dem Kind über das „Handling“ normale Bewegungen zu vermitteln, muß sich der Therapeut zunächst dem Kind anpassen. Die momentane Haltung des Kindes, wie auch der jeweilige Muskeltonus, müssen beachtet werden, wenn das Kind bewegt und geführt wird, ansonsten würde sich die Pathologie durch die Verunsicherung des Kindes verstärken. Es kann sich nur einfühlsamen Händen „hingeben“. Auch beim Führen nach AFFOLTER (1987) muß der Therapeut das Bewegungstempo der Führung dem Tonus und der inneren Bereitschaft des Kindes anpassen, wenn eine Aufmerksamkeit des Kindes auf sein Tun erreicht werden soll. Unter der Führung soll das Kind den Widerstand des Gegenstandes und wie sich dieser unter seinem Druck und seiner Bewegung verändert, spüren.

Auf diese Weise erlebt es die Beziehungen zwischen seiner Bewegung und dem damit verbundenen „Ereignis“. Der Prozeß der Wechselwirkung wirkt sich auf alle Interaktionsprozesse aus (SARIMSKI 1986). Das Kind reagiert auf das Verhalten, die Zuwendung und auch auf die Anregungen von Seiten seiner Umwelt (Eltern, Therapeut, Pädagoge, usw.) und umgekehrt. Indem die Bedürfnisse des Kindes berücksichtigt und ernst genommen werden, werden die Motivation und Mitarbeit des Kindes keine großen Schwierigkeiten machen. Anders ist es, wenn Leistungen „aufgezwungen“ werden, um Defizite auszugleichen. Das Kind selbst muß einen Sinn in seiner Tätigkeit erkennen können, so behindert es auch sein mag, wenn Interesse und Aufmerksamkeit erlangt werden sollen.

Die Wechselwirkung schließt auch die Elternarbeit mit ein. Eltern reagieren auf Grund ihrer persönlichen Erfahrungen im Umgang mit ihrem Kind einerseits und ihren Erfahrungen, die sie mit den Fachleuten andererseits gemacht haben. Es ist wichtig, daß den Eltern die therapeutischen Maßnahmen erklärt werden, damit sie diese in den Alltag übertragen können, ohne deshalb zu „Co-Therapeuten“ zu werden. Gegen die Überzeugung der Eltern kann der Therapeut wenig ausrichten, auch wenn die Maßnahmen laut Lehrbuch oder Programm, bzw. auf Grund der Erfahrungen des Therapeuten richtig sind.

Beispiel:

A. ist 4 Monate alt. Es ist ein schwerstbehindertes Kind mit deutlichen, im CT nachweisbaren, Hirndefekten. Sie kam 8 Wochen zu früh, wurde lange Zeit beatmet und zeigte schon sehr früh eine starke Hypertonie. A. war sehr leicht irritierbar, Berührungen, Fremdbewegungen, Geräusche, plötzliche Lichtreize führten zu langandauernden Schreiattacken, da das Kind — einmal erschreckt — sich nur schwer beruhigen ließ. Die alltäglichen Verrichtungen erforderten sehr viel Zeit (Baden, Wickeln, Füttern usw.), der Tag-, Nachtrhythmus fehlte. Die Eltern waren permanent im Streß und vermieden inzwischen jede Art von Störung, wenn A. mal zur Ruhe gekommen war. Aufgrund der Bewegungsstörung, die bereits in diesem Alter sehr deutlich war, wurde Vojtatherapie verordnet. Die Eltern sollten selbst wenigstens 2x zu Hause turnen. Sie bemühten sich auch darum, schafften es aber praktisch kaum, und wenn sie dies dann in der Krankengymnastik sagten, wurde ihnen immer wieder deutlich gesagt, daß es aber sein müsse. Die Eltern gerieten unter Druck und dies führte dazu, daß sie auch ihr Kind unter Druck setzten, was die Gesamtsituation verschlimmerte. Wegen der zunehmenden Ernährungs- und Fütterprobleme wurde eine Ergotherapie verordnet.

Die Eltern erzählten mir die gesamte Problematik, und ich bemühte mich erst einmal darum, die Gesamtsituation zu entspannen. Wichtig war erst einmal, daß Kind und Eltern zu einer gewissen Stabilität und Ruhe fanden, um eine Basis für die Therapie zu erhalten.

Gemeinsam wurde überlegt, wie das zu Hause praktiziert werden könne. Sanftes Schaukeln unter guter Haltungskontrolle führten zu einer Beruhigung. Manipulationen, die mit dem Kind durchgeführt werden mußten, wurden langsam durchgeführt, während auf die Tonusregulation des Kindes geachtet wurde. Das ganze wurde mit einem leichten Singen oder Sprechen begleitet. Schlief A., so wurde sie nicht gestört. Beim Füttern wurde auf Ruhe und Entspannung geachtet. Die Vojtatherapie wurde zurückgestellt, zumal sich zeigte, daß sich das Kind entspannen konnte, wenn die Atmosphäre ihm angepaßt wurde.

Allmählich „öffnete“ sich A. Sie öffnete die Augen, nahm Blickkontakt auf, zeigte Wohlbehagen, und die alltäglichen Verrichtungen verliefen ruhiger. A.’s Irritierbarkeit ließ sichtlich nach, die Bewegungsstörung war zwar immer noch deutlich, hat sich aber nicht verschlechtert, zumal das Bobath-Konzept im Handling mit einbezogen wurde. Indem die augenblicklichen Bedürfnisse des Kindes respektiert wurden, und auch die Eltern in der Bewältigung der aktuellen Situation Hilfestellung erhielten, kam es zu einer zunehmend positiven Interaktion zwischen Eltern und Kind. Die Basis für weiterführende therapeutische Maßnahmen begannen sich zu zeigen, und nun waren die Eltern (nach 3 Monaten) auch bereit, wieder eine Krankengymnastik durchzuführen. Sicher, es ist viel Zeit vergangen, aber bei einem so schwer geschädigten Kind und bei der Situation wäre es ohnehin fraglich gewesen, ob eine so massive Therapie — ohne Berücksichtigung der alltäglichen Schwierigkeiten — wirklich Erfolg gehabt hätte.

Assimilation und Akkomodation

Bestandteile der Wechselwirkung sind nach Aussagen von PIAGET (1973) Assimilation und Akkomodation. Sie stellen gewissermaßen die Waagschalen oder die beiden Enden einer Wippe dar. Beide Prozesse stehen in stetiger Wechselbeziehung zueinander, sie sind bei jeder sensomotorischen oder kognitiven Handlung beteiligt, auch wenn einmal die Assimilation und ein anderes Mal die Akkomodation überwiegt. Solange beide Prozesse in Bewegung sind, um sich ins Gleichgewicht zu bringen, solange erfolgt auch eine weitere Entwicklung. Ist das Gleichgewicht dagegen erreicht und kommen beide Pole zur Ruhe, so kommt es zu einem vorübergehenden, oder auch dauerhaften, Entwicklungsstillstand. Reifungsprozesse des Organismus oder Veränderungen und neue Anregungen durch die Umwelt, bringen das bestehende Gleichgewicht aber immer wieder ins Wanken und somit auch die Entwicklung in Bewegung.

Der Assimilationsprozeß

Unter Assimilation versteht PIAGET (1973) den Prozeß der Aufnahme von Umweltreizen (Input) und deren Einverleibung (Integration) in die bereits vertrauten Schemata. Assimilationsprozesse erfolgen auf biologischer, physiologischer und psychologisch — intellektueller Ebene. So werden Nährstoffe aufgenommen und in körpereigene Substanzen umgewandelt. Der Stoffwechsel ist für das Wachstum und für den organischen Reifungsprozeß wichtig. Unbrauchbare Bestandteile der Nahrung werden ausgeschieden, überflüssige für den späteren Bedarf gespeichert. Werden dem Körper zuviel Nähr- oder belastende Stoffe zugeführt, so kann es zu einer Stoffwechselentgleisung oder allergischen Reaktion kommen. Ähnlich verhält es sich mit Sinnesreizen oder kognitiven Informationen. Fehlen die erforderlichen Anregungen, so verkümmern u.U. die vorhandenen Funktionen und es kommt zu einer Deprivation. Bei einer Überstimulation oder Überforderung kann das Kind die Reize und Anregungen nicht mehr bewältigen. Bestenfalls speichert das Kind die Inhalte einfach ab, ohne sie wirklich zu assimilieren, und damit bleiben sie für das Kind oft bedeutungslos. Das so angesammelte Wissen kann vom Kind nicht jederzeit abgerufen und auf neue Situationen übertragen werden, es kann die angelernten Fähigkeiten nicht anwenden oder für den Gebrauch organisieren. Im Gegenteil, es kann dazu führen, daß die vielen Einzelleistungen das Kind in seiner Entwicklung behindern, da es Probleme hat, sich auf das wesentliche zu konzentrieren. Zu viele Bruchstücke und Informationen lenken das Kind immer wieder ab, da es diese nicht einordnen kann, sie belasten das Kind.

PIAGET (1973) unterscheidet zwischen funktioneller, wiedererkennender und generalisierender Assimilation.

Die funktionelle Assimilation beinhaltet das Bedürfnis nach Wiederholung. Bewegungsabläufe und Funktionen, die das Kind erworben hat, müssen wiederholt und geübt werden, d.h. im Gebrauch erprobt werden, damit eine Verinnerlichung und Automatisierung möglich wird. Fähigkeiten, über die das Kind noch nicht verfügt, lassen sich nicht üben oder trainieren, wenn deren Voraussetzung fehlen. Mit der Wiederholung kommt es zu einer **Wiedererkennenden Assimilation.** Das Kind vermag zwischen „dem schon einmal Erlebten“ und neuen Inhalten recht bald zu unterscheiden. Sehr vertraute Schemata werden vom Kind oft nur noch angedeutet oder sogar nur ignoriert, da der anregende Stimulus fehlt. Kleine Variationen sind wichtig, um das Interesse des Kindes wachzuhalten, gleichförmige Wiederholungen führen zu Stereotypien. Sind die Informationen dagegen zu neu, und kann das Kind keinen Bezug zu eigenen Erfahrungen herstellen, so verlieren sie ebenfalls bald die Aufmerksamkeit des Kindes. In dem Augenblick, indem das Kind seine gewohnte Schemata auf neue Objekte überträgt, d.h. diese an die Schemata assimiliert, kommt es zu einer **Generalisation.** Je variationsreicher die Inhalte erfahren und angewandt werden, desto stabiler werden sie und umso sicherer stehen sie dem Kind jederzeit zur Verfügung.

Leider ist es heute fast üblich, den Kindern viel zu früh Wissensinhalte, ohne entsprechende sensomotorische Erfahrungen, zu vermitteln. Die verschiedenen Items der Entwicklungstabellen, die ursprünglich als Orientierungshilfen gedacht waren, werden zunehmend als Leistungskriterien angesehen. Wenn das Kind bestimmte Items nicht erfüllt, so wird selten hinterfragt, warum es so ist. Stattdessen erhält das Kleinkind „schlechte Zensuren“ und erhält entsprechenden „Nachhilfeunterricht“. Die einzelnen Funktionen und Fähigkeiten werden mehr und mehr isoliert betrachtet und aus dem gesamten Zusammenhang herausgenommen.

Dies ist einfach für den Beobachter, der sich nicht mehr wirklich mit den Problemen und der jeweiligen Persönlichkeit des Kindes auseinandersetzen muß, wird aber dem einzelnen Kind immer weniger gerecht. Für die Aufarbeitung der Leistungsdefizite werden immer mehr Trainingsprogramme erstellt, die sich am Leistungsziel orientieren, nicht aber an den Möglichkeiten und Interessen des Kindes. Arbeitet das Kind nicht richtig mit, ist es uninteressiert und verweigert es sich sogar, so werden nicht selten Verhaltens- oder Konzentrations- und Lernstörungen diagnostiziert, obwohl die Mitarbeit des Kindes nur deshalb nicht gewonnen werden konnte, weil der Assimilationsprozeß nicht berücksichtigt wurde.

Beispiel:

B. ist 3 Jahre alt, hyperaktiv, unruhig. Er läuft von einem zum andern, nimmt dies und jenes in die Hand ohne sich wirklich damit zu beschäftigen.

Sein Interesse gilt einzig und allein dem Laufen, das B. erst seit kurzem beherrscht. Der Therapeut hat nun zwei Möglichkeiten. 1. Er geht auf das Bewegungsbedürfnis des Kind ein und bietet ihm entsprechende Geräte zum Klettern, Schaukeln, Durchkriechen usw. an, so daß er einerseits seinem motorischen Bedürfnis nachkommen kann, andererseits sich aber mit den Geräten — wenn auch körperlich — auseinandersetzen muß. Auf diese Weise werden ihm vielfältige sensomotorische Erfahrungen vermittelt, die ihm ausreichende Rückmeldung über sein eigenes Handeln wie auch die damit verbundenen „Auswirkungen“ geben. Mit der Zeit würde das Kind seinen Bewegungsdrang befriedigen und zur Ruhe kommen, und dann mehr und mehr die Bereitschaft zum Spielen zeigen. 2. Die andere Möglichkeit besteht darin ihm Anleitung beim Spielen mit verschiedenen Steckspielen zu geben, ihn dazu auf den Schoß zu nehmen, die Hände zu führen und ihn am Herumlaufen zu hindern, damit er zur Ruhe kommt. Dies wird nur sehr kurzfristig möglich sein und unter Umständen die Opposition des Kindes aktivieren, bei dem das Kind, da es sich so schwer halten läßt, „Sieger“ ist. So erfährt das Kind, das es sich gegen die Anforderungen durchsetzen kann, und es wird die Steckspiele mit dieser Auseinandersetzung in Beziehung bringen und bei späteren Versuchen evtl. auch immer wieder aktivieren.

Der Erfahrungsraum des Kindes wird leider immer mehr eingeengt. Es fehlt an den erforderlichen räumlichen und zeitlichen Voraussetzungen. Die Freizeit des Kindes wird, wie beim Erwachsenen, oft „programmiert“, Sport, Musikschule, Kindergarten, Schule, usw. In den Bemühungen, das Kind vor Frustrationen und Enttäuschungen zu schützen, Gefahren auszuschließen, erhalten manche Kinder zuviel Hilfestellung und zuviel Verhaltensregeln. Es fällt dem Erwachsenen immer schwerer, sich zurückzuhalten und dem Kind nur zuzuschauen, damit es seine eigenen Erfahrungen machen kann. Sobald das Kind aber über entsprechende Fähigkeiten verfügt, muß es die Möglichkeit haben, diese auch zu gebrauchen, damit es die Konsequenzen, die sich daraus ergeben, erfahren kann. Es muß schrittweise — entsprechend seinem Vermögen — eine Selbstverantwortung übertragen bekommen (ohne es dabei zu überfordern).

Beispiel:

C. ist sehr unsicher. Seine Mutter hat Sorge, daß er sich stoßen, oder daß er fallen könnte, und sie läßt ihn deshalb keinen Augenblick allein. Er hat mit seinen kanpp 2 Jahren gerade das Laufen gelernt. Da seine Mutter stets auf Tuchfühlung hinter ihm steht, fühlt er sich sicher, und bei Gefahr läßt er sich nach hinten in die Arme der Mutter fallen. Diese erhält hiermit die Bestätigung, daß sie ihn nicht allein laufen lassen kann. (Wechselwirkungsprozeß). C. verläßt sich immer mehr darauf, daß seine Mutter ihn auffängt, paßt nicht auf, wohin er läuft, obwohl er immer sicherer wird. Gefah-

ren lernt er nicht kennen oder einschätzen. Er läßt sich vom Sofa fallen, macht Purzelbaum von oben herunter auf den Boden usw. Stets fängt ihn seine Mutter auf, die allmählich meint, daß C. es nun allein können müsse. Aber so schnell lernt ein Kind nicht um. Schrittweise müssen Mutter und Kind lernen, mit Gefahren umzugehen und dabei wird es nicht ohne Stürze und Anstoßen abgehen, zumal er ja inzwischen 9 Monate älter ist, kräftiger und größer, so daß auch die Gefahren größer geworden sind. In einer unbeobachteten Minute ist es dann auch passiert. Er läßt sich mal wieder von oben herunter fallen, aber seine Mutter ist in diesem Augenblick nicht anwesend, und er fällt hart, zieht sich eine Platzwunde zu, die genäht werden muß. Diese Erfahrung hat C. aber schlagartig klar gemacht, daß er selber aufpassen muß. Hätte seine Mutter früher den Mut gehabt, ihn ruhig einmal plumpsen zu lassen, hätte er diese Erfahrung schmerzloser machen können.

Eine Entwicklung, bzw. ein Lernen ist nur möglich, wenn das Kind ausreichend eigene Erfahrungen machen konnte. Das erste Lernen ist ein Erfahrungslernen. Das Lerntempo ist individuell verschieden und muß berücksichtigt werden, da nur dann eine Assimilation oder Integration gewährleistet ist. Wichtig ist auch, daß die persönliche Lerngeschichte des Kindes berücksichtigt wird, da es neue Inhalte an die bereits gemachten Erfahrungen und Schemata assimiliert und entsprechend „interpretiert". Sind die gemachten Erfahrungen positiv, so wird das Kind entsprechende Angebote sehr schnell annehmen, sind sie negativ, so kann man durch die ständige Wiederholung die Abwehr des Kindes gegenüber diesen Reizen verstärken. Erzwingen läßt sich auf die Dauer nichts, eine Hirnschädigung oder geistige Behinderung läßt sich nicht durch ein „mehr Üben" beheben. Wird zuviel Leistungs- und Zeitdruck auf das Kind ausgeübt, so kann dies entweder zu einem Entwicklungsstillstand führen, oder das Kind erleidet Schaden an seiner Persönlichkeit.

Beispiel:

D., 3 Jahre alt, bewegt sich kaum, zeigt hauptsächlich eine Erregungsspannung mit stereotypen Abläufen: Wedeln mit den Händen, schaukeln in Bauchlage. Pathologische Bewegungen sind nicht zu beobachten. In der Krankengymnastik arbeitet der Junge nicht mit, er kann sich der Fremdbewegung von Seiten der Krankengymnastin nicht anpassen, verkrampft sich, schreit und arbeitet nicht mit. Auf Grund seiner Angst reagiert D. bereits immer schneller mit Weinen, so genügt es allmählich schon, wenn er die Krankengymnastin sieht, und schließlich beginnt er auch schon zu schreien, wenn er das Haus sieht. Die Gymnastik mußte abgebrochen werden. Um dennoch nicht einfach abzuwarten, wurde mit der Ergotherapie begonnen.

Auf Grund der Vorgeschichte ließ ich den Jungen erst einmal in Ruhe, faßte ihn nicht an, bot ihm aber einfache Materialien zum Wühlen an. Er saß bei seiner Mutter auf dem Schoß und erlebte erst einmal, daß nichts verlangt wurde. Er gewann an Sicherheit und wurde zutraulicher. Nach 6 Monaten begann er, sich selber im Raum zu bewegen, um an Dinge zu gelangen, die er haben wollte. Anfassen oder führen ließ er sich noch immer nicht. Schließlich durfte ich ihm kurz, für wenige Augenblick helfen — über das Führen —, wenn er mit etwas nicht zurechtkam. Allmählich akzeptiert er das Führen seiner Hände auch über einen größeren Zeitraum, und seitdem kann ich ihm verschiedene Handlungsschemata vermitteln. Er beginnt jetzt, auch Interesse an der Schaukel zu entwickeln, und hat seine große Angst gegenüber Fremdbewegungen weitgehend abgebaut. Jetzt wurde auch vorsichtig wieder mit Krankengymnastik begonnen. Die Krankengymnastin geht im Augenblick sehr vorsichtig mit dem Jungen um, versucht erst einmal, sein Vertrauen zu gewinnen, nachdem ihr die Vorgeschichte erzählt wurde. D. ist inzwischen über vier Jahre alt geworden, aber die lange Zeit war erforderlich. Unter Druck hätte sich seine Angst nur verstärkt, und ob er dann die Freude an der Bewegung, die er inzwischen erlangt hat, entwickelt hätte, wäre fraglich.

Die Grundprinzipien der Assimilation beinhalten dasselbe, was AYRES mit Integration bezeichnet. Es ist wichtig, daß die sensorischen Stimuli, die dem Kind vermittelt werden, den individuellen und momentanen Bedürfnissen des Kindes angepaßt werden. Jeder weiß, daß bestimmte Reize an manchen Tagen schwerer zu ertragen sind als an anderen. Je nachdem, wie das körperliche Wohlbefinden ist oder welche Reize im Laufe des Tages aufgenommen wurden, können Geräusche, Berührungen oder auch Gleichgewichtsreize besser oder weniger gut vertragen werden. So kann ich es z.B. bei mir selbst beobachten, daß ich an Tagen mit leichten Infekten Schaukelreize nur schwer verkraften kann und sehr schnell mit Kopfschmerzen reagiere, während ich an anderen Tagen Stunde um Stunde mit den Kindern zusammen schaukeln kann. Es geht ja darum, daß das Kind die verschiedenen Reize aufnehmen und verarbeiten kann, d.h. in das Gesamtgeschehen einordnen kann, und dazu muß es eine grundlegende Bereitschaft mitbringen. Wichtig ist ferner, daß die verschiedenen sensorischen Informationen in sinnvolle Tätigkeiten vermittelt werden, damit sie für das Kind Bedeutung erlangen können. „Trockenübungen" führen nicht zu einer wirklichen Integration. Es ist wenig sinnvoll, ein Kind zu bürsten, einfach nur um taktile Reize zu vermitteln, weil hier eine Störung festgestellt wurde, wenn das Kind selbst dieses als unangenehm empfindet und lieber etwas anderes machen möchte. Stattdessen ist es sinnvoller, dem Kind Objekte anzubieten, deren Oberflächenbeschaffenheit, Konsistenz, Größe, Gewicht und Form dem Kind interessant erscheinen und gleichzeitig recht unterschiedliche Qualitäten über Sinnessysteme vermitteln. Erhält es unterschiedliche Materialien, mit denen es hantieren und spielen kann, werden die verschiedenen Tastqualitäten „nebenher“ und unbewußt vermittelt, und das Kind differenziert sein Tastvermögen schrittweise, automatisch.

Sensorische Stimuli sind gewissermaßen Nahrung für die Neuralfunktion. Das Gehirn braucht Reize, um arbeiten zu können. Es nimmt die Reize auf, assimiliert sie an die bereits gemachten Erfahrungen, ordnet sie in das Gesamtgeschehen ein, bzw. integriert sie und löst entsprechende, sinnvolle Reaktionen aus.

Wichtig sind die Materialien, die die verschiedenen Sinnessysteme ansprechen sollen (manches Mal auch mehrere gleichzeitig), und die Dosierung der Reize (AUGUSTIN 1977), die den individuellen und momentanen Bedürfnissen des Kindes angepaßt werden müssen. Bei der Dosierung spielt die Intensität, die Reizdauer, die Struktur des Reizes, das Tempo, das zeitliche Intervall und die Wiederholung eine wichtige Rolle. Je nach aktueller Grundverfassung werden bestimmte Reize weniger vertragen als an anderen Tagen. Es kann, wenn die Dosierung nicht berücksichtigt wird, zu „Nebenreaktionen“ kommen, die ungewollt sind und das Verhalten des Kindes außer Kontrolle geraten lassen. Auch sind vegetative Nebenreaktionen möglich, wie z.B. Schwindel, Erbrechen, Kopfschmerzen, allergische Reaktionen, verstärktes Schwitzen, Herz-Kreislaufprobleme, Atemprobleme, usw. Richtig dosiert und zum rechten Zeitpunkt das rechte Material, kann die allgemeine Aufmerksamkeit und Konzentrationsfähigkeit des Kindes deutlich verbessern und die Entwicklung des Kindes in Gang bringen. Bei falscher Anwendung kann es zu einer Verstärkung der Grundprobleme (Abwehrreaktion, Irritierbarkeit, Erregung, usw.) kommen. Dies ist vor allem bei schwerstbehinderten Kinder zu beachten, die ja gewissermaßen der Manipulation durch den Erwachsenen „ausgeliefert sind“. Leider passiert es immer wieder im Rahmen der sogenannten „Basalen Stimulation“ nach FRÖHLICH (1982), einem Konzept, welches sich an dem Grundkonzept der Sensorischen Integration orientiert, daß schwerbehinderte Kinder in die Hängematte oder auf andere Geräte gelagert werden, bzw. die „Reizdusche“ angeboten bekommen, ohne sie kontinuierlich dabei zu beobachten. Die sorgfältige und genaue Beobachtung des Kindes während der Stimulation ist aber von allergrößter Bedeutung, denn nur dann kann die Dosierung genau abgestimmt werden und dem Kind positive sensorische Erfahrungen ermöglichen.

Die Assimilation- bzw. die Integrationsfunktion ist immer individuell verschieden und ist stets von den subjektiven und persönlichen Erfahrungen oder von der eigenen „Lerngeschichte“ abhängig. Jeder Reiz oder sensorische Input wird in Bezug des bisher Erlebten gebracht und erhält dadurch seine individuelle „Färbung". Solange die Aufmerksamkeit anhält, solange erfolgt auch eine Integration. Die Aufnahmebereitschaft, das Interesse, die Konzentration und die Mitarbeit des Kindes zeigen deutlich, ob das jeweilige Angebot richtig ist, d.h. ob es dem Leistungsniveau des Kindes entspricht und weder eine Überforderung noch eine Unterforderung stattfindet.

Bei einer Unterforderung ist das Angebot zu vertraut und stellt keinen Reiz mehr dar. Das Kind verliert das Interesse, es langweilt sich, läßt sich leicht ablenken. Einfache Dinge können dann wieder interessant werden, wenn das Kind eigene Ideen damit verwirklicht. Bei einer Überforderung fehlt dem Kind häufig der Bezug zu bereits gemachten Erfahrungen, das Kind kann wenig Sinn in der Tätigkeit erkennen. Es erlebt, daß es die Dinge nicht bewältigt, wird entmutigt, sieht kein Ziel vor sich und damit auch kein Ende. Es verweigert seine Mitarbeit, da es nicht ständig mit seinem Unvermögen konfrontiert werden will. Eine Überforderung besteht auch dann, wenn zuviel Informationen auf einmal auf das Kind einströmen, wenn es zu wenig Zeit hat sich auf die Dinge einzustellen und dadurch „in die Enge" getrieben wird. Bei einer Überstimulation gerät das Kind durch die äußeren Reize in ein Chaos. Es wird gewissermaßen von außen gelenkt, verliert damit sein eigenes Handeln aus der Kontrolle.

Eine Über- oder Unterforderung wird am besten dadurch vermieden, wenn das Kind aktiv am Geschehen beteiligt wird, wenn eine aktive sensorische Stimulation statt einer passiven Reizvermittlung erfolgt. Indem das Kind das jeweilige Medium selbst bestimmt, ist seine Mitarbeit sehr viel besser. Kleine Aufgaben lassen sich dann schrittweise einflechten, so daß das Interesse weiter wachgehalten wird, und das Kind gewissermaßen unbewußt und durch die Selbsterfahrung lernen kann. Vollständigkeitshalber muß hier aber auch erwähnt werden, daß es Kinder gibt, die ihre eigene Leistungsgrenze nicht kennen und dazu neigen, sich selber zu über- oder unterfordern.

Beispiel:

E., 10 Jahre alt, ist ein hyperaktiver Junge, der Schwierigkeiten hat, ruhig stehen zu bleiben. Er tänzelt ständig hin und her oder legt sich auf den Boden, wenn er an der Stelle bleiben soll. Er sucht sich, wenn er dazu aufgefordert wird, komplizierte Abbildungen heraus, die er nachbauen will. Ihm gefällt das Bild, er bedenkt aber nicht, ob er das auch schaffen kann. Teilweise wird er darauf hingewiesen und er akzeptiert es, sucht sich etwas Einfacheres aus (die Auswahlbegrenzung wurde nun vorgegeben), teilweise bestand er aber auch darauf, und so ließ ich ihn gewähren. Bereitete ihn aber darauf vor, daß es lange dauern wird und schwierig ist und daß wir es fertig machen werden. Er erlebt, wie es Probleme gibt, will aufgeben, ich ermuntere ihn, es zu probieren und helfe ihm schrittweise, zeige, wohin die Teile gehören usw. Und so erlebt er, wie schwer es ist, daß meine Vorwarnung real war, daß er aber die Schwierigkeiten auch meistern kann, wenn er entsprechende Hilfe erfährt.

Ähnlich war es auch bei vestibulärer Stimulation. Er konnte hier nicht genug bekommen, und obwohl ich ihn auch hier warnte, weil ich ein komisches Gefühl bekam, war er schwer zu bewegen, eine Pause zu machen. Schließlich gelang es mir ihn dazu zu bewegen, daß er eine Pause einlegen solle. Er war bereit zu malen, malte plötzlich auffallend gerade Linien zum Haus, klagte aber 30 Minuten später über starke Kopfschmerzen. Hier hatte er sich wieder überfordert. Er brauchte aber die Erfahrung.

Der Akkomodationsprozeß

Unter Akkomodation versteht PIAGET (1973) den Prozeß der aktiven Anpassung an die jeweiligen Umweltbedingungen. Durch die aktive Anpassung ist dann die Manipulation der Dinge möglich, und die Situation kann zum eigenen Nutzen entsprechend verändert werden. Bei der Akkomodation wirkt sich die Aktivität des Individuums auf die Umwelt aus. Sobald die bisher erworbenen Schemata nicht mehr ausreichen, werden sie verändert und der neuen Situation entsprechend angepaßt und dies führt zu einer ständigen Differenzierung der erworbenen Bewegungs-, Handlungs- und Verhaltensschemata.

Wie bei der Assimilation unterscheidet PIAGET (1973) eine biologische, physiologische und psychisch kognitive Akkomodation.

So paßt sich der Organismus den jeweiligen Umweltbedingungen an (Klima, Nahrungsangebot), um zu überleben (biologische Akkomodation). Das Neugeborene muß sich an die neuen Lebensbedingungen außerhalb des Uterus anpassen. Es muß selbständig atmen, seinen Kreislauf umstellen, seinen Stoffwechsel- und Wärmehaushalt regulieren, aktiv die Nahrung aufnehmen und sich mit der Schwerkraft auseinandersetzen. Es muß seine Sinne den Reizen anpassen (physiologische Akkomodation). So erfolgt eine Akkomodation des Auges, um die Bilder fixieren zu können. Auch der Muskeltonus muß ständig neu angepaßt und reguliert werden, um die Haltung zu bewahren und die Bewegungen zu koordinieren. Nur wenn die motorische Anpassung gelingt, bekommt das Individuum die Dinge in den Griff und unter die eigene Kontrolle, nur dann können die Gegenstände manipuliert und beherrscht werden. Im psychisch sozialen und kognitiven Bereich sind ein Lernen und eine soziale Integration in die Gruppe nur möglich, wenn sich das Kind in die Struktur der Gruppe einfügt, sich anpaßt. Es kann nur lernen, wenn es sein Handeln den Aufgaben, die ihm gestellt werden, anpassen kann. Wenn es sich darum bemüht, seine vorhandenen Schemata den neuen Anforderungen entsprechend neu zu organisieren und entsprechend zu übertragen. Nur die aktive Auseinandersetzung mit dem Gegenüber, mit den Dingen, Geräten, Lerninhalten usw. führt zu einer guten Akkomodationsleistung. Ein mehr passives Aufnehmen, Zuhören oder Zuschauen ermöglicht vielleicht ein Speichern, nicht aber den Umgang damit.

Entwicklungsmäßig orientiert sich das Kind zunächst vorwiegend am spürbaren Widerstand. Es tastet sich daran gewissermaßen entlang, richtet seine Bewegungen danach aus. Der Widerstand gibt ihm Halt und Sicherheit und eine gute Rückmeldung. Zunächst gelangen die Dinge mehr zufällig in seine Hand, das Kind faßt zu, wenn es etwas spürt, gleichgültig wie der Gegenstand gerade in seine Hand gelangt. Am Widerstand des Objektes korrigiert dann das Kind seinen Griff, d.h. die Handstellung und es formt die Finger um denselben.

Vielfältige Erfahrungen ermöglichen dem Kind dann eine zunehmende Sicherheit in der Bewegungsanpassung und in der Manipulation der Dinge. Die Akkomodation erfolgt immer schneller und ist kaum noch zu beobachten. Indem es die Objekte bewegt, spürt es, wie sich deren Widerstand durch seine Aktivität verschieben läßt, es erlebt, daß es selbst auf die Dinge seiner Umwelt einwirken kann. Es erlebt damit die räumlichen Beziehungen der Dinge untereinander und wie die Bewegung einzelner diese Beziehungen verändert. Immer mehr übernehmen die Augen die Kontrolle und die Führung der Bewegung (Viso-Motorik), immer mehr erfolgt die motorische Anpassung im voraus beim Anblick der Situation und schließlich auch aus der Vorstellung heraus.

Für den Akkomodationsprozeß ist Zeit notwendig, je nachdem, welche Erfahrungen bereits vorhanden sind, erfolgt die Anpassung langsamer oder schneller. Sobald ein Leistungs- oder Zeitdruck vorhanden ist, wird die Akkomodation gehemmt.

In seinem Bemühen, es gut und richtig zu machen, strengt sich das Kind sehr an, und dabei kommt es zu einer allgemeinen Tonussteigerung, d.h. zu einer Anspannung, die bis zur Verkrampfung führen kann. Jede Verspannung (psychisch oder motorisch) hemmt aber auch die Akkomodation, den Bewegungsfluß, den Entwicklungsprozeß, den Redefluß oder den Handlungsablauf. Wiederholungen sind wichtig, werden auch vom Kind selbst immer wieder gefordert, um die jeweiligen Schemata zu stabilisieren. Das Kind wendet die erworbenen Fähigkeiten in den verschiedensten Situationen an, variiert, verändert und differenziert sie. Es will den Gebrauch erfahren, will normalerweise damit experimentieren. Leider wird dieser Freiraum für die Kinder in unserer schnellebigen und leistungsorientierten Gesellschaft immer mehr eingeengt.

Das Kind muß in einem bestimmten Alter bestimmte Funktionen vorweisen. Sind die erwarteten Leistungen nicht jederzeit abrufbar, so werden sie — unabhängig davon, wie weit die Voraussetzungen gegeben sind — geübt. Da ja die Gleichaltrigen in der Zwischenzeit sich auch weiter entwickeln, werden dem retardierten oder gar behinderten Kind schon die nächsten Forderungen gestellt, noch bevor es die bisher erworbenen ausreichend stabilisieren konnte. Manche der vorhandenen Schwierigkeiten, die die Kinder heute zeigen, sind zumindest teilweise auf diese Ungeduld des Erwachsenen zurückzuführen. Auch manche Schulprobleme, die Unsicherheit im Lesen und Schreiben, sind evtl. eine Folge des zu schnellen Vorangehens in den Eingangsklassen, wenn das Kind keine Zeit findet, sich die Buchstaben und Zahlen, wie auch deren Abfolge, einzuprägen. Die verschiedenen Rechenarten sind für einige Kinder sicher abwechslungsreich, für andere jedoch irritierend. Noch bevor sich ein langsames Kind die eine Art zu rechnen eingeprägt hat, soll es dieselbe Aufgabe rückwärts rechnen, usw.

Beispiel:

F. ist 7 Jahre alt, er geht in die erste Klasse. Er hat einen durchschnittlichen Intelligenzquotienten von 112, wie sich bei der psychologischen Untersuchung herausgestellt hat. F. ist aber in der Schule immer der letzte, und dies bemängelt seine Lehrerin laufend. Sie übersieht dabei, daß sich F. sehr bemüht, sich verspannt und damit den Bewegungsfluß und das Tempo noch mehr hemmt. Er sitzt zu Hause bald 2—3 Stunden an den Hausaufgaben, ist dabei sehr ordentlich und sauber, macht auch wenig Fehler. In der Schule wird in Frage gestellt, wie weit er diese Aufgaben selbständig macht, da er in der Schule viel krakeliger schreibt, im Diktat, das bereits nach den Weihnachtsferien geschrieben wird, nicht mitkommt, vieles ausläßt, obwohl er es zu Hause geübt hat wie die anderen Kinder auch. Jedesmal, wenn die Rechenaufgaben anders zu rechnen sind, braucht er einige Zeit, bis er auch gedanklich diese Richtungsänderung nachvollziehen kann. 5 + 6 = ist für ihn eine ganze andere Rechenaufgabe als 5 + ? = 11, usw. Erfolgt die Umkehrung des Rechenvorganges innerhalb einer Unterrichtsstunde, so gerät er regelrecht ins Schleudern. Hat er aber das Prinzip als solches wieder im Griff, kann er fehlerlos rechnen. Für F. ist die Schule zum Streß geworden. Er hat kaum noch Zeit, um zu spielen, um sich zu bewegen, erlebt aber dafür immer wieder, daß er die gewünschten Leistungen — trotz aller Bemühungen — nicht bringen kann. Sein Selbstvertrauen schwindet, obwohl seine Eltern sich sehr bemühen, ihn zu stützen, zu trösten und nach Möglichkeit einen Ausgleich zu schaffen versuchen. Wenn er aber nicht übt und zu Hause nicht die Zeit für die Schularbeiten bekommt, die er braucht, findet er den Anschluß noch weniger. Es ist ein Teufelskreis, in den er geraten ist.

In der Sensorischen Integrationstherapie versuche ich nun, ihm wieder zu einem besseren Körpergefühl zu verhelfen, und über die motorischen Aktivitäten auch die motorische Anpassung zu stützen. Während er bäuchlings schaukelt, verteilt er den Rasierschaum unter sich auf dem Boden in großen lockeren Schwüngen. Dies verbessert seine Aufrichtung im Schultergürtel und den Bewegungsfluß, der für das Schreiben notwendig ist. Er erlebt nun wieder „Erfolge", gewinnt zusehends in der einzelnen Stunde an Selbstvertrauen und Sicherheit, was sich psychisch auch etwas auf die Schulsituation auswirkt. Seine Lehrerin ist aber leider noch immer der Auffassung, daß sie keine Ausnahmen machen darf, und daß sein Tempo nach wie vor zu wünschen übrig läßt, obwohl die Leistungen als solche durchaus vorhanden seien. Um den Jungen nicht restlos zu überfordern, und um Zeit für die motorische Anpassung zu haben, haben die Eltern den Vorschlag, F. das erste Jahr freiwillig wiederholen zu lassen, falls er sich nicht doch noch fängt, begrüßt.

In der Sensorischen Integrationstherapie steht die motorische Anpassung an zentraler Stelle. Dem Kind werden Geräte angeboten, mit denen es durch den Einsatz des ganzen Körpers sehr viel mehr Rückmeldung erhält, als bei den mehr intellektuellen Aufgaben. Das Kind soll sich die Lösung selbst erarbeiten, soll direkt spüren, ob es so funktioniert, wie es sich das vorgestellt hat, oder was dabei passiert, wenn es auf diese Weise handelt. Es gibt viele Lösungsmöglichkeiten und es besteht kein plausibler Grund, warum das Kind nicht seinen eigenen Lösungsweg gehen sollte und seine eigenen Erfahrungen dabei machen kann. Wenn der Weg, den das Kind selber ausprobiert hat, falsch ist, so wird es dies selber erleben und sich entsprechend korrigieren. Wichtig ist nur, daß die Umwelt ihm dazu Mut macht und es nicht ständig korrigiert und dem Kind sein Unvermögen immer wieder präsentiert. Solange das Kind aus seinen Fehlern lernt, sind sie auch für seine sensomotorischen Erfahrungen wichtig. Häufig sind Worte unnötig, da das Kind selbst spürt, daß es auf diese Weise nicht geht, und wie es seine Bewegung verändern muß, um sein Ziel zu erreichen.

Beispiel:

G. ist 8 Jahre alt und besucht wegen der Sprachauffälligkeit die Sprachheilschule. Er hat große Schwierigkeiten im motorischen Planen und dadurch auch im Handlungsbereich. Er kann in der Schule die einzelnen Buchstaben nicht aneinanderreihen, hat dadurch Probleme beim Schreiben und Lesen. Durch Üben kann er sich einen Text für kurze Zeit einprägen (auswendig lernen), aber wenn eine längere Pause dazwischen liegt (z.B. ein Tag), so treten dieselben Schwierigkeiten wieder auf.

In einer Therapiestunde will er mit Hilfe von großen Schaumstoffklötzen ein Haus bauen. Dazu hat er die Sprossenwand schräg gestellt und eine Matte darauf gelegt, um dies als Dach zu benützen. Er hatte sich daran erinnert, daß er in einer früheren Stunde auf dieser schräggestellten Sprossenwand herumgeklettert ist. Hier nutzt er also eine gemachte Erfahrung aus. Er brauchte nun nur noch die Seiten mit Schaumstoffbausteinen zu bauen. Es gab Bögen, Brücken, halbe Rollen, Dreiecke, große und kleine Bausteine, Würfel und Quader. Er beachtete anfangs nicht, was er für Klötze holte. er-lebte aber, daß auf den Dreiecken nicht weiter ausgebaut werden konnte und korrigierte sich selber entsprechend. Im Laufe der Zeit begann er dann sichtlich zu überlegen, beseitigte den falschen Baustein vorher, bevor er den anderen daraufsetzen wollte, und gegen Ende suchte er sogar gezielt die richtigen Klötze im voraus. Interessant war auch sein Bemühen, auf dem schrägen Dach einen Schornstein anzubringen in Form einer aufrechtgestellten Rolle. Diese Rolle blieb ja nicht stehen, kippte um, fiel herunter. Immer wieder schleppte er sie hoch, und es dauerte eine ganze Weile, ehe er die diagonale Ebene erfaßte. Nun überlegte er nach Lösungen, und er holte nun andere Schaumstoffteile, um die Rolle damit zu verkeilen. Als er Erfolg hatte, freute er sich sehr darüber, zumal er diese Lösung allein gefunden hatte. Während seiner gesamten Tätigkeit, die sehr aufmerksam und konzentriert ablief, schaute ich nur zu, sprach auch kein Wort. Ich sah, daß G. keine Hilfe brauchte, daß er von sich aus experimentierte, daß er selber eine Lösung erarbeiten wollte. Vieles wirkte umständlich und unbeholfen, was seine Mutter, die mit zuschaute, bewog einzugreifen. Dies konnte ich aber, da ich mich zurückhielt und sie leise auf Kleinigkeiten aufmerksam machte, verhindern. Anschließend war seine Mutter dankbar für diese Erfahrung, da sie das Glück ihres Kindes deutlich sah. Sie sagte nur — und hier konnte ich sie voll bestätigen — daß es sehr schwer sei, sich zurückzuhalten, daß sie dadurch aber viel beobachten konnte. Zu frühes Eingreifen bringt das Kind um seine eigene Erfahrung.

Ist die Rückmeldung infolge einer verminderten Tast- und Tiefenwahrnehmung beeinträchtigt, so ist es wichtig, daß das Kind über die Materialien und Geräte eine verstärkte Rückmeldung erhält. Solche Kinder benötigen einen deutlich spürbaren Widerstand, wie z.B. schwere Gegenstände, die sie mit Krafteinsatz ziehen, schieben, bewegen müssen und können. Ist dann außerdem die Oberflächenbeschaffenheit unterschiedlich, so liefern die Geräte gleichzeitig auch taktile Reize über die Haut. Bewegliche Geräte, wie z.B. Schaukel, Rollbrett, Rolle, Tonne, usw. sollten dem Kind gleichzeitig auch Sicherheit geben. Es braucht den Halt (indem es sich selber festhält oder auch — wenn es das akzeptiert — gehalten wird), damit es die Bewegung integrieren und evtl. selbst kontrollieren kann. Am besten geschieht dies, wenn es die Geräte selber bewegt, statt sich passiv schaukeln, fahren, bewegen zu lassen.

Im letzteren Fall spürt es die Schaukelbewegung zwar über das vestibuläre System, weniger über die Tiefenwahrnehmung und es kann in Panik geraten, da es sich „ausgeliefert“ fühlt. Die aktive Tätigkeit des Kindes selbst lehrt das Kind, wie die Dinge zu handhaben sind. Hat das Kind sich den Weg selbst erarbeitet und bewältigt, so stellt sich der Erfolg oder das Leistungsziel fast von selber ein. In der Sensorischen Integration wird vor allem auf das „Wie“ geachtet (motorische Anpassung, Haltung, Bewältigung von Hindernissen und Problemen, die sensomotorische Erfahrung) und weniger auf die Aneignung bestimmter Leistungskriterien oder Wissensinhalte. Im Zentrum der Beobachtung steht die Art und Weise, wie das Kind die Situationen, Geräte und Aufgaben bewältigt, wie weit es aufmerksam ist und sich mit den Dingen auseinandersetzt. In der Gruppensituation kommt noch die Auseinandersetzung mit den anderen Kindern hinzu. Die sensorische Integrationstherapie soll dem Kind helfen, mit seiner Umwelt zurechtzukommen und es befähigen, deren Anforderungen zu bewältigen, damit es ein zufriedenes, selbständiges und sinnvolles Leben führen kann.

Beispiel:

H. ist 5 Jahre alt und ist vor allem durch ihr Sozialverhalten in der Kindergartengruppe aufgefallen. Sie ist nicht fähig, mit anderen Kindern zu spielen. Holt sich auch selbst kaum etwas aus dem Schrank. Wenn sie dazu aufgefordert wird, sucht sie sich immer bestimmte Puzzles heraus, die ihr vertraut sind. Im wesentlichen steht sie abseits und schaut den anderen Kindern zu. Gelegentlich fährt sie auch mal mit einem Auto auf dem Fußboden entlang, einem anderen Kind hinterher, zu dem sie etwas mehr „Kontakt“ hat, da sich die Eltern häufig besuchen.

In der Therapie sitzt sie in der ersten Zeit vorwiegend auf dem Schoß ihrer Mutter oder spielt dicht neben ihr am Tisch (Puzzles). Zu anderen Dingen ist sie schwer zu motivieren, und so warte ich ab. H. hält sich auch hier an vertrauten Dingen fest, sucht offenbar die Sicherheit.

Ihre Mutter klagt ein wenig darüber, daß sie es bisher noch nicht erreicht hat, sich von H. zu lösen, und je mehr sie es versucht, desto stärker klammert sich H. an sie. Im Kindergarten hat es sehr lange gedauert, ehe es möglich war, daß sie sich entfernen konnte, und auch dann habe H. noch lange Zeit anschließend geweint. Jetzt weint sie nicht mehr, aber sie spiele auch nicht mit den anderen Kindern, ist unsicher, unselbständig. Dann ergibt sich eine Gelegenheit, die ich nutze. Das Kind, welches vorher da vor, hatte einen Tunnel gebaut und ist mit dem Rollbrett durchgefahren.

Ich erlaubte ihm, das ganze stehen zu lassen und ließ H. mit ihrer Mutter zunächst allein in den Therapieraum gehen, bat aber ihre Mutter, sich mit H. das Gebaute anzusehen. Sie taten es auch zusammen und wie von selbst berührte H. die Schaumstoffteile, das Rollbrett und wollte sich auch daraufsetzen. Sie stieß sich mit den Füßen ab und erlebte, daß sie fahren konnte. Als sie gegen den Tunnel stieß fiel dieser um, wir lachten und H. lachte auch, lief nicht zu ihrer Mutter zurück, die sich etwas weiter entfernt hatte und zusah, sondern begann spontan den Tunnel wieder aufzubauen und ich half ihr sofort, ohne Worte, damit der Erfolg erst einmal gesichert war. Sie wurde sichtlich aktiver, freier, war dann auch bereit, sich von mir auf dem Brett langsam ziehen zu lassen. Auf diese Weise war der erste Kontakt erfolgt. In den nächsten Stunden wünschte sich H. immer wieder die Schaumstoffteile und das Rollbrett, was sie auch erhielt, allerdings versuchte ich schrittweise Variationen einzubringen, die teilweise auch aus der Situation selbst entstanden, z.B. wenn sie sich die Klötze selber holen mußte um den Tunnel zu bauen, was ich ihr immer mehr selbst überließ. Ich forderte sie auch auf, sich auf den Bauch zu legen, was sie annahm, brachte sie in Schwung, zog sie durch den Raum, ließ sie Dinge transportieren, Hindernisse umfahren usw. Dann legte auch ich mich auf das Brett und ließ mich von ihr ziehen, usw. Es war schön zu beobachten, wie sie immer aktiver wurde, und wie ihr Selbstbewußtsein zunahm. Die Kindergärtnerin berichtete dann, daß H. anfing, auch dort etwas anderes zu tun als nur die gewohnten Dinge, daß sie mit in die Bauecke ging, wenn dort nicht zuviele Kinder spielten, sich auch einzelnen Kindern anschloß und mitspielte. Um das Zusammenspiel mit anderen Kindern zu unterstützen, nahm ich nun auch noch ein zweites Kind dazu. Ein Kind, welches etwas jünger als H. und aktiv war, viel ausprobierte, aber infolge einer leichten Bewegungsstörung langsam war. An dieses Kind konnte sich H. anpassen, ihm konnte sie folgen und sogar helfen. Die Entwicklung ging weiter voran.

Reifung — Erfahrung — Soziale Übermittlung

Drei Faktoren spielen nach PIAGET (1973) für die Entwicklung eine bedeutende Rolle, die sich gegenseitig beeinflussen, d.h. ebenfalls in stetiger Wechselbeziehung stehen.

Es sind:
- Der Reifungsprozeß des Organismus (Wachstum)
- Die individuellen Erfahrungen des Kindes selbst
- Die soziale Übermittlung, bzw. die Anregungen der Umwelt

Der Reifungsprozeß (Organstruktur, Differenzierung, Wachstum) bildet die physiologische Grundlage für die Entwicklung der verschiedenen Fertigkeiten. Intrauterin entwickeln sich der Organismus und die grundlegende Organfunktion, die sich nach der Geburt weiter differenzieren. Das Wachstum erfolgt stetig, mit unterschiedlichem Tempo und Schüben. Bei Mißbildungen bleibt die Differenzierung der betroffenen Organe oder Gliedmaßen aus, dafür werden aber andere Fertigkeiten zur Kompensation herangebildet, so daß deren Geschicklichkeiten über das normale Maß hinausreichen. So wird z.B. ein Kind mit Mißbildungen der oberen Extremitäten, nie eine normale Greiffunktion erwerben können, wohl aber eine enorme Geschicklichkeit in den Füßen, wenn entsprechende Angebote gemacht werden. Der Reifungsprozeß ist individuell verschieden und erfolgt nach einem genetischen Plan. Reize und Anregungen sind zwar erforderlich, um diesen Prozeß in Gang zu bringen, eine besondere Beschleunigung ist aber nicht zu erreichen, auch dann nicht, wenn man mit dem Kind vermehrt trainiert. Es sind bestimmte sensible Phasen für einzelne Fertigkeiten bekannt. Es sind Phasen, in denen die damit verbundenen Funktionen mehr Reize benötigen, um sich zu entwickeln, bzw. durch schädliche Einflüsse auch stärker beeinträchtigt oder gar geschädigt werden können. Im allgemeinen geht das Kind seinem inneren Bedürfnis nach und holt sich auch die Stimuli, die es für seine Entwicklung braucht. Die Umwelt kann das Kind darin unterstützen oder es behindern. Probleme gibt es vor allem dann, wenn dem Kind Reize vermittelt werden, die ihm nichts bedeuten. Wenn Anforderungen gestellt werden, die dem momentanen Reifezustand nicht entsprechen, aber aufgrund des Lernprogrammes oder der Entwicklungstabelle vermittelt werden. In der Sensorischen Integrationstherapie wird dies weitgehend vermieden. Der aufmerksame Therapeut wird versuchen, den inneren Bedürfnissen des Kindes Rechnung zu tragen und es unterstützen, sein Vorhaben zu verwirklichen. Er wird das momentane Interesse des Kindes nutzen und Materialien dazu anbieten, die dem Kind helfen, dieses Ziel auf seine Weise mit seinen Möglichkeiten zu erreichen. Eine vorhandene Organ- oder Hirnschädigung läßt sich nicht beheben, wohl aber wird das Kind mit Hilfe der sensorischen Integrationstherapie befähigt, seine vorhandenen Funktionen für den Gebrauch zu organisieren.

Die Erfahrungen, die das Kind selbst macht — einschließlich der damit verbundenen emotionalen Empfindungen — sind insofern von Bedeutung, da die Inhalte, entsprechend der eigenen Erfahrung, interpretiert werden. Bei einer Wiederholung vergleicht das Kind gewissermaßen beide Erlebnisse miteinander und erhält entweder eine Bestätigung, oder es muß seine Erfahrungen entsprechend korrigieren. Diese individuellen Erfahrungen formen die „Lerngeschichte" des Kindes, ja den Lebenslauf grundlegend. Ist ein Erlebnis negativ besetzt, weil das Kind hier eine schlimme Erfahrung gemacht hat, so wird es bei einer Wiederholung sehr viel vorsichtiger und ängstlich reagieren. Entsprechende Angebote sind daher wenig sinnvoll, da sie das Kind in die Abwehr drängen können; es sei denn es gelingt relativ rasch, das Kind vom Gegenteil zu überzeugen. Besser ist es, wenn ein indirekter Weg eingeschlagen wird, wenn Reize über andere Sinnessysteme oder über weniger angstbesetzte Materialien vermittelt werden. Eine ständige und direkte Konfrontation des Kindes mit seinen Schwierigkeiten steigert nicht selten dessen Opposition und vermindert die Frustrationstoleranz wie auch das Selbstvertrauen.

Die soziale Übermittlung, die Reiz- und Materialangebote, die Aufgaben, die dem Kind gestellt werden, müssen einen Bezug zu bereits gemachten Erfahrungen haben. Stimuli von außen sind wichtig, da sie das bestehende Gleichgewicht zwischen Assimilation und Akkomodation immer wieder ins Wanken bringen. Sie dürfen aber keine zu große Irritation hervorrufen, da es sonst leicht zu überschießenden und unkontrollierbaren Reaktionen kommen kann, die somit therapeutisch uneffektiv sind. Es ist wichtig, daß die Anregungen und Aufgaben, die dem Kind gestellt werden, dem Leistungsniveau des Kindes entsprechen. Das Kind selbst muß einen Sinn darin erkennen können und muß — wenn auch nicht sofort — Erfolgsaussichten haben. Je nachdem, in welchem Kulturkreis oder in welchem Milieu das Kind aufwächst, werden die Anregungen auch unterschiedlich sein. Viel hängt auch davon ab, wie weit es die Fähigkeiten nur angelernt und gespeichert hat, wie weit spezifische Lernprogramme durchgeführt wurden, die dem Kind nur begrenzt eigene Erfahrungen ermöglichen. Wird dem Kind zu viel „vorgegeben", dann werden die Experimentierfreudigkeit und die Entwicklung eigener Variationen wie auch die Kreativität des Kindes gehemmt. Wissensvermittlung ist aber nicht das Ziel einer sensorischen Integrationstherapie.

Beispiel:

J. ist 4 Jahre alt, hat aber die Körpergröße eines 6—7jährigen Kindes. Er ist schmächtig und lang, stolpert über die eigenen Füße. Sowohl die Bewegungsanpassung als auch die Koordination und Steuerung ist schwer, die Gelenke sind instabil, was sich auf die gesamte Haltung auswirkt. J. kommt mit seiner Körpergröße nicht zurecht. Hier stimmt das Wachstum nicht mit dem Reifezustand des ZNS überein, was J. aus dem „Gleichgewicht" bringt. Er ist unharmonisch, unaufmerksam, „zerfließt" gewissermaßen und kann sich nicht sammeln. In seinem Verhalten ist er sprunghaft, fängt hier und dort an, seriale Leistungen sind unzureichend vorhanden. Mißerfolge führen dazu, daß er aufgibt und seine Mitarbeit verweigert. Zusätzlich bestehen beachtliche Sprachprobleme, und zwar sowohl in der Artikulation wie auch im Satzbau. J. kann kaum zwei Worte richtig aneinanderreihen. Er ist deshalb schwer zu verstehen, was ihn ebenfalls immer wieder deprimiert. In der Sprachtherapie ist er wegen der Konzentrationsprobleme aufgefallen, was die Verordnung zur Ergotherapie veranlaßt hat.

Er war recht mißtrauisch, als er zum ersten Mal kam, hatte ganz offenbar Sorge, auch hier erleben zu müssen, was ihm alles nicht gelingt. Als er aber erst einmal selbst wählen durfte, und ich auf seine Wünsche einging, zeigte er eine erstaunliche Aufmerksamkeit im Umgang mit den großen Schaumstoffklötzen, die er auf die Schaukel plazierte, um dann selber noch draufzuklettern. Immer wieder fielen die Klötze herunter oder sie paßten nicht mehr darauf, weil sie zu groß waren, und doch probierte er immer wieder neue Möglichkeiten aus und sein Glück war groß, als er sein eigenes Ziel auch erreichte. In dieser Situation zeigte er keinerlei Konzentrationsprobleme. Die großen Schaumstoffbausteine gaben ihm genügend Halt und Rückmeldung, sie ermöglichten es ihm, sich zu sammeln, die Bewegungen zu koordinieren.

Er hatte es sich außerdem noch dadurch schwer gemacht, daß er die Teile auf die Schaukel packte, die sich ja auch noch bewegte. J. zeigte deutlich, was er brauchte, wo ich ihn unterstützen mußte, wie der weitere Therapieverlauf sein würde. Ich bot ihm in der Zukunft nur größere Geräte an, brachte Variationen in sein Tun, indem ich ihm neue Geräte zeigte, sie einfach hinstellte, usw. (Rollbrett, Tonne, Schaukelbrett, Bohnensäckchen zum Werfen von der Schaukel aus, Fische zum Angeln usw.). Er griff diese Dinge dankbar auf, entwickelte verschiedene Spiele und hatte immer Erfolg. Bei solchen Tätigkeiten sammelte er wichtige sensomotorische Erfahrungen, die sein Selbstvertrauen sichtlich stabilisierten, was sich dahingehend auswirkte, daß er Mißerfolge weniger ernst nahm. In der Sprachtherapie machte er weniger gut mit. Hier erlebte er seine sprachlichen Probleme zu direkt. Auch ich erlebte in diesem Punkt seine Verweigerung und Deprimierung, wenn ich ihn bat, mir etwas noch einmal zu sagen, weil ich ihn nicht verstanden hatte. Er senkte den Blick, wandte sich von mir ab und zog sich, für kurze Zeit in sich zurück. So vermied ich es, viel mit ihm verbal zu kommunizieren, was ihm sichtlich angenehm war. Auch die Konfrontation mit feinmotorischen Tätigkeiten, vor allem mit dem Malen, führte nur zu einer verstärkten Verweigerung. J. war noch nicht bereit dazu. Seine allgemeine Instabilität erschwerte die Geschicklichkeit der Hände, und so wartete ich auch ab, blieb bei den mehr grobmotorischen Aktivitäten und unterstützte ihn hier. Für Anregungen auf feinmotorischer Ebene war es noch zu früh, sie hätten ihm nur negative Erfahrungen vermittelt und langfristig eher zu einer Blockade geführt. Lange Zeit bot ich ihm immer mal wieder Materialien an, die mehr die Feinmotorik ansprachen, und immer wieder lehnte er ab. Nach gut 9 Monaten holte er sich dann plötzlich von sich aus die großen Legosteine und begann damit zu bauen. Er übertrug die Erfahrungen, die er mit den großen Schaumstoffteilen gemacht hatte, auf die Legosteine. Natürlich ließ ich ihn gewähren und unterstützte ihn dort, wo es nötig war, vor allem, wenn er mich selber um Hilfestellung bat. Drei Monate später (wir mußten eine Therapiepause einlegen, da J. ein Geschwisterchen bekam) erzählte seine Mutter, daß er sich neuerdings hinsetzen würde, um zu malen. Er ließ sich auch nicht lange darum bitten, malte, nachdem er sich im Grobmotorischen „ausgetobt" hatte, sehr sorgfältig und konzentriert ein Haus mit großer Toreinfahrt nebendran, einer Sonne, einem Baum dazu. Die Stiftführung war erstaunlich sicher. Auch sonst war J. in seiner Haltung sichtlich stabiler, die Bewegungen waren ge-

ordneter, nicht mehr so fahrig, daß schlacksige hatte sich verloren, er wirkte runder und ausgeglichener. Auch in der Sprache hatte J. Fortschritte gemacht. Er sprach deutlicher und konnte inzwischen 2—3 Worte richtig aneinanderreihen.

An diesem Beispiel war die Wechselwirkung zwischen Reifegrad des ZNS, Wachstum, den Anregungen und den eigenen Erfahrungen deutlich zu beobachten. Aufgaben, die aufgrund seiner Mißerfolge „negativ" erlebt wurden, lehnte er zunehmend ab, was zu einer Entwicklungshemmung führte. Sein Interesse fehlte und damit auch seine Bereitschaft zur Konzentration. Die therapeutischen Maßnahmen, die seine Probleme direkt ansprachen, führten zu keinem Erfolg. Als dann Angebote kamen, die eher seinem Bedürfnis entsprachen, konnte er sich fast schlagartig konzentrieren, er gewann an Selbstvertrauen. Die Inhalte konnten assimiliert werden, sie wurden für ihn bedeutungsvoll und ermöglichten es ihm auch, diese erworbenen Fähigkeiten auf andere Materialien zu übertragen. Er hatte ausreichende Zeit zur motorischen Anpassung (Akkomodation), was zu einer zunehmenden Stabilität (motorisch und psychisch) führte, so daß er sich allmählich auch an schwierigere Tätigkeiten heranwagte. Die Entwicklung kam in Gang, und zwar vor allem durch ihn selbst. J. selbst hat die Integrationsarbeit geleistet, ich habe ihm nur assistiert.

Die Entwicklungsphasen nach PIAGET

PIAGET (1973) unterteilt die normale Entwicklung des Kindes in verschiedene Phasen, die sich spiralförmig aufbauen. Die Übergänge sind fließend und dennoch kann jede einzelne Windung für sich betrachtet werden. Die Unterteilung erfolgt nach den jeweils vorhandenen Denkstrukturen oder Lernstrategien des Kindes, entsprechend des jeweiligen Reifegrades des ZNS. Auf jeder einzelnen Stufe überarbeitet das Kind gewissermaßen die bereits vertrauten Schemata wieder neu. Es assimiliert die neuen Denkstrukturen an die bereits vorhandenen und akkomodiert die vertrauten an die neue Perspektive.

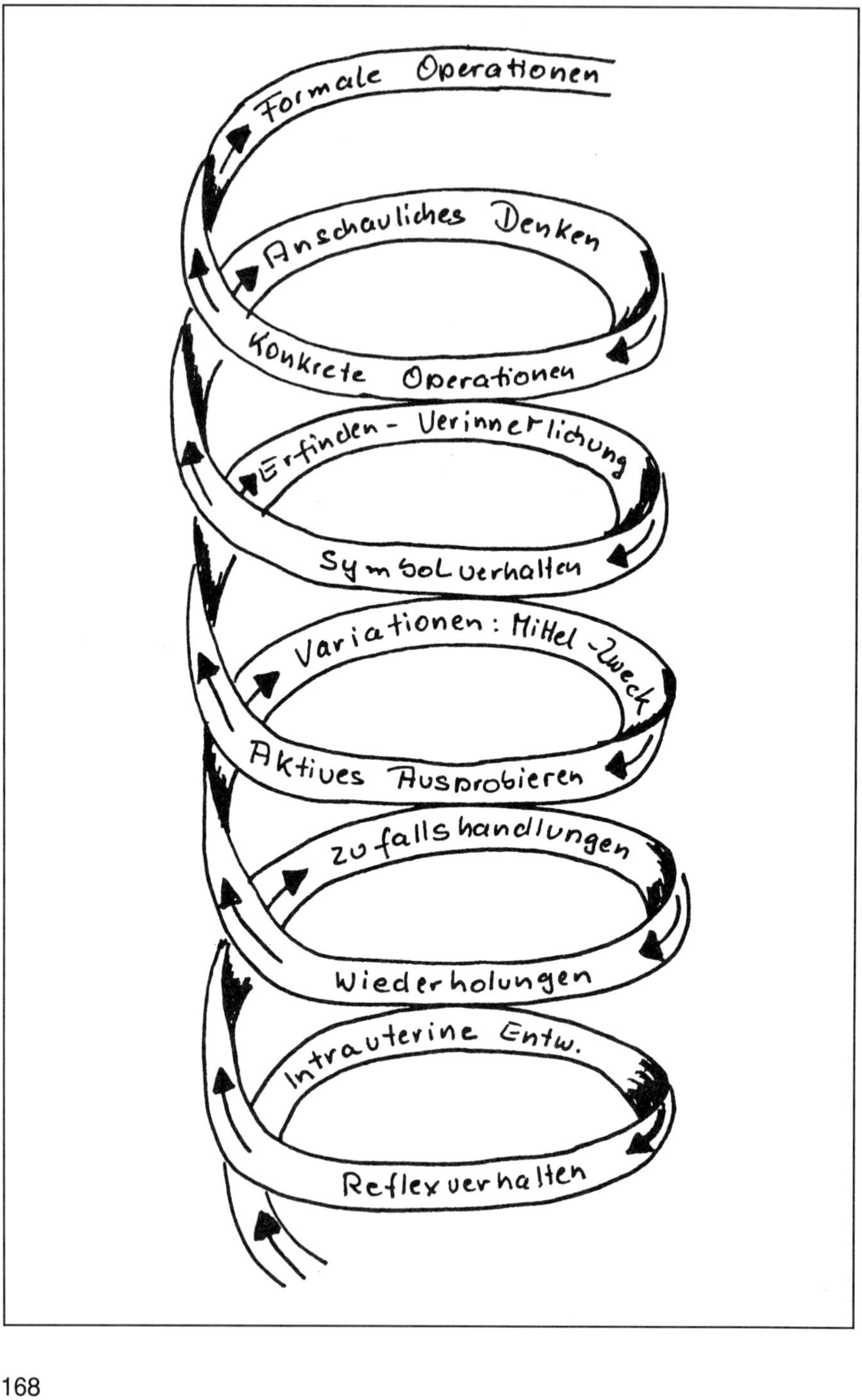
Formale Operationen
Anschauliches Denken
Konkrete Operationen
Erfinden - Verinnerlichung
Symbolverhalten
Variationen: Mittel-Zweck
Aktives Ausprobieren
zufallshandlungen
Wiederholungen
Intrauterine Entw.
Reflexverhalten

Auf diese Weise erfolgt eine immer weitere Differenzierung der vorhandenen Funktionen und Fähigkeiten.

Die ersten beiden Lebensjahre umfassen die **Sensomotorische Phase.** Sie bilden die Grundlage für die gesamte weitere Entwicklung. Hier lernt das Kind ausschließlich durch die aktive Auseinandersetzung mit seiner Umwelt, indem es seine Sinne und seine motorischen Funktionen einsetzt und gebrauchen lernt. Zahlreiche Erfahrungen ermöglichen dem Kind die Verinnerlichung mit zunehmendem Vorstellungsvermögen. Mit der Entwicklung des **Symbolverständnisses zwischen 2—4 Jahren** kann sich das Kind dann vom realen Gegenstand lösen und diesen durch ein Symbol (Bild, Gegenstand, Wort) ersetzen. Dank seines Vorstellungsvermögens kann es sich den realen Gegenstand vorstellen, wenn es einen anderen, ähnlichen Gegenstand oder eine Abbildung sieht. Es überträgt auch im Spiel bestimmte Eigenschaften auf ein anderes Objekt und funktioniert den Gegenstand, entsprechend seinen Bedürfnissen um. So wird ein Karton zur Badewanne, Laster, Treppenstufe, Höhle, Bett, Haus, usw.

Es beginnt Handlungen, die es bei anderen beobachet hat, im Spiel zu wiederholen (Nachahmungsspiel) und zeigt ein zunehmendes Interesse an Bildern und Begriffen. Sein Wortschatz nimmt für die Umwelt deutlich nachvollziehbar zu, die Sprachentwicklung macht große Fortschritte. In dieser Phase entwickelt das Kind auch sein „Ich-Bewußtsein“. Es will viel allein machen, wird selbständiger und befolgt nicht mehr ohne weiteres, was andere ihm auftragen. Damit wird am Ende der Symbolphase auch die Eingliederung in eine Gruppe möglich.

In der Phase des anschaulichen Denkens (zwischen 4—7 Jahren) lernt das Kind in Abhängigkeit zur eigenen Wahrnehmung. Es nimmt die Dinge so an, wie es sie erlebt und sieht. Mit der Veränderung verlieren die Dinge noch ihre Identität. Es ist in dieser Entwicklungsphase noch nicht in der Lage, sich einen anderen Standpunkt, den es noch nicht verinnerlicht hat, vorzustellen. Es kann sich noch nicht in die Gedanken einer anderen Person hineinversetzen. Phantasie und Realität werden noch nicht in jeder Situation auseinandergehalten, es besteht noch ein magisches Denken. Seine Überlegungen sind noch an die eigenen Erfahrungen und Wahrnehmungen gebunden, es lebt noch in der Gegenwart und kann seine Handlungen und Gedanken noch nicht rekonstruieren oder anderen gegenüber begründen. Im Laufe dieser Entwicklungsphase wandelt sich das Symbolspiel zum mehr realistischen Rollenspiel in der Gruppe und dies ermöglicht dem Kind langsam in die Gedankenwelt seiner Spielpartner einzudringen und andere Perspektiven mit den seinen zu vergleichen.

Mit 7—11 Jahren entwickelt sich dann das mehr logische Denken. Das Kind kann geistige Operationen durchführen. Es beginnt, seine eigenen Handlungen zu überdenken und zu planen. Es kann sie auch im zunehmenden Maße anderen Menschen mitteilen. Ein Gestalten aus der Vorstellung heraus erfolgt in vielfältigen Variationen (Bauen, Zeichnen, schöpferisches Gestalten). Es orientiert sich zunehmend an der Realität, vermag auch Phantasie und Wirklichkeit besser zu trennen. Es interessiert sich zunehmend an den Hintergründen und Zusammenhängen von Ereignissen, fragt danach und verbindet die Wissensinhalte mit seinen eigenen Erfahrungen.

Das Kind hat nun so viel Selbständigkeit erreicht, daß es sich mit Gleichaltrigen im „Wettkampf" messen will, und hat damit eine wesentliche Grundlage für die Schule erreicht. Sein Wissensdurst wird so groß, daß die eigenen Erfahrungen nicht mehr ausreichen und so finden Bücher, Geschichten, Filme usw. reges Interesse. Das Bedürfnis, selber lesen, schreiben und rechnen zu können, nimmt zu. Viele Kinder beginnen nach der Bedeutung der Buchstaben und Zahlen zu fragen. Mit dem Übergang in die konkreten Operationen wird das Kind schulreif.

Schließlich erreicht das Kind mit etwa **11 Jahren die Phase der formalen Operationen.** Es erwirbt sich langsam die abstrakte und hypothetische Denkweise des Erwachsenen.

Bei Kindern mit Lernstörungen und Schulschwierigkeiten lassen sich bei genauer Beobachtung nicht selten Entwicklungsdefizite in den basalen Entwicklungsstufen feststellen. Viele erworbenen Einzelleistungen, die vielleicht auch durch Förderprogramme angeeignet wurden, können auf den ersten Blick über diese Lücken hinwegtäuschen. So schaffen es viele Kinder in gut strukturierten Situationen, vertraute Leistungen wiederzugeben, haben aber deutliche Schwierigkeiten, diese Inhalte auf andere Situationen zu übertragen, Teile davon herauszulösen und neu zu nutzen. Selbst manche Erwachsene haben Mühe, die Fülle eines theoretischen Stoffes wirklich für die eigene praktische Tätigkeit zu nutzen und je nach Bedarf zu verändern und weiter zu entwickeln. Im Bemühen, die Ergebnisse oder Vorgehensweisen statistisch zu sichern, geht der viel wichtigere Blick für die Zwischenräume und die große Vielfalt der Variationsmöglichkeiten verloren. So sehr man es sich wünscht, so schwer ist es, das Individuum in eine bestimmte „Schublade" zu packen, dem Störungsbild einen begrenzten Namen zu geben. Dies zeigt sich besonders deutlich in den momentanen Bemühungen, gerade die Kinder diagnostisch zu erfassen und einzuordnen, die eben an einem sehr bunten Bild von Bewegungs-, Verhaltens-, Lern- und Konzentrationsproblemen leiden. Nicht umsonst sind die Begriffe wie minimale cerebrale Dysfunktion, sensorische Integrationsstörungen, Entwicklungsrückstand, Hyperaktivität, Lernstörung, geistige Behinderung usw. so allgemein und schwer abgrenzbar. Sie alle haben, wie bereits erwähnt, sehr häufig Defizite, die bis in die basalen sensomotorischen Funktionen und Fähigkeiten zurückführen, weil damals — aus welchen Gründen auch immer — die Erfahrungen nicht gemacht oder nicht richtig integriert wurden. Die Aufarbeitung der sensorischen und motorischen Funktionen gehörte schon immer zu den Aufgaben der Beschäftigungs- oder Ergotherapie. Da aber in zunehmendem Maße die Bedeutung dieser basalen sensomotorischen Schemata immer deutlicher wird, müssen auch andere Berufsgruppen diesen Inhalten gerecht werden und sie in ihre Arbeitsweise übernehmen und entsprechend verändern, ohne die eigentliche Therapie durchzuführen. Es ist nicht sinnvoll, wenn Lehrer, Logopäden, Krankengymnasten usw. nun mehr ihrerseits „beschäftigungstherapeutisch“ arbeiten und dabei ihren eigentlichen Auftrag vergessen. Umgekehrt muß ja auch der Ergotherapeut die richtige Handhabung des Kindes kennen, um die Bemühungen der Krankengymnastik zu unterstützen. Pathologische Bewegungsabläufe müssen auch während der sensorischen Integrationstherapie vermieden werden. Auch spricht der Ergotherapeut mit dem Kind und versucht dabei auf logopädische Inhalte Rücksicht zu nehmen, ohne daß er eine eigentliche Sprachtherapie durchführt.

Da die sensorische Integrationstherapie sehr viel mit der sensorischen Entwicklung nach Piaget zu tun hat, ist es unerläßlich, sich mit dieser Entwicklungsphase näher zu befassen.

Piaget (1973) unterteilt die sensomotorische Entwicklungsphase nochmals in sechs verschiedene Stadien. Auch hier beschreibt Piaget vor allem die jeweils grundlegenden Verhaltens- oder Handlungsschemata, die das Kind in den einzelnen Stadien entwickelt, um sich so mit seiner Umwelt auseinanderzusetzen und um mit deren Hilfe die verschiedenen sensorischen Reize zu verarbeiten. Assimilation und Akkomodation finden auf jedem dieser Stadien in immer neuer Weise statt. Sie ermöglichen dem Kind die Integration und die motorische Anpassung und Planung, damit es seine vorhandenen, bzw. bereits erworbenen Fähigkeiten für den Gebrauch organisieren kann.

Das I. Stadium der Sensomotorik: Reflexverhalten 0—4 Wochen

Das erste Stadium umschreibt Piaget (1973) mit „Reflexverhalten“. Der Begriff „Reflex“ ist dabei umfassender zu sehen, als es heute üblich ist. Piaget hat schon damals darauf hingewiesen, daß es sich um äußerst komplexe motorische Reaktionen handelt, die mit dem einfachen Reflexbogen nichts gemein haben. Wesentlich ist, daß das Neugeborene eine Anzahl von angeborenen Verhaltens- und Bewegungsmustern mitgebracht hat, auf die es nun zurückgreift. Alle neuen Reize, die aus der Umwelt zu ihm gelangen, werden in diese angeborenen Schemata assimiliert oder integriert. Das Neugeborene reagiert „reflektorisch“ ungezielt, unwillkürlich auf die jeweiligen Reize. Es hat noch Mühe, seiner Haltung eine ausreichende Stabilität gegenüber der Schwerkraft zu verleihen und seine Bewegungen entsprechend zu koordinieren und zu steuern. Aber, auch wenn diese Reaktionen so wenig gezielt sind, so erlebt sie das Kind doch sehr umfassend und einprägsam. LEBOYER (1974) schildert diese Empfindsamkeit sehr anschaulich:

„Der Schrecken des Geborenwerdens besteht in der Intensität, der Unermeßlichkeit der Erfahrung, ihrer Vielfalt, ihrem beklemmenden Reichtum. Man sagt, man glaubt, das Neugeborene empfände nichts. Es empfindet alles. Alles, in vollem Umfang, ohne Auswahl, ohne Unterscheidung. Die Springflut der Empfindungen, die es bei der Geburt mit fortreißt, übersteigt unsere ganze Vorstellungskraft. Es handelt sich um eine so ungeheure empfindungsmäßige Erfahrung, daß wir sie nicht einmal bemerken. Die Sinne des Neugeborenen funktionieren, jawohl, und wie! Sie besitzen die ganze Schärfe und Frische der Jugend. Was sind unsere Sinne, unsere Empfindungen im Vergleich zu denen der Kinder? Was sind unsere Sinne im Vergleich zu den Tieren? Unsere Haut ist genauso empfindlich wie die eines Krokodils oder Nilpferdes. Und die Empfindungen, die während der Geburt auftreten, hallen umso stärker wider, als sie anders sind als die vorher erlebten. Die Sinne funktionieren schon eine ganze Weile bevor das Kind „da“ ist, das heißt bei uns, in unserer Welt. Wahrscheinlich sind die Empfindungen noch nicht zu Wahrnehmungen gegliedert, die miteinander verknüpft und gegeneinander abgewogen sind. Was sie noch stärker, wilder, unerträglicher, verwirrender macht.“

Anbetrachts dieser Schilderung ist es nicht wichtig, sich über den allgemein üblichen Umgang mit Neu- oder sogar Frühgeborenen Gedanken zu machen? Was erlebt und empfindet wohl ein Frühgeborenes im Brutkasten, der fast ständig beleuchtet wird, während die piepsenden Töne der Monitore nicht zu überhören sind. Welche Erfahrungen sammelt das Kind, wenn es untersucht, behandelt, beatmet wird? Zwar dürfen die Eltern, vor allem die Mutter, zunehmend mit auf die Intensivstation, dürfen ihre Kinder im Brutkasten anfassen, streicheln usw., aber oft fehlt es an der erforderlichen Anleitung der Eltern, die ihre Unsicherheit indirekt ihrem Kind mitteilen.

Beispiel:

K. ist 18 Monate alt. Sie wurde in der 26. Schwangerschaftswoche geboren und wird seitdem beatmet. Ihre Mutter ist täglich viele Stunden bei ihrem Kind auf der Intensivstation. Dennoch zittert K., wenn sie angefaßt wird, gerät in Hyperventilation und massive Erregung, und ihre Mutter sitzt vorwiegend neben dem Kind und spricht zu ihm, wagt es nicht, sie zu streicheln, weil sich K. immer so aufregt. Eine Ergotherapie wird eingeleitet. Unabhängig von der sehr ungünstigen Prognose erscheint es wichtig, dem Kind seine Ängste zu nehmen. Ich leite die Mutter an, ihrem Kind immer wieder Halt zu spüren zu geben, indem sie ihre Hand gegen den Körper, die Hände, die Füße hält und stützt, so daß das Kind selbst dagegen drücken kann. Auch leite ich sie an, K. zu streicheln, indem sie immer nur kurz, aber immer wieder mit klaren Informationen über die Glieder, die Händen, den Bauch usw. fährt und dabei ruhig einen gewissen Druck ausübt, so daß nicht die Oberflächensensibilität angesprochen wird. Ich selber berühre das Kind nicht, da ohnehin viel zu viele verschiedene und fremde Personen dieses Kind anfassen. Die Schwestern der Station unterstützen unser Bemühen soweit es ihnen möglich ist. Es gelingt, dem Kind seine Angst zu nehmen. Es wird auf den Arm genommen, gestreichelt, gebadet, gefüttert usw. und fühlt sich dabei immer wohler und ausgeglichener. In den Armen seiner Mutter kann sich K. am besten entspannen. In den nächsten Wochen beginnt das Kind sogar Ansätze zum Greifen zu machen, d.h. die Hände fassen zu, wenn sie etwas zu spüren bekommen (= erste Zufallshandlungen). Es sind schöne Stunden der Gemeinsamkeit zwischen Mutter und Kind entstanden, bevor K. leider mit 22 Monaten verstarb.

Hier wird deutlich, daß die sensorische Integrationstherapie im Grunde bereits auf der Früh- oder Neugeborenenstation beginnen sollte, indem in erster Linie die noch unsicheren Eltern unterstützt, beraten und angeleitet werden. Es ist wichtig, daß die wichtigen körpernahen Stimuli, die den Tastsinn, die Tiefenwahrnehmung und das Gleichgewichtsorgan ansprechen, von den wichtigsten Bezugspersonen durchgeführt werden (soweit es möglich ist). Da jeder das Kind anders anfaßt, hochnimmt, wickelt usw. können zuviele verschiedene Menschen ein Übermaß an Reizen vermitteln, die das Neugeborene nicht bewältigen kann. Die routinemäßigen Handhabungen gehen oft nur noch wenig auf das Kind selbst ein.

Die verschiedenen Reize werden vom Kind umfassend erlebt und an die vorhandenen Schemata assimiliert. So werden z.B. Saugobjekte, die den Saugreflex auslösen, an das Saugschema assimiliert und erhalten dabei eine entsprechend individuelle Bedeutung. Gleichzeitig erfolgt eine Akkomodation der Mund-, Lippen-, Zungenbewegungen an das jeweilige Saugobjekt. Auch beim Aufnehmen und Tragen versucht sich das Kind, in seiner Haltung anzupassen, was aber Zeit braucht. Die Anpassung gelingt dem Kind am besten, wenn die Bewegungen des Erwachsenen gleichmäßig, langsam und einfühlsam sind und jegliche Hektik oder Abruptheit vermeiden.

Es gibt aber auch ältere Kinder und sogar Jugendliche oder Erwachsene, die sich (wieder) im I. Stadium befinden. Hierunter fallen vor allem die Patienten mit einem frischen Schädel-Hirn-Trauma, die sich noch im apallischen Syndrom befinden. Auch hier zeigen sich überwiegend reflektorische Reaktionen (wenn überhaupt) und Schwierigkeiten in der Haltungs- und Bewegungsanpassung. Sie benötigen direkte körpernahe Stimuli wie das Neugeborene. FRÖHLICH (1982) hat den Begriff der basalen Stimulation geprägt, um Schwerstbehinderte über die Sinne anzusprechen. Er hat gewissermaßen die sensorische Integrationstherapie auf diese Gruppe übertragen und weiter ausgebaut. Da Schwerstbehinderte aber den Reizen durch die Umwelt ausgeliefert sind, ist die kontinuierliche Beobachtung von allergrößter Bedeutung. Wichtige Hinweise darüber, wie sich das Kind (oder der Erwachsene) bei der Stimulation fühlt, können Muskeltonus, Atmung und Mimik geben.

Beispiel:

L., 15 Jahre alt, hat ein schweres Mittelhirnsyndrom nach einem Fahrradunfall. Er war 6 Wochen bewußtlos und wurde 2 Wochen beatmet. Nach 3 Monaten wurde er, im Apallischen Syndrom auf die neurologische Station verlegt. Er reagierte mit Hyperventilation bei Berührungen, was die Krankengymnastik sehr erschwerte, und mit oralen Automatismen bei Berührungen um die Mundregion. Außerdem reagierte er mit Tonussteigerung, wenn er bewegt oder angefaßt wurde. Ähnlich wie bei dem vorher beschriebenen Kleinkind, leitete ich vor allem die Eltern an, ihren Sohn zu berühren, zu streicheln, zu waschen usw. Auch hier wurde versucht, klare taktile Reize zu vermitteln, mit etwas mehr Druck, damit er die Reize besser einordnen konnte. Auch hier gelang es, seine Irritierbarkeit herabzusetzen, ihn zu einer gewissen Entspannung zu führen, so daß die Pflegemaßnahmen und die Krankengymnastik besser durchzuführen waren. Um die oralen Automismen zu nutzen, wurde ihm Brei um den Mund gestrichen, und L. bewegte den Mund und die Zunge, nahm die Nahrung an und schluckte sie auch. (Er wurde vorwiegend sondiert.) Mit der Zeit differenzierten sich seine Reaktionen und er begann zu fixieren. Er zeigte zunehmend die Verhaltensweisen, die ins II. Stadium der Sensomotorik einzuordnen waren (= Zufallshandlungen) oder in die Phase der primitiven Psychomotorik nach GERSTENBRAND (1980). L. klart im gleichen Maße, wie sich seine Bewegungen verändern, weiter auf. Er erkennt vertraute Personen wieder (seine Eltern, Freunde, die ihn besuchen). Er nimmt die Nahrung an, benötigt keine Sonde mehr und beginnt auch wieder zu greifen.

Es kommt zu einer zunehmenden Objektbeziehung und zu Wiederholungen einfacher Handlungsweisen, die dem III. Stadium der Sensomotorik entsprechen, oder der Phase des Nachgreifens, mit einfachen motorischen Schablonen nach GERSTENBRAND (1980) bzw. der Klüver-Bucy-Phase mit einfachen Handlungsschablonen und dem Nachschauen. Er beginnt wieder zu sprechen, kann auch sagen, was wir in der ersten Zeit an Reizen an ihn herangetragen haben, z.B. daß ich ihm einen Luftballon ans Hand-

gelenk gebunden hatte, um die Armbewegung zu aktivieren, was auch gelungen ist. Motorisch war er soweit, daß er im Rollstuhl sitzend sich selbständig fortbewegen konnte (nach 6 Monaten Behandlung).

Die Therapie wurde nun auch in den Therapieräumen durchgeführt. Angeboten wurden handfeste Materialien, die ihm genügend Rückmeldungen für die eigene Handlung gaben. Er akzeptierte die Schaukel, wobei er sich selber mit den Füßen oder den Händen vom Boden abstieß und die Richtung zu steuern versuchte, um an die Dinge heranzukommen, die auf dem Boden verteilt waren. Zielwerfen mit Stoffsäckchen war eine von ihm beliebte Tätigkeit. Er begann seine Handlungsweisen zu variieren, sie einem Ziel unterzuordnen und zeigte nun die Verhaltensweisen des IV. Stadiums der Sensomotorik, die auch teilweise der Korsakow-Phase und später dann dem Integrationsstadium nach GERSTENBRAND (1980) entsprechen. Nach fast 10 Monaten Behandlung konnte L. laufend, mit einer leichten Hemiparese, entlassen werden.

Bei diesem Jungen konnte man die gesamte sensomotorische Entwicklung noch einmal, wenn auch in anderer Weise, beobachten. Wichtig war nur, daß die Art und Weise, wie er sich mit seiner Umwelt auseinandersetzte, beachtet wurde und nicht so sehr die teilweise sehr unterschiedlichen Einzelleistungen, wie sie ja bei Schädel-Hirn-Trauma-Patienten sehr oft zu beobachten sind.

Es zeigt, daß diese Prinzipien, wie auch die Inhalte der sensorischen Integrationstherapie, auch auf diese Patientengruppe übertragbar sind, wenn gleichzeitig eine sorgfältige Beobachtung erfolgt und wenn der Therapeut die Zusammenhänge erkennen kann. Bei hirngeschädigten Patienten ist es wichtig, daß auf vegetative Nebenreaktionen besonders geachtet wird, um Überforderungen oder Fehlreaktionen von vornherein zu vermeiden, sie zumindest nicht auszulösen.

Das II. Stadium der Sensomotorik: Zufallshandlung 1—4 Monate

Das II. Stadium beginnt in dem Augenblick, wenn sich erste erworbene Anpassungsverhalten zeigen, wenn eine gewisse Ausrichtung der Bewegung auf den äußeren Reiz zu beobachten ist. Diese Ausrichtung gelingt allerdings nur, wenn die Umwelt den ersten Kontakt herstellt, das Kind sucht die Dinge noch nicht von sich aus. So beginnt die Hand zu greifen, wenn sie mit einem Gegenstand in Berührung kommt. Es sind tastende, kratzende Bewegungen der Finger, gepaart mit einem Öffnen und Schließen der Hand. Taktile Greifversuche, die die Funktion des Greifens selbst schulen: Greifen und Zugreifen, sind zu beachten. Aber auch die Füße führen tastende Bewegungen durch, wenn sie etwas zu spüren bekommen, und ebenso der Mund. Die Augen fixieren, nehmen Kontakt auf, wenn ein Lichtreiz, ein interessantes Objekt oder auch wenn ein Gesicht in sein Blickfeld gelangt. In dem Augenblick bemüht sich das Kind, den Kopf zu stabilisieren, die Haltung zu bewahren, um das, was es sieht, nicht aus dem Blickfeld zu verlieren. Es beginnt auch, die sich im Blickfeld bewegenden Dinge zu verfolgen, wenn die Bewegung nicht zu schnell ist. Auf diese Weise kommt der Blickkontakt zustande.

Die Aktivitäten, die das Kind durchführt, sind zufallsbedingt. Es benötigt den äußeren Reiz, um darauf reagieren zu können. Die Stimuli müssen noch körpernah sein, so daß sie innerhalb seines Aktionskreises erfolgen. Das Kind muß die Dinge berühren, sehen, hören können, wenn es sie wahrnehmen soll, wenn es seine Bewegungen danach ausrichten soll. Eine eigentliche Objektbeziehung besteht im II. Stadium noch nicht. Gegenstände stellen lediglich Reize zur Funktionsschulung dar, das Kind interessiert sich für den Reiz, der für diese Funktion nötig ist, nicht für den Gegenstand an sich. Die Ereignisse oder Erfahrungen, die das Kind dabei macht, werden an die vorhandenen Funktionsschemata assimiliert, während sich die Bewegungen den jeweiligen Bedingungen anpassen.

Anfangs ist die Aufmerksamkeit des Kindes kurz, und es hat große Mühe, die Bewegungen zu akkomodieren; die mangelnde Koordination führt immer wieder dazu, daß das Kind den Kontakt verliert. Mit der Zeit lernt es aber, die Bewegungen zu koordinieren, um bei den jeweiligen Reizen längere Zeit verweilen zu können. Durch gegenseitige Assimilation kommt diese Koordination zustande. So assimiliert es die Hand, an der es saugt, an sein Saugschema und umgekehrt wird der Mund an das Greifschema assimiliert. Wenn das Kind seine eigenen Hände berührt, so erfolgt ebenfalls eine gegenseitige Assimilation. Auch beim Fixieren der eigenen Hände versuchen die Augen, die Hände zu halten, während die Hand bestrebt ist, im Blickfeld zu bleiben. Diese Koordinationsleistungen zeigen sich am Ende des II. Stadiums, sind aber noch auf den eigenen Körper begrenzt. Objekte, die das Kind zufällig mit zum Mund führt oder ins Blickfeld bringt, weil die Hand diese gerade hält, werden noch nicht mit Absicht geholt, betrachtet, zum Mund geführt, sie begleiten vielmehr zufällig die Handbewegung.

Bei schwerbehinderten Kindern, die in allen Funktionsbereichen auf der Stufe des II. Stadiums sind, ist es relativ einfach, die therapeutischen Maßnahmen auf die Bedürfnisse des Kindes auszurichten. Wichtig sind körpernahe Stimuli, die in das Aktions- und Wahrnehmungsfeld des Kindes gelangen und möglichst auch bleiben und nicht durch eine Bewegung des Kindes für dieses unerrreichbar sind und verschwinden. Eine Raumbegrenzung ist hier wichtig, d.h. das Kind muß den unmittelbaren Raum erfassen oder „überschauen" können, er darf für das Kind nicht „uferlos" erscheinen. Materialien, die dem Kind angeboten werden, sollten klare, einfache Reize vermitteln und evtl. sogar mehrere Sinnessysteme gleichzeitig stimulieren, da dies die Koordination fördert. Ein Ball mit einer Glocke innen in einer leuchtenden Farbe, der sich angenehm anfühlt, würde diesen Anforderungen entsprechen.

Wichtig ist auch hierbei, daß die Aufmerksamkeit des Kindes beachtet wird, daß der Therapeut sich zurückhält, solange das Kind konzentriert ist. Ziel ist in erster Linie, daß das Kind seine Aktivitäten nach dem Reiz ausrichtet und eine Beziehung zu seiner Umwelt darüber aufbaut. Welche Dinge oder Materialien im einzelnen eingesetzt werden, ist im Grunde weniger wichtig.

Da das gesunde Kind im II. Stadium die Bauch- und Rückenlage soweit stabilisiert, daß die Kopfkontrolle und die Aufrichtung des Schultergürtels möglich wird, muß auch darauf geachtet werden, daß eine solche Haltungsstabilisation gegeben ist. Eine Ausrichtung der Hand-Kopf- und Beinbewegungen sind nur möglich, wenn die Grundhaltung stabilisiert wird.

Schwieriger gestaltet sich die Therapie, wenn das Kind über nahezu altersgemäße motorische Funktionen verfügt, aber dennoch Verhaltensweisen des II. Stadiums zeigt. Diese Kinder können mit ihren vorhandenen motorischen Fähigkeiten wenig anfangen, ja sie können unter Umständen sogar die weitere kognitive Entwicklung hemmen.

Beispiel:
M. ist zwei Jahre alt, er läuft sicher und klettert auch überall hoch. Während er herumläuft, beachtet er die Gefahren nicht, läßt sich einfach los, wenn etwas anderes in sein Blickfeld kommt. Objekte interessieren ihn nicht, er greift sie, wenn er ihnen begegnet, wenn er „über sie stolpert", verliert sie aber im nächsten Augenblick wieder. Ebenso reagiert er auf jedes Geräusch, wendet den Kopf kurz, geht dem Geräusch aber nicht weiter nach, schüttelt auch den Gegenstand nicht wieder, wenn dieser durch seine Bewegung gerasselt hat. M. erfaßt die Beziehungen zwischen seiner Aktivität und dem Ergebnis nicht, begreift nicht, daß er selber die Dinge in Bewegung oder zum Tönen bringt. Da er laufen kann, geraten sehr viele Dinge immer wieder zufällig in sein Aktionsfeld, und diese vielen Reize führen zu einer weiteren Stimulation und Irritation. M. kann die vielen Reize nicht bewältigen, nicht einordnen, sie führen vielmehr zu einer weiteren sensorischen Desorganisation. Diesem Kind wäre mehr geholfen, wenn es sich noch nicht selbständig fortbewegen könnte.

M. braucht Widerstand, einen begrenzten Raum, der überschaubar ist und der ihn davor bewahrt, ständig unkontrollierbare Reize zu bekommen. Er braucht den Widerstand der Dinge, um Grenzen zu erfahren und um sich mit den Objekten auseinandersetzen zu können. Die sensorischen Infor-

mationen dürfen nicht an ihm „vorbeirauschen". Gleichzeitig muß aber auch sein Bedürfnis nach Bewegung berücksichtigt werden. Hier bietet die sensorische Integrationstherapie gute Möglichkeiten. Ich biete M. verschiedene Schaumstoffteile, Matten, Kartons usw. zum Klettern, Durchkriechen usw. an. Dabei rutscht er auch immer wieder zwischen die Teile, muß sich wieder herausarbeiten und wird dadurch am ziellosen Umherlaufen gehindert. Da er hier auch gefahrlos laufen konnte, sammelte er auch sensomotorische Erfahrungen. M. schaukelte auch gerne, hier erlebte er schnelle Bewegungen im Raum, obwohl er selber sitzen bleiben mußte. Insgesamt kam M. im Verlauf von etwa 8 Monaten zu einer größeren Ruhe. Es kam sogar immer mal wieder vor, daß er sich kurzzeitig hinsetzte und mit den Dingen in einfacher Weise hantierte, was eine beginnende Objektbeziehung anzeigte. M. ist ein geistig behindertes Kind, daran wird auch die sensorische Integrationstherapie nichts ändern. Dennoch ist etwas Wesentliches erreicht worden. M. ist einfacher zu führen, seine Mutter muß nicht mehr jeden Schritt ihres Sohnes überwachen, kann ihn nun auch zeitweilig allein lassen. M. bringt sich nicht mehr ständig durch sein zielloses Herumrennen und -klettern, selbst in Gefahr. Auch die Eingliederung in den Sonderkindergarten ist weniger problematisch.

An diesem Beispiel wird deutlich, wie wichtig eine ganzheitliche Sichtweise des Kindes und seiner Entwicklung ist. Isolierte Funktionen können die Entwicklung anderer Fähigkeiten hemmen. In erster Linie muß das Kind dazu befähigt werden — und zwar im Rahmen seiner vorhandenen Möglichkeiten — die verschiedenen sensomotorischen Informationen und Erfahrungen zu integrieren, ihnen eine Bedeutung zu geben, um in angemessener Weise reagieren zu können.

Kinder, die die Umweltreize noch mit den Lernstrukturen des II. Stadiums bewältigen, benötigen den direkten Kontakt und vor allem den Widerstand der Dinge, damit ihnen die motorische Anpassung gelingt. Je umfassender dabei der gesamte Körper angesprochen wird, desto ganzheitlicher ist die Erfahrung.

Die Stimulation der Tiefenwahrnehmung oder Propriozeption ist hier von besonderer Bedeutung, insbesondere durch die Eigenaktivität des Kindes und sei sie noch so gering. PIAGET (1973) weist darauf hin, daß das Kind den sichtbaren Ereignissen nur dann eine Bedeutung geben kann, wenn es aktiv an dem Geschehen beteiligt ist. Es muß also alle seine Sinne auf die augenblickliche Tätigkeit richten können. Verbale Informationen sind in dieser Situation häufig störend, da diese akustischen Signale nicht direkt mit dem momentanen Handeln in Beziehung stehen, vor allem dann nicht, wenn man sich hinter dem Kind befindet. AFFOLTER (1987) betont auch immer wieder, daß während des Führens nicht gleichzeitig gesprochen werden darf. So ist es auch im Rahmen der sensorischen Integrationstherapie wichtig, nonverbale Reize zu geben, damit das Kind sich auf diese konzentrieren kann. Etwas anderes ist es natürlich, wenn man sich mit dem Kind direkt beschäftigt, d.h. mit ihm direkt kommuniziert. Hier kommt dann die Stimme ja von der gleichen Person, die das Kind gleichzeitig sieht und fühlt.

Durch die Stimulation der Tiefenwahrnehmung, d.h. durch die Vermittlung verschiedener Arten von Widerständen (starre, elastische, weiche, bewegliche, verschiebbare Widerstände usw.) erlebt das Kind seinen eigenen Körper, sein eigenes Ich in bezug zur Umwelt, und es kann sich dadurch allmählich abgrenzen. Sobald ihm dies möglich ist, erlebt es auch die Objekte und anderen Personen als etwas Eigenständiges, auf das es einwirken kann.

Die Tiefenwahrnehmung vermittelt gleichzeitig auch Tastinformationen, da beide Sinnessysteme sehr enge Beziehungen haben und in der praktischen Arbeit nicht zu trennen sind. Jeder Gegenstand hat seine Oberfläche, seine Form, Größe, Konsistenz, sein Gewicht. Indem das Kind daran stößt, wird auch der Tastsinn angesprochen. Wenn die Tiefenwahrnehmung gleichzeitig stimuliert wird, d.h. wenn der Reiz nicht zu oberflächlich und diffus erfolgt, und wenn das Kind den Kontakt von sich aus herstellt, dann verlieren die Berührungen von außen allmählich auch angstmachende Wirkung. Reize, die nicht eingeordnet werden können, bereiten Angst und je weniger Erfahrungen das Kind hat, desto größer ist die Möglichkeit einer Angst- und Abwehrreaktion. Widerstand gibt gleichzeitig Sicherheit und Halt, die ein Kind im II. Stadium braucht. Dies ist auch wichtig, wenn vestibuläre Stimuli vermittelt werden. Kinder, die von der Umwelt bewegt werden, ohne daß sich das Kind darauf einstellen kann, weil die Fremdbewegung zu abrupt oder zu schnell erfolgt, kann das Kind in Panik versetzen. Es verliert dann jeglichen Halt, den Bodenkontakt, kann nicht mehr nachempfinden, was mit ihm geschieht.

Beispiel:
N. ist 8 Monate alt. Es ist ein sehr verängstigtes Mädchen. Jede Bewegung, die mit ihr durchgeführt wird, bringt sie in Panik. Sogar die Spazierfahrt im Kinderwagen ist ihr unangenehm, vor allem dann, wenn der Weg uneben und holprig ist. N. zeigt eine deutliche Instabilität in der Bauch- und Rückenlage. Bei den Lagereaktionen nach Vojta ist sie sehr irritierbar, beruhigt sich sehr lange nicht, in den Reaktionen ist sie überschießend, ohne eine bestimmte Symptomatik oder Pathologische Muster aufzuzeigen. Am liebsten liegt das Kind in seinem kleinen Bettchen, welches sich nicht bewegt. Sie ist ein passives Kind, welches sich selber nur wenig bewegt.

Ich weise die Eltern dahingehend an, daß sie grundsätzlich darauf achten sollen, das Kind bei jeder Bewegung (hochheben, tragen, baden, an- und ausziehen usw.) gut festhalten und dessen Haltung stabilisieren. So fühlt sich N. z.B. wohl, wenn sie fest an den Körper des Erwachsenen gedrückt wird, während der Erwachsene sich bewegt, sie so im Arm wiegt. Im Kinderwagen wird ihre Haltung durch Polster stabilisiert, was dazu führt, daß N. nicht mehr ständig schreit, sondern beginnt, die Dinge zu betrachten, die in ihr Blickfeld gelangen. Die zunehmende Sicherheit führt auch dazu, daß N. beginnt, ihre Bewegungen nach den Dingen, den Widerständen auszurichten, sie beginnt zu greifen.

In dem Maße, wie sie Freude an der Bewegung als solche gewinnt, wird sie aktiver und baut dadurch weiterhin ihre Angst gegenüber Bewegungen ab. Nach und nach können die stabilisierenden Maßnahmen von außen reduziert werden, da N. sich selber stabilisieren kann. Fremdbewegungen müssen aber noch lange Zeit im fließenden Übergang und langsam — für das Kind nachvollziehbar — erfolgen. Auch das Schaukeln war ihr noch lange unangenehm, vor allem dann, wenn sie keinen sicheren Halt fand. Sie tolerierte das Schaukeln lange Zeit nur dann, wenn sie gleichzeitig im Arm, bzw. auf dem Schoß ihrer Mutter war. Später schaukelte sie auch mit mir zusammen, aber immer noch brauchte sie den direkten Körperkontakt und die Sicherheit. Erst nach einem Jahr war N. bereit, auch allein auf die Schaukel zu gehen. Jetzt konnte sie allerdings auch selber auf die Schaukel und auch wieder hinunterkrabbeln und konnte so bestimmen, wie lange sie schaukeln wollte. Auch hatte sie immer noch ihre Füße auf dem Boden, konnte so die Schaukel mit den Füßen bewegen und behielt die Kontrolle.

Das vestibuläre System spielt für die sensorische Integrationstherapie eine wichtige Rolle, da vestibuläre Reize die Tonusregulation und die Aufmerksamkeit beeinflussen. Die Bewegung des Körpers im Raum, die Beschleunigung führt zu einer anderen Schwerkrafteinwirkung auf den Körper, der mit einer entsprechenden Anpassung im Muskeltonus und in der Haltung reagiert. Die Anspannung führt auch im allgemeinen zu einer vermehrten Aufmerksamkeit, wenn sie nicht in eine Verkrampfung mündet. So führen Richtungs- und Tempoänderungen zu einer vermehrten Anspannung und Aufmerksamkeit, während ein gleichmäßiger monotoner Bewegungsrhythmus beruhigend und ermüdend wirkt, mit entsprechenden Tonusverminderung. Die Dosierung der vestibulären Reize ist sehr wichtig und nicht einfach, da jeden Augenblick eine Überstimulation erfolgen kann.

Es kann zu einem plötzlichen Zusammenbruch des vorher aufgebauten Muskeltonus kommen, wenn die Anspannung zu stark war. Es kann zu einer „Überspanntheit“ führen, die in eine unkontrollierbare Erregung mündet. Manche Kinder reagieren aber auch mit dem Ausdruck der Abwesenheit, lassen es mit sich geschehen und nehmen die Situation nicht mehr wahr, sie „verlieren“ sich. Auch können vegetative Reaktionen auftreten, wie z.B. Schwindel, Erbrechen, Kopfschmerzen, usw. Zu beachten ist, daß solche Reaktionen auch noch nach einer ganzen Weile erst auftreten können, demnach nicht mehr direkt vom Therapeuten beobachtet werden können.

Unsichere Kinder, die die Schaukel verweigern, sollte man nicht dazu zwingen, denn so erreicht man keine sensorische Integration. Vestibuläre Stimuli müssen hier sehr vorsichtig und immer mit Informationen der Tiefensensibilität vermittelt werden. Vor allem Kinder, die noch selber wenig Haltungsstabilität haben und einen verstärkten Widerstand benötigen, wie das Kind, welches sich noch im II. Stadium der Sensomotorik nach PIAGET befindet. Ein Kind im Alter von 1—4 Monaten würde man ja auch nicht allein auf eine Schaukel setzen und wenn es gewiegt, geschaukelt wird, dann im Arm, in der Wiege, in dem es sicheren Halt findet. Das aber vestibuläre Stimuli hier ebenfalls sehr wichtig sind, zeigt folgendes Beispiel:

Beispiel:

O. ist 2 Jahre alt. Er ist sehr hypoton, zeigt keinerlei Kopfkontrolle oder Aufrichtung. Er ist ausgesprochen passiv und ist reagiert auf keine äußeren Reize. Es besteht der Verdacht auf Blind- und Taubheit.

O. ließ alles mit sich geschehen, weinte und lächelte auch nicht. Für die Mutter war dies ein fast nicht mehr zu ertragender Zustand. Wir überlegten, wie wir dieses Kind stimulieren konnten, mit welchen Mitteln eine Reaktion zu erzielen war. Es mußte eine dauernde aber keine monotone Stimulation sein. So sind wir schließlich auf das Tragetuch gekommen — trotz der Hypotonie. Wir gingen davon aus, daß ein krummer Rücken leichter zu beheben sei, als diese Reaktionslosigkeit. Seine Mutter führte es durch, trug ihn bei der Hausarbeit so viel wie möglich, legte ihn zeitweilig wieder hin, wenn er ihr zu schwer wurde und zu den Schlafenzeiten. Es zeigte sich allmählich, daß wir die richtige Wahl getroffen hatten. O. begann, durch die ständige vestibuläre Stimulation den Tonus aufzubauen, er begann den Kopf zu halten und das Gesicht seiner Mutter abzutasten. Er griff in das Tuch, in die Haare seiner Mutter, wurde „wach“ und aktiv.

Die Aufrichtung besserte sich zusehends, und nach 6 Monaten konnte er frei mit geradem Rücken sitzen. Je aktiver er wurde, desto mehr wurde auch sein „Bewegungsraum“ erweitert. Es zeigte sich auch, daß er auf Geräusche aufmerksam wurde, sich danach ausrichtete, während sich die zentrale Blindheit immer mehr herausstellte. O. begann sich aber für seine Umwelt zu interessieren und entwickelte allmählich auch eine Objektbeziehung, suchte tastend nach Dingen, steckte sie in den Mund, betastete sie, hantierte damit usw. Mit 3 Jahren begann er auch zu krabbeln, was ihm einen neuen Erfahrungsraum eröffnete.

Alle drei Kinder befinden sich zum Zeitpunkt des Behandlungsbeginns im II. Stadium der Sensomotorik. Sie benötigen Reize, die in ihr Aktionsfeld gelangen, reagieren auf die Reize, die sie körpernah erfahren, am besten. Ist das Kind aktiv am Geschehen beteiligt, so kann es die sensorischen Informationen auch integrieren, wird aufmerksam und setzt sich auch allmählich mit dem Objekt auseinander und gelangt allmählich auch zu einer Objektbeziehung.

Das III. Stadium der Sensomotorik: Objektbeziehung, aktives Wiederholen, 4—8 Monate

Mit der Entwicklung der Objektbeziehung erreicht das Kind das III. Stadium der Sensomotorik nach PIAGET (1973). Der Übergang ist fließend, und es ist schwer, den genauen Zeitpunkt zu erkennen, wenn das zufällige Greifen in das aktive und bewußte Greifen übergeht. Plötzlich greift es nach Dingen, die es zuerst sieht. Das Kind hat entdeckt, daß es selbst auf die Umwelt einwirken kann, daß es Dinge in Bewegung bringen kann oder daß es Geräusche auslösen kann. Zunächst erfährt es diese Ereignisse über den Zufall, z.B. wenn es mit der Hand an ein über ihm hängendes Spielzeug stößt, oder wenn es mit einem Gegenstand an der seitlichen Wand entlangfährt usw. Es erlebt den Widerstand und das daraus entstehende Geräusch oder optische Erscheinungsbild und wird darauf aufmerksam. Anfangs weiß das Kind nicht, wirklich wie es dazu gekommen ist, möchte es aber gerne wiederholen und nun bemüht es sich, die Bewegung, die es ja gerade erfahren hat, zu wiederholen. Hier erfolgt ein deutliches Bemühen des Kindes um motorische Anpassung. Je nachdem in welcher neuen Ausgangsposition die Hand sich befindet, muß das Kind die Bewegung neu organisieren und anpassen. Die Akkomodationsleistung des Kindes ist beachtlich und verlangt volle Konzentration. Es ist eine Leistung, die das Kind selbst erarbeiten muß, während die Umwelt dieses Bemühen dadurch unterstützt, indem sie dem Kind die erforderliche Zeit und Ruhe gibt und nicht durch neue Aufforderungen ablenkt. Wichtig ist auch jetzt noch der Widerstand des Materials, der dem Kind die notwendige Führungskontrolle und Rückmeldung gibt. Das Kind muß seine Bewegungen spüren können, damit es begreifen kann, daß es selbst die Dinge manipuliert.

Hat das Kind Probleme im Bewegungs- und Handlungsablauf, so ist die direkte Führung oft hilfreich. Wichtig ist allerdings dabei, daß sich der Therapeut dem Bewegungstempo des Kindes anpaßt, so daß das Kind der Führung auch innerlich zu folgen vermag.

Beispiel:
P. ist 3 Jahre alt, als er in der Ergotherapie vorgestellt wurde. Er hatte auf Grund einer Hypotonie und statomotorischen Entwicklungsverzögerung Vojta-Therapie erhalten. Inzwischen waren die motorischen Funktionen zwar vorhanden, aber P. konnte sie nicht einsetzen. Er hatte die verschiedenen Dinge nicht in der Hand, sie rutschten ihm weg. Klettern, Treppensteigen, das Laufen langer Strecken war sehr anstrengend für ihn. Er ermüdete rasch, konnte sich immer weniger aufrecht halten und torkelte regelrecht. Neuromuskuläre Erkrankungen wurden damals ausgeschlossen. Bei der direkten Handführung fühlten sich seine Hände tot, kalt, feucht an. Es war sehr schwierig, ihm über die Führung Informationen zu geben, da seine Hände immer wieder wegrutschten. Weder er fand an den Dingen Halt, noch ich bei der Führung. Vibrationsgeräte, die ihm angeboten wurden, genoß er sichtlich und hierüber konnte auch ein gewisser Tonus aufgebaut werden, hier hielt er besser fest. Auch das Wühlen in verschiedenen Materialien tat ihm sichtlich gut. Vestibuläre Stimuli mit Hilfe der Schaukel genoß er auch hier und baute seinen Tonus auf. Das Rollbrettfahren war anfangs für ihn zu anstrengend. P. entwickelte allmählich eine bessere Haltungsanpassung an die verschiedenen Geräte und Unterlagen, stabilisierte sich. In dem Maße, wie P. mehr Körpergefühl entwickelte, verbesserte sich auch die Manipulation der Dinge. Neue Handlungen mußten aber lange Zeit immer noch über die Handführung vermittelt werden, vormachen reichte nicht aus. Unter der Führung konnte ich spüren, daß die Fingeranpassung sich verbesserte. Immer schneller konnte er die geführte Bewegung übernehmen, so daß ich meine Hände langsam zurücknehmen konnte. Inzwischen ist P. 6 Jahre alt. Eine direkte Führung ist nicht mehr notwendig, er probiert jetzt selber aus.

Anfangs sind die Bewegungsabläufe noch unsicher und nicht jederzeit abrufbar, je häufiger das Kind dieselben aber wiederholen konnte, desto sicherer werden sie. Im III. Stadium lernt das Kind vor allem über die Wiederholung. Es wiederholt vor allem Handlungen, die ihm erfolgreich erscheinen, die ihm Zuwendung und Aufmerksamkeit entgegenbringen. Es wiederholt die Erlebnisse und Handlungen, ohne unbedingt immer die Zusammenhänge und Beziehungen schon zu verstehen. Es erlebt vielmehr die Reaktion der Umwelt, die seiner Aktivität folgt und will diese Reaktion wieder erlangen. Auf diese Weise kann sich das Kind auch Fertigkeiten aneignen, die noch gar nicht seiner Entwicklungsstufe entsprechen. Bei einem Kind, welches über die Lernstrategien des III. Stadiums verfügt, kann es zu einer Ansammlung von Einzelleistungen kommen, die „antrainiert“ wurden, ohne daß das Kind den eigentlichen Inhalt erfassen kann.

Beispiel:

R. ist 7 Jahre alt. Sie erlernte das Laufen erst mit 20 Monaten und erhielt dann Sprachtherapie, als sie mit fast 3 Jahren noch immer nicht sprechen konnte. Als sie dann bei der Einschulungsuntersuchung große Mängel aufwies, sie war vollkommen unselbständig, wurde die Ergotherapie verordnet. R. konnte alles nachsprechen, konnte Bilder zuordnen und benennen, konnte Memory spielen usw. Sie war praktisch unfähig, sich selbst an- und auszuziehen, eine Schranktüre zu öffnen, sich auf einen Stuhl rückwärts hinzusetzen, konnte auch mit Spielsachen nichts anfangen. Ihr Spiel bestand darin, die Dinge nebeneinanderzulegen und zu ordnen. Sie wiederholte Handlungen, die ihr vertraut waren, vor allem dann, wenn sie wenig motorischen Aufwand erforderten. R. zeigte das klassische Bild einer Dyspraxie. Es dauerte lange, ehe sie Freude an der Bewegung bekam, immer wieder vergewisserte sie sich, ob sie es auch könne und ob ihr geholfen wurde. Sie suchte Halt und Sicherheit, reagierte mit Angst, wenn ihr ein neues Geräte angeboten wurde. Ganz allmählich entwickelte sie ein Handlungsrepertoire und im gleichen Maße wurde auch ihre Sprache inhaltsvoller. Nach zwei Jahren Therapie begann sie, Ansätze zu eigenen Variationen zu zeigen und ihre Erfahrungen auf neue Situationen zu übertragen.

An diesem Beispiel wird deutlich, daß Therapieprogramme und isoliertes Üben von Fertigkeiten zwar Wissen vermitteln, aber nicht unbedingt auch eine Integration bewirken. Auch wenn R. ein geistig behindertes Kind ist, so hat ihr das antrainierte Wissen wenig geholfen. Im Gegenteil, es hat ihre Selbständigkeit behindert, weil die sensomotorischen Erfahrungen fehlten. In dem Maße, wie sie entsprechende Erfahrungen machen konnte, wurde sie fröhlicher, sicherer, selbständiger. Eine Behandlung zu einem früheren Zeitpunkt wäre effektiver gewesen.

Im Rahmen der aktiven Wiederholungen erwirbt das Kind ein Handlungsrepertoire, mit dessen Hilfe sich das Kind aktiv mit seiner Umwelt auseinandersetzen kann.

Im III. Stadium erwirbt das Kind die maximale Aufrichtung aus der Bauch- und Rückenlage. Es hebt aus der Bauchlage Kopf und alle Gliedmaßen gleichzeitig (Schwimmstellung) und stabilisiert damit sein Gleichgewicht. Es kann in dieser Stellung einen Arm von der Unterlage heben, sein Gewicht auf eine Körperseite verlagern und somit spielen. In der Rückenlage kann es eine gute Beugehaltung gegen die Schwerkraft einnehmen. Es spielt mit den Füßen, kann sie sogar in den Mund führen. Die Stabilität der waagerechten Körperhaltung ermöglicht das Drehen und Rollen, mit dessen Hilfe es sich am Ende des III. Stadiums bereits fortbewegen kann. Auch die senkrechte Haltung stabilisiert sich zunehmend. Das Kind zeigt in diesem Alter noch keine Bevorzugung einer Seite, einer Hand. Es setzt jeweils die Hand ein, die dem zu greifenden Gegenstand am nächsten ist. Es wechselt aber die Dinge von einer Hand in die andere, kann mit einer Hand selbst Gegenhalt geben.

Die Streckstellung aus der Bauchlage, wie auch die Beugehaltung in der Rückenlage enthalten wichtige Informationen für die Beurteilung der sensorischen Integration. Die mangelhafte Aufrichtung gegen die Schwerkraft in der waagerechten Körperposition wie auch eine unzureichende Haltungskontrolle werden hier oft sehr deutlich. So kann es vorkommen, daß Kinder, die auf den ersten Blick unauffällig erscheinen, Mühe haben, den Kopf und den Schultergürtel anzuheben, ja es kommt sogar vor, daß die Einwirkung des Tonischen-Labyrinth-Reflexes deutlich wird, d.h., daß es beim Bemühen, den Kopf aus der Rückenlage gleichzeitig mit den Beinen anzuheben, zu einem Opitotonus kommt und in der Bauchlage zu einer deutlichen Hüftbeugung, während das Kind den Kopf mit dem Kinn abstützt. Andere Kinder wiederum kommen zwar hoch, können die Stellung aber nur Sekunden halten, fallen gewissermaßen „auseinander". Ehrgeizige Kinder, die kognitiv gut sind, strengen sich übermäßig an, weil sie alle Energie einsetzen, es gut zu machen obwohl es ihnen sehr schwer fällt. Wenn sie aufgefordert werden, laut zu zählen, können sie nur gepreßt sprechen. Hier alle Variationsmöglichkeiten aufzuzählen, würde zu weit führen. Zu beobachten ist auch die Fähigkeit zur motorischen Planung, wenn den Kindern zunächst nur die verbale Aufforderung gegeben wird. Es gibt Kinder, die die Stellung erst einnehmen können, wenn man es ihnen vorgemacht hat oder nachdem man sie zunächst passiv in die gewünschte Stellung gebracht hat.

Kinder, die eine unzureichende Haltungsstabilität und Aufrichtung im Schultergürtelbereich haben, haben häufig Schwierigkeiten in der Feinmotorik. Sie brauchen die Hände immer noch zur Haltungskontrolle, können deshalb auch nicht frei und sicher die Dinge manipulieren. Schreibprobleme, vor allem ein gestörter Bewegungsfluß beim Schreiben, kann hier seine Ursache haben.

Beispiel:

S. besucht die 2. Klasse der Regelschule. Er verfügt über eine gute Intelligenz, kann die Schulleistungen bringen. Er hat aber große Probleme in der Feinmotorik und beim Schreiben. Er braucht sehr lange, seine Schrift ist krakelig und wird, je länger er schreibt, immer unleserlicher. Er lehnt sich beim Schreiben mit seinem ganzen Körper an den Tisch, der Arm liegt schwer auf dem Tisch und bewegt sich praktisch nicht mit. So ist er gezwungen, mit dem Handgelenk auszugleichen, was zu einer zunehmenden Beugehaltung führt, je weiter er nach rechts kommt. Auffällig sind auch die hochgezogenen Schultern, die mangelnde Rotation und das fehlende

Überkreuzen der Mittellinie. S. rutscht stattdessen mit dem ganzen Körper auf dem Stuhl hin und her, bzw. schiebt sich an der Tischkante entlang. Bei der Streckstellung aus der Bauchlage kam S. weder mit dem Kopf noch mit dem Schultergürtel von der Unterlage gleichzeitig hoch. Er streckte die Arme zwar in die Luft, stützte sich aber mit dem Kinn ab. Die Knie beugte er an, bei gleichzeitiger Hüftbeugung. Auf dem Rollbrett kam er nicht richtig vorwärts, und auf der Schaukel kippte er immer wieder nach vorne oder rutschte vorne hinunter. Er stützte sich zwar auf die Hände, konnte dann aber nicht mehr schaukeln. Er vermied die Bauchlage auch, setzte sich lieber hin. S. konnte seinen Körperschwerpunkt noch nicht in den Lendenwirbelbereich verlagern, er war noch buchstäblich: „kopflastig". Auch sonst zeigten sich Unsicherheiten in der Körperbalance, je nach der Unterlage. Die automatische Haltungsanpassung war unzureichend.

Als positiv erwies sich die geradlinige Beschleunigung für seine Aufrichtung, wenn er auf dem Rollbrett in Schwung kam, z.B. wenn ich ihn mit Hilfe eines Reifens zog oder ihn kräftig anstieß, so daß er vorne in eine gebaute Schaumstoffwand hineinfuhr, sie mit den vorgestreckten Händen umstieß oder einen großen Ball vor sich herrollte usw. Von der Schaukel aus gelang es ihm auch, Kegel mit einem Ball umzuwerfen oder Säckchen in einen Eimer zu werfen, wenn durch ein Gewicht (z.B. ein Sand- oder Bohnensack) sein Schwerpunkt entsprechend nach hinten verlagert wurde und die Bauchlage stabilisiert wurde. Später fand er auch Gefallen daran, eine schräge Ebene mit dem Rollbrett hinunterzufahren. Als S. die Aufrichtung und Stabilisation der waagerechten Körperebene so weit verbessert hatte, daß er ohne Gewicht auf dem Becken auskam, waren Tätigkeiten auf instabilem Untergrund (z.B. Schaukel, Schaukelbrett) möglich, die sehr viel mehr Haltungskontrolle und Visomotorik verlangten. So angelte er von der Schaukel aus, führte Schwungübungen auf dem Boden mit Rasierschaum durch, versuchte Ringe während des Schaukelns aufzusammeln und aufzustecken usw. S.'s Schreibhaltung verbesserte sich zusehends wie auch die allgemeine Beweglichkeit im Rumpf. Die Schrift war weniger verspannt, fließender, und S. benötigte auch weniger Zeit.

Hier zeigt sich deutlich, daß die basale Körperhaltung eine wichtige Voraussetzung für die Feinmotorik und für die Graphomotorik ist. Es ist daher wichtig, daß bei feinmotorischen Problemen zunächst die Haltungsmechanismen überprüft werden müssen, ehe isolierte feinmotorische Übungen durchgeführt werden können. Nicht immer ist die Feinmotorik primär beeinträchtigt. Bei S. hätten die symptomatischen graphomotorischen Übungen viel eher zu einer weiteren Verkrampfung, evtl. sogar zu einer Verweigerung und psychischen Problemen geführt. An dieser Stelle sollte auch der Vollständigkeit halber ergänzt werden, daß es natürlich nicht immer so einfach ist, daß sowohl Haltungsprobleme als auch feinmotorische Störungen vorliegen können, und daß nach der Verbesserung der Haltungsstabilität sich feinmotorische Übungen anschließen bzw. parallel erfolgen müssen. Jedes Kind zeigt eben seine eigenen persönlichen Schwierigkeiten, welche auch einer individuellen Therapie bedürfen.

Wichtig sind für das III. Stadium der Sensomotorik die Wiederholungen, damit die damit verbundenen Bewegungsabläufe, die motorische Anpassung automatisiert werden kann. Diese Wiederholungen müssen aber immer wieder kleine Variationen enthalten, damit ein bloßes „Anlernen" oder die Entwicklung von Stereotypien vermieden werden. Diese Variationen ergeben sich von selbst, wenn das Material verändert wird, oder wenn die Tätigkeit, damit ein anderes Ziel, in einer anderen Situation durchgeführt wird. Die eigenen Ideen des Kindes sollten hier unbedingt einbezogen werden. Eine wesentliche Rolle spielt für die Wiederholung der Erfolg der Handlung. Erlebt das Kind, daß es Erfolg hat, oder überblickt es die Situation bzw. die Aufgabenstellung entsprechend, so ist die Motivation zur Mitarbeit nicht schwer. Verliert das Kind aber die Orientierung und damit auch das Ziel aus dem „Wahrnehmungsfeld", so ist die Ablenkbarkeit deutlich größer. Sind die Dinge oder das ursprüngliche Handlungsziel erst aus dem Aktionsfeld des Kindes verschwunden, sind sie auch vergessen. Erst der erneute Anblick des Gegenstandes oder ein entsprechender Reiz bringt dem Kind die Tätigkeit wieder in Erinnerung und reaktualisiert die Handlungs- und Verhaltensschemata. Das Kind erinnert sich auch wieder an den Erfolg oder Mißerfolg, den es dabei erlebt hat, und ist dementsprechend motiviert. Das Kind, dessen Verhaltensweisen vorwiegend dem Wiederholen von erfolgreichen Handlungen des III. Stadiums entsprechen, hat noch keine große Ausdauer. Sie benötigen eine relativ direkte Rückmeldung über Erfolg oder Mißerfolg. Bleibt der Erfolg zu lange aus, so bemüht es sich nicht mehr weiter darum, und das Interesse geht verloren. Es ist daher wichtig, daß der Erfolg letztendlich gesichert wird, und dies bedeutet, daß der Therapeut zum richtigen Zeitpunkt und in richtiger Weise Hilfestellung gibt, damit es dem Kind gelingen kann. Erfolgt die Hilfe zu früh oder wird dem Kind die Tätigkeit abgenommen, so wird ihm auch die Möglichkeit zur Akkomodation genommen. Das Kind muß keine motorische Anpassung vollbringen, es braucht nur zuzusehen. Erlebt es dieses häufiger, so wird es immer wieder versuchen, andere zur Hilfe heranzuziehen, statt es selber zu versuchen.

Erfolgt die Hilfe aber zu spät, geht das Interesse verloren, und es kann sein, daß das Kind beim nächsten Versuch schon etwas früher aufhört, um nicht wieder sein eigenes Versagen erleben zu müssen. Keinem Menschen ist es auf die Dauer dienlich, immer wieder mit dem eigenen „Versagen", den eigenen Problemen konfrontiert zu werden, wenn man keine Aussicht hat, diese Schwierigkeiten zu meistern.

Beispiel:

T. ist 4 Jahre alt. Er ist hyperaktiv, unruhig, bleibt nicht bei einer Tätigkeit. Er läßt sich sehr leicht ablenken, vor allem dann, wenn er sich anstrengen muß. Sobald er auf Widerstand stößt, es nicht klappt oder funktioniert, wie er es sich vorstellt, gibt er auf. Er läßt das Spielzeug oder die Tätigkeit einfach fallen, wendet sich anderen Dingen zu. Er hat noch nie erlebt, daß er etwas auch erfolgreich beendet, daß er für sich das Gefühl bekommen hat: „Ich habe es geschafft." Seine Erlebnisse beschränken sich auf Mißerfolge, auf uneffektives, chaotisches Handeln, mit dessen Hilfe er seine Umwelt in Bewegung bringt und manipuliert. Hier hat er — aus seiner Perspektive heraus gesehen — Erfolg, was ihn allerdings nicht sehr befriedigt.

In einer Therapiestunde sitzt T. auf der Schaukel und ich gebe ihm Bohnensäckchen zum Werfen, stelle einen Eimer in seine Nähe, in die er sie werfen kann. Er greift diese Spielidee sofort auf, hat auch schnell Erfolg und setzt nun allen Ehrgeiz daran, alle Säckchen in den Eimer zu werfen. Er muß dabei die Schaukel entsprechend dirigieren, die sich in alle Ebenen bewegt und dreht. Wenn ich ihm Säckchen zuwerfe, so fallen sie auch neben ihn auf den Boden, und er hebt sie auf. Die motorische Anpassung die er hierbei leistet, ist ihm nicht bewußt. Nicht immer gelingt es ihm zu treffen, weil er nicht richtig hinschaut, einfach loswirft, egal wohin. Seine Handlung erhält eine sofortige Rückmeldung, die er nachvollziehen kann. Wenn er ärgerlich und zu sehr entmutigt ist, sporne ich ihn an, schiebe auch den Eimer in eine günstige Position, damit der Erfolg gesichert wird. Ein Treffer reicht auch schon aus, um zwei weitere Fehlschläge hinzunehmen. Er ist die ganze Stunde voll bei der Sache.

In einer weiteren Stunde will er mit Schaumstoffklötzen bauen. Es klappt nicht so recht, weil er die kleinen nach unten und die großen oben drauf stellt. Er beginnt nach einigen Versuchen zu resignieren, und da greife ich ein. Stillschweigend nehme ich große Teile, biete sie ihm an, reiche ihm dann die nächsten, so daß es ihm gelingt. Auch zeige ich ihm, wohin er sie tun kann, damit sein Haus gelingt. Er erlebt den Erfolg und wird wieder aktiv, holt auch wieder selber Teile, während ich mich wieder etwas zurückziehe. Als wieder ein Teil umfällt, läuft er nicht sogleich weg, sondern versucht es von sich aus aufs neue, er hat es ja erfahren und somit eine gewisse Vorstellung von dem, was und wie es geht.

Indem das Kind seine eigenen Erfahrungen macht, die Handlungen in verschiedenen Situationen und mit verschiedenen Geräten und Objekten wiederholt, kann es den Ablauf allmählich verinnerlichen. Es weiß, wie es geht, entwickelt eine Vorstellung vom Handlungsablauf und kann diesen dann bei Bedarf wieder abrufen. Mißerfolge sind dann eher zu verkraften, da es dann auch weiß, was es anders machen könnte.

Das IV. Stadium der Sensomotorik: Anwenden der erworbenen Fähigkeiten 8—12 Monate

Sobald das Kind ein reichhaltiges Repertoire an Handlungsschemata erworben hat, beginnt es, diese untereinander zu kombinieren und Teilhandlungen daraus zu lösen und neu zu organisieren. Es variiert seine Handlungen, verändert sie und überträgt das bisher Gelernte auch auf neue Situationen. Es setzt seine Fähigkeiten ein, um bestimmte Ziele zu erreichen, d.h. es unterscheidet zwischen Mittel und Zweck wie auch zwischen Ursache und Wirkung.

Es ist in der Lage, die Beziehung der Dinge untereinander zu erkennen und auszunutzen. Da sich das Kind jetzt auch selbständig aufrichten und durch den Raum bewegen kann (Aufsetzen, Aufstehen, Robben, Krabbeln, beginnendes Laufen), erfährt es den Raum über die sensomotorischen Aktivitäten. Es verändert aktiv seine räumliche Beziehung zu den Dingen, versucht in, unter, hinter, über und um die Dinge herumzugelangen, wie es auch anfängt, die verschiedenen Gegenstände aus den Behältern herauszuholen und wieder hineinzutun. Es erarbeitet sich gewissermaßen die Beziehung zwischen dem Behälter und dem Inhalt.

Nach PIAGET (1973) sind folgende Verhaltensweisen typisch für das IV. Stadium der Sensomotorik:

- Bewußtes Loslassen von Dingen (wegwerfen, absetzen)
- Überwinden von Hindernissen und Schwierigkeiten
- Suchverhalten
- Nachahmungsleistungen
- Interesse an Details (Löcher, Erhebungen, Kanten usw.)
- Zielgerichtetes Handeln.

Das Kind beginnt jetzt, die verschiedenen Teilhandlungen zu ordnen und nach dem Ziel auszurichten. Es hat soviel Vorstellungsvermögen entwickelt, daß es das Ziel auch dann noch „ansteuert“, selbst wenn es durch Hindernisse verdeckt wird und auf Schwierigkeiten stößt. Es verfügt über genügend Handlungsschemata, daß es diese Schwierigkeiten überwinden kann, indem es diese vertrauten Fähigkeiten neu organisiert. Die Anpassungsleistungen haben eine Entwicklungsstufe erreicht, d.h. sie benötigen nicht mehr in jeder Hinsicht den spürbaren Widerstand. Die motorische Anpassung erfolgt jetzt zunehmend auch über das optische System, d.h. im voraus, noch bevor es die Dinge berührt. Die Hände werden von der Haltungskontrolle befreit, das Kind muß sich nicht ständig mit einer Hand abstützen, und so beginnt es, die Dinge immer sicherer zu manipulieren, indem es beide Hände zugleich einsetzt und damit die Koordination und Geschicklichkeit der Hände weiter differenziert.

Bei genauer Beobachtung zeigt es sich immer wieder, daß Kinder, die Schwierigkeiten in der Selbständigkeit haben, Schulschwierigkeiten und Konzentrationsprobleme haben, noch Lücken in der Sensomotorik aufweisen, die bis in dieses IV. Stadium zurückreichen. Es sind Kinder mit serialen Störungen nach AFFOLTER (1974), die die einzelnen Schritte nicht ordnen können, obwohl sie sehr wohl verstehen, was erwartet wird. Diese Kinder erleben ihre Mißgeschicke immer wieder, ohne zu wissen, was sie genau anders machen sollen. Sie sehen, wie die anderen Kinder in der Klasse die Aufgaben schnell und scheinbar mühelos bewältigen, erleben sich als Versager. Das Selbstvertrauen dieser Kinder ist nicht besonders gut. Veränderungen verunsichern sie sehr schnell, da ihnen die Anpassung schwer fällt. Probleme treten vor allem dann auf, wenn sie sich auf die dynamischen Prozesse innerhalb einer Gruppe einstellen müssen, da dies hohe Anforderungen an die motorische Anpassung stellt und schnelles Reaktionsvermögen verlangt. Da die Kinder aber ihre Sensomotorik noch nicht beherrschen, kommen sie nicht zum Zuge, können sie sich schlecht durchsetzen. Es ist daher nicht verwunderlich, wenn sie sich mehr und mehr zurückziehen und resignieren oder aber vor den Anforderungen „fliehen" und dadurch in eine Hyperaktivität geraten. Um Aufmerksamkeit und Zuwendung zu erhalten, nutzen sie die Reaktionen der Umwelt auf ihr Verhalten aus.

Beispiel:
U., 8 Jahre alt , kommt wegen Schulschwierigkeiten und Konzentrationsstörungen zur Ergotherapie. Er wurde — trotz der Bedenken der Eltern und der Erzieherin — regulär eingeschult, da der Schulreifetest unauffällig war. Die Bedenken der Eltern lagen auch vielmehr im Verhalten des Jungen und in seiner Arbeitshaltung. U. hatte große Schwierigkeiten, eine Tätigkeit selbständig zu strukturieren und durchzuführen. Immer wieder kam er durcheinander, brauchte Hilfestellung. Vor allem neue Aufgaben waren schwer für ihn. Er benötigte viel Zeit und oft eine Einzelinstruktion von Seiten der Erzieherin, ehe er die Aufgabe einigermaßen bewältigte. Hatte er es aber einmal verstanden, so ging es sichtlich besser. Die Wiederholung half ihm sehr.

In der Beschäftigungstherapie fielen eine unzureichende motorische Anpassung und eine mangelhafte Organisation im Umgang mit den verschiedenen Geräten auf. Er brauchte viel Zeit, bis er das Rollbrett oder die Schaukel unter seine Kontrolle gebracht hatte. Eine neue Körperhaltung oder eine andere Tätigkeit mit diesem Gerät verunsicherten U. immer wieder. Während er in der Schulsituation inzwischen durch Verhaltensstörungen auffiel (er kasperte, machte nicht mehr im Unterricht richtig mit, begann auch zu stören), war er in der Therapie kooperativ und interessiert.

Er erlebte, daß er Zeit zur Anpassung erhielt, daß er nicht gedrängt wurde und daß er die Geräte unter seine Kontrolle bekam. Dies stärkte sein Selbstvertrauen sichtlich, und er begann bald, auch einige Spielideen zu entwickeln. Er veränderte die Situationen, ordnete die Dinge neu an, begann zu planen und auszuprobieren. Er begann zunehmend, die Details zu erfassen und seine Handlungen nach dem Ziel auszurichten. All dies erfolgte aber im praktischen Tun, d.h. auf der sensomotorischen Stufe mit der direkten Rückmeldung und durch die Körperwahrnehmung und Selbsterfahrung. Er konnte allmählich auch Frustrationen besser ertragen, so daß sich sein Verhalten in der Schule verbesserte. Da U. über eine gute Intelligenz verfügt (nach dem Test liegt er bei 120), wirkten sich die sensomotorischen Erfahrungen auch langsam auf den schulischen Bereich aus. Er konnte das Gelernte besser einordnen und auch nutzen oder auf neue Situationen übertragen. Problematisch war allerdings lange Zeit noch das Rechnen, vor allem auch deshalb, weil die Art und Weise, wie die Aufgaben gerechnet werden sollten, zu schnell geändert wurde. U. fand kaum Zeit, sich auf einen „Rechenweg" einzustellen, da mußte er wieder in eine andere Richtung denken.

Wenn das Kind im Handlungsbereich noch wenig Variationen zeigt, immer noch den vertrauten Rahmen, die Wiederholung benötigt, dann ist es im Grunde nicht fähig, ständig wechselnde Richtungen beim Lernen zu bewältigen. Sie brauchen auch im schulischen Bereich (mehr noch als andere Kinder) die Wiederholung, um die grundlegenden Gedankengänge zu vertiefen und zu automatisieren. Für diese Kinder ist es regelrecht schädlich, wenn sie sich jede Woche auf 1—2 neue Buchstaben in all ihren Kombinationen einstellen sollen. Einmal brauchen sie Zeit, um sich das Schriftbild, d.h. den dazu erforderlichen Bewegungsablauf einzuprägen und zu verinnerlichen, zum andern brauchen sie Zeit, den Buchstaben in seinen verschiedenen Beziehungen zu anderen Lauten zu erfassen. Ähnlich ist es im Rechnen. In vielen Schulen ist es den Kindern nicht gestattet, ihre Finger zum Rechnen zu benützen, obwohl ihnen gerade die Finger sehr helfen können, zumal sie diese ja immer zur Verfügung haben. Noch bevor sie im Zehnerraum sicher sind, wird bereits über diesen hinaus gerechnet und zwar sowohl vorwärts als auch rückwärts ($8+6=?$, $8+?=14$, $14=8-?$ usw.). Kinder mit Organisationsproblemen kommen hier vollends durcheinander. Bei langsameren Tempo, größerer Übersichtlichkeit, häufigeren Wiederholungen und kleineren Klassen in den ersten Grundschuljahren würde ein Großteil der Kinder die Probleme bewältigen können.

Gerade diese Kinder brauchen noch viel Freiraum, um ihre sensomotorischen Defizite aufzuholen, aber da die schulischen Aufgaben so viel Zeit benötigen, wird dieser Freiraum zur Eigenaktivität meist noch gekürzt, so daß Verhaltensstörungen, Konzentrationsprobleme, Schulversagen und psychische Störungen fast vorprogrammiert sind. Kind und Eltern geraten in einen Teufelskreis, aus dem sie allein nicht mehr herausfinden. Eine psychologische Beratung ist bei vielen unerläßlich, damit die Konflikte bewältigt werden können.

Wenn allerdings grundlegende sensomotorische Störungen oder eine basale sensorische Integrationsstörung diesen Schwierigkeiten zugrunde liegt, so helfen Erziehungsberatungen allein nur begrenzt weiter. Auch wenn die Eltern ihr Verhalten gegenüber dem Kind verändern, so bewältigt das Kind selbst dadurch seine sensomotorischen Defizite nicht. Deshalb ist eine zusätzliche sensorische Integrationstherapie notwendig.

Die Kinder benötigen dringend positive Körper- und Selbsterfahrung durch die aktive Auseinandersetzung mit Geräten, Materialien und später auch anderen Kindern (z.B. in einer Zweierbeziehung oder einer kleinen Gruppe zwischen 4—6 Kindern). Auch hier hilft dem Kind der spürbare Widerstand bei der motorischen Anpassung, der eine direkte Rückmeldung ermöglicht, so daß das Kind sein Handeln sofort korrigieren kann. Bei guter Beobachtung kann diese Anpassung innerhalb einer Therapiestunde festgestellt werden. Anfangs weiß das Kind nicht so recht, wie es die Dinge anfassen soll, die Geräte rutschen ihm weg, es funktioniert nicht so wie gewünscht, usw. aber mit der Zeit bekommt das Kind diese Dinge ins Gefühl und unter die eigene Kontrolle.

Beispiel:

V., 9 Jahre alt, ist ungeschickt und unsicher. Immer wieder stößt sie Dinge um, stolpert sie über niedere Schwellen usw. Ihre Schrift ist entsprechend krakelig und unharmonisch, der Bewegungsfluß beim Schreiben ist blockiert. Diese Schwierigkeiten nehmen zu, sobald V. unter Zeit- und Leistungsdruck steht. Nichts gelingt ihr mehr recht, es kommt zu Anspannungen und Erregungszuständen, die auf ihre Umwelt übergehen. Ihr Handeln wird zusehends uneffektiv und hektisch, sie verliert vollends die Kontrolle über die Dinge. Als ich ihr zum ersten Mal das Rollbrett anbiete und sie sich darauf setzen will, setzt sie sich so an ein Ende, daß es kippt und anschließend fortrollt, während sie auf den Boden kommt. Sie findet es glücklicherweise lustig und geht dem Rollbrett nach, versucht es jetzt von sich aus vorsichtiger. (Ich habe bisher nichts dazu gesagt, verhalte mich abwartend, still, aber V. positiv zugewandt.) Diesmal schafft sie es, sich darauf zu setzen, aber sie rutscht erneut vom Brett herunter, als sie sich abstößt, weil sie sich zu heftig mit den Füßen abgedrückt hatte. Das nächste Mal kippte sie nach kurzem Fahren zur Seite ab, weil sie bei einer Kurve das Gleichgewicht verlor. Aber irgendwie hat sie in dieser Situation Ehrgeiz entwickelt, immer wieder probierte sie es aus und mit der Zeit konnte sie ihre eigenen Bewegungen und auch ihre Haltung dem Rollbrett besser anpassen. Noch in der gleichen Stunde ist sie dann damit herumgefahren und hatte viel Spaß daran. Sie selbst hat einen Erfolg errungen, auch wenn es für uns kein besonderes Leistungsziel war, irgendwie mit dem Rollbrett im Raum umherzufahren. Ähnliche Beobachtungen konnte ich machen, als ich ihr vorschlug, es einmal auf dem Bauch zu versuchen oder wenn ich andere Variationen einfügte, z.B. wenn ich sie am Reifen zog, oder wenn sie Hindernisse umfahren sollte. Allerdings erfolgte hier die Anpassung deutlich schneller, da sie das Rollbrett als solches bereits besser kannte.

Die Fähigkeit, Hindernisse als solche zu erkennen, d.h. sie vor dem Ziel als störend wahrzunehmen, verlangt entsprechende sensomotorische Erfahrungen und eröffnet dem Kind gleichzeitig eine neue Dimension. Diese Leistungen lassen sich im Rahmen der sensorischen Integrationstherapie sehr gut vermitteln. Beim Klettern, beim Bewältigen eines Hindernisparcours, beim Durchkriechen, beim Rollen eines Balles über andere Dinge hinweg, beim Umstoßen einer Schaumstoffwand mit Rollbrett oder Schaukel, usw. erlebt das Kind diese „Hindernisbewältigung" direkt, da es den gesamten Körper in die Tätigkeit einbezieht. Diese Erlebnisse können dann auch auf die feinmotorischen Tätigkeiten übertragen werden, wie beim Ein- und Aufstecken, beim Auf- und Zuschrauben, beim Fädeln, Reißen, Schließen, Öffnen usw.

Über die Tätigkeit selbst erlebt das Kind, daß manche Widerstände starr und unverrückbar sind, daher umgangen werden müssen, während andere beweglich, elastisch sind und dadurch veränderbar, verschiebbar sind. Um die Dinge zu bewältigen, zu manipulieren, zu bewegen, braucht das Kind genügend eigene Stabilität, andernfalls würde es selbst den Halt verlieren, wenn es die Dinge vor sich herschiebt, insbesondere dann, wenn es bewegliche Dinge sind, die nach einem Anstoß gewissermaßen allein weiterrollen. Solange das Kind ein unzureichendes Gleichgewicht hat, muß es sich an den Dingen festhalten können oder gehalten werden. So schiebt ein Kleinkind, welches gerade zu laufen beginnt, lieber einen Stuhl vor sich her, als einen Wagen.

Hat das Kind eine körperliche Stabilität erlangt, so kann sich darauf auch sein „Ich" stabilisieren. Immer wieder kann man beobachten, daß Kinder denen diese Körperstabilität fehlt, auch kein richtiges Trotzalter durchlebt haben. Sie haben sich zwar gegen bestimmte Anforderungen gewehrt, sind ausgewichen, was manchmal fälschlicherweise als Trotzphase bezeichnet wird, aber kein wirkliches „Ich-Bewußtsein" signalisiert. In der eigentlichen Trotzperiode sagt das Kind zwar zu vielem „nein" aber dieses Nein ist bewußt, und dahinter steckt gleichzeitig der Wille zu mehr Selbständigkeit. Häufig hört man in dieser Zeit auch: „allein machen", „Ich will . . ." usw., wie sie auch ihren Besitz verteidigen. Bei genauerer Beobachtung kann man außerdem feststellen, daß die Kinder vor allem gegenüber vertrauten Personen zu trotzen beginnen, also dort, wo sie sich der grundlegenden Zuwendung und Anerkennung sicher sind, sich also auf das Wagnis des aktiven Widerstandes einlassen können. Diese Trotzphase ist gewissermaßen die Wiederholung des IV. Stadiums der Sensomotorik auf der Ebene des symbolischen Denkens und kann bei älteren Kindern, die die Defizite des IV. Stadiums bewältigen, gleichzeitig auftreten.

Beispiel:

W., 8 Jahre alt, war immer ein braver Junge, der alles mitmachte. Er lernte mit Hilfe der Verhaltensweisen des III. Stadiums, indem er wiederholte, was man ihm zeigte. Diese erlernten Fertigkeiten, konnte er aber nur in den ganz spezifischen Situationen wieder abrufen.

Er entwickelte keine eigenen Ideen, wartet immer ab, was man ihm anbot oder sagte. Schwierigkeiten traten auf, als seine Selbständigkeit ausblieb. Solange seine Mutter neben ihm saß, ihm die einzelnen Aufgaben immer wieder schrittweise erklärte, konnte er die schulischen Leistungen bringen, nicht aber in der Schulsituation selbst, denn hier stand niemand neben ihm. In der psychologischen Beratung wurde eine enge Mutter-Kind-Beziehung festgestellt, die das Kind in seiner Selbständigkeitsentwicklung hemmte. Nicht gesehen wurde, daß dieses Kind wirklich unselbständig war und ohne die Hilfe seiner Mutter kaum hätte lernen können. Auch in der Therapiesituation zeigte W. das Bild einer Dyspraxie. Wenn ich ihm Gegenstände oder Geräte — ohne Anweisungen anbot — wußte er damit nichts anzufangen, insbesondere dann nicht, wenn sie ihm fremd waren. So forderte ich ihn immer wieder auf, probier mal aus, was man damit machen kann, gab ihm die Dinge direkt in die Hand oder in direkten Körperkontakt, daß er irgendwie reagieren mußte. Ziel war nicht das Erlernen bestimmter Fertigkeiten, sondern daß er von sich aus aktiv wurde — gleichgültig in welcher Weise. Am besten gelang diese Stimulation mit großen Geräten, die er ganzheitlich erlebte, die sich bewegten und ihn dadurch zur Aktivität „zwangen". Verbale Informationen vermied ich so gut es ging, da er sich auf das Handeln selbst konzentrieren sollte. Sobald er Handlungsschemata in Bezug eines Objektes entwickelt hatte, veränderte ich die Situation leicht ab, um neue Reaktionen herauszufordern. Obwohl ich nach außen hin sehr passiv blieb, waren es doch sehr anstrengende Therapiestunden. Es dauerte einige Zeit, ehe sich die ersten Erfolge abzeichneten (über 20 Therapieeinheiten), aber dann ging es fast Schlag auf Schlag. Mit einem Mal hatte er die Tür zum IV. Stadium aufgestoßen, er begriff grundlegend die Beziehung zwischen seiner Tätigkeit und der Reaktion darauf, wie auch die Beziehungen der Dinge untereinander, und wie sie sich verändern ließen. Fast über Nacht begann er das bisher Erlernte selbst zu gebrauchen, zu übertragen und zu organisieren, und nun war es auch vorbei mit dem braven und scheinbar angepaßten Verhalten des Jungen. Er trotz-

te, versuchte seinen Willen durchzusetzen, wurde selbständig. Es war eine sehr anstrengende Zeit für die Eltern und auch für die Lehrer in der Schule. Da W. ja bereits 9 Jahre alt war, standen ihm — dank der bisher gespeicherten Wissensinhalte — viel mehr Möglichkeiten zur Verfügung, seinen Willen durchzusetzen, als einem Kleinkind von 2½ Jahren. Außerdem reagierte die Umwelt oft mit Unverständnis, da dieses Verhalten ja bei einem Neunjährigen nicht mehr erwartet und daher auch nicht toleriert wurde.

Das V. Stadium der Sensomotorik: Problemlösung durch aktives Ausprobieren, 12—18 Monate

Der Übergang vom zielgerichteten Handeln zum aktiven Ausprobieren (Experimentierverhalten, Versuch-Irrtum-Verhalten) ist fließend und schwer zu bestimmen. Das Kind hat nun ausreichende Handlungsschemata erworben, die ihm zur Problemlösung zur Verfügung stehen. Wenn das Kind vor einer neuen Situation steht, so probiert es gewissermaßen alle Verhaltensschemata durch, die ihm geeignet erscheinen, bis es sein Ziel damit erreicht. Es systematisiert die Handlungen und ist ausdauernder bei der Sache. Der Erfolg muß nicht mehr sofort erfolgen, das Kind verkraftet jetzt einige Fehlversuche, ehe es aufgibt. Es überdenkt gewissermaßen die Aktivität, sein Handeln, korrigiert sich, wenn es beobachtet, daß es so nicht funktionieren kann, in angepaßter Weise. Es erarbeitet sich die Lösung schrittweise selbst und prägt sich diesen Lösungsweg auch ein.

Das Vorstellungsvermögen hat sich soweit entwickelt, daß das Kind den nächsten Handlungsschritt übersehen kann. Es kann sein Handeln an Hand der Ergebnisse „überprüfen" und sein weiteres Verhalten danach ausrichten. Es nutzt Erfahrungen aus, kann Ursache und Wirkung, wie auch die Beziehung der Dinge untereinander, nun auch optisch besser einschätzen, wenn die grundlegenden sensomotorischen Erfahrungen vorhanden sind. Ein Kind im Alter zwischen 12—18 Monaten verfügt im allgemeinen über alle motorischen Funktionen, die es nun in jeder Beziehung erproben will und muß, um die Feinanpassung zu bewältigen, es erobert seine Umwelt, untersucht Winkel, Wege, Löcher, Schränke, Schubladen, öffnet Türen, klettert, kriecht, rennt und sucht geradezu die Bewegung. Ein solches Kind länger zum Sitzen und konzentriertem Spiel zu bringen, ist nur sehr begrenzt möglich. Dies gilt auch für ältere Kinder, deren Bewegungsdrang noch nicht ausreichend befriedigt wurde.

Beispiel:

X. ist 4 Jahre alt. Ihre Bewegungsstörung hat lange Zeit die aktive Fortbewegung beeinträchtigt. Nun kann sie endlich laufen, und sie nutzt auch diese neue Errungenschaft voll aus. Sie will nur noch laufen und ist an Spielsachen, Puzzles usw. überhaupt nicht interessiert. Bei der psychologi-

schen Untersuchung wie auch von der pädagogischen Frühförderung wurde die Konzentrationsfähigkeit des Kindes bemängelt. Alle Bemühungen in dieser Richtung scheiterten. In der Ergotherapie richtete ich mich nach den Bedürfnissen des Kindes, gab ihm Bewegungsfreiheit. Die sensorische Integrationstherapie bot sich hier geradezu an, und X. war voll bei der Sache. Es machte ihr alles soviel Spaß, daß sie gar nicht mehr nach Hause gehen wollte. Die großen Schaumstoffbausteine wurden in die Mitte gelegt, darüber eine große, weiche Matte gepackt. Auf diesem Kletterberg konnte X. ihre motorischen Fähigkeiten erproben. Sie rutschte, rollte, krabbelte, ließ sich fallen, von mir über die Matte ziehen usw. Sie hatte Spaß an der Schaukel, auf die sie nun selber hinauf- und wieder runterkam. Sie stieß sich selber entweder mit den Füßen — aus sitzender Stellung — oder mit den Händen aus der Bauchlage ab. Gegenstände, die ich auf dem Boden verteile, sammelte sie ein. Mit dem Rollbrett fuhr sie durch einen Tunnel, den sie mit bauen half. Später baute sie auch aus den Schaumstoffteilen ein Haus, in das sie hineinkrabbeln konnte usw. Allmählich kam sie wieder zur Ruhe und zeigte Bereitschaft, sich auch mit Spielsachen, konstruktiven Materialien, d.h. kleineren Bausteinen zu beschäftigen.

Das Kind muß seine eigenen Erfahrungen machen können, muß dabei auch lernen, auf sich selber aufzupassen, d.h. eine gewisse Eigenverantwortung zu übernehmen. Wenn das Kind Gefahren beachten soll, so ist es wichtig, daß entsprechende Erfahrungen gemacht wurden (Siehe auch Beispiel C auf S. 10). Es ist nicht gut, wenn das Kind nur verbal auf Ecken aufmerksam gemacht wird, man ihm aber die Erfahrungen vorenthält. Die Äußerungen der Erwachsenen werden unglaubwürdig wenn sie nie eintreffen, die Kinder hören nicht mehr zu, empfinden die Warnungen eher als Einschränkung, als übertriebene Vorsicht.

Beispiel:

Y., 9 Jahre alt, hyperaktiv, ist schwer zu bremsen. Er rennt oft „kopflos" umher, ohne darauf zu achten, wohin er läuft. Da er hart im Nehmen ist, beachtet er Stöße, Rempeleien kaum. Er handelt impulsiv, unüberlegt. So passiert es, daß er mit Anlauf auf einen großen Ball zuläuft, ohne zu beachten, daß dahinter ein Schrank steht. Im letzten Augenblick kann ich ihn aufhalten und den Zusammenstoß mit dem Schrank verhindern.

Verbale Informationen oder Vorwarnungen mißachtet er, ja sie führen zu einer größeren Hektik und Spannung. Er benötigt die motorische Aktivität, und dieses Bedürfnis wird in der Therapie respektiert. Y. darf sich „austoben", muß aber seine „Spielwiese" entsprechend vorbereiten. Harte Gegenstände, Möbel, an denen er sich verletzen könnte, muß er aus dem Weg räumen. Der Boden unter der Schaukel, von der er sich gerne fallen läßt, wird mit Matten entsprechend gepolstert, ebenso die Wand, wenn er mit dem Rollbrett die schiefe Ebene hinuntersaust, usw. Y. spürt den Stoß, den Druck durch die Polster hindurch, wird dadurch darauf aufmerksam. Bei „Kampfspielen" gebe ich ihm sofortige Rückmeldung, wenn es unangenehm wird, da Y. zierlich und für sein Alter klein ist, kann ich dieses auch leisten. Wir ziehen uns auch gegenseitig auf dem Rollbrett, so daß er auch darauf aufmerksam sein muß, was mit mir auf dem Rollbrett passiert, ob ich anstoße, bremse, loslasse, usw. Derjenige, der gezogen wird, gibt das Kommando ob schnell oder langsam usw. Auf diese Weise entwickelte er ein besseres Körpergefühl, erfuhr seine Grenzen und Möglichkeiten und entwickelte auch ein (körperliches) Gefühl für den „Partner". Später in der Gruppe konnte er diese Erfahrungen weiter vertiefen.

Es ist wichtig, daß das Kind seine eigenen Erfahrungen machen kann. Es muß die Konsequenzen, die sich aus seiner Handlungsweise ergeben, erleben können, auch wenn diese manchmal sehr unangenehm sind. Es soll ja lernen, sein Handeln zu überlegen, zu planen, auf andere Rücksicht zu nehmen, usw. Verbale Aufforderungen allein reichen nicht aus, wenn die Folgen dem Kind abgenommen werden.

Beispiel:

Z. ist 8 Jahre alt, besucht die 2. Klasse der Grundschule. Sie kommt wegen Konzentrationsstörungen zur Ergotherapie. Die Schulleistungen sind an sich möglich. Ich habe Z. im freien Spiel und bei gezielten Aufgaben beobachtet, konnte aber keine Konzentrationsschwierigkeiten feststellen. Ihre Mutter schilderte mir die Probleme bei den Hausaufgaben. Immer wieder würde sie herumtrödeln, aufstehen, was anderes machen, usw. Trotz allen Zuredens oder Warnungen bzw. Strafandrohungen hätte sich nichts verbessert. Mutter und Tochter kamen nur regelmäßig in Streit. Ich gab der Mutter den Rat, eine Erziehungsberatung aufzusuchen, da ich keine basalen Störungen feststellen konnte. Gab ihr aber gleichzeitig auch noch den Rat, Z. nicht ständig zu ermahnen, sondern ihr zu sagen, daß es ihre Entscheidung sei, wieviel Zeit sie für die Schularbeiten benötige. Sie könne erst dann spielen gehen, wenn sie fertig sei. Wenn ihre Freundinnen vorher kommen, müßten sie wieder gehen. Damit informierte sie die Mutter über die logischen Folgen ihrer Handlungsweise und übergab ihr selbst die Verantwortung. Es ist zwar sehr hart, dann weiter stillschweigend abzuwarten, sich wirklich danach zu verhalten, aber es ist für das Kind sehr lehrreich.

Die Ermahnungen gleichen Inhalts hatten bisher zu keinem Erfolg geführt, weil die Mutter alles dransetzte, daß Z. doch rechtzeitig fertig wurde — trotz allen Theaters. Z. hatte somit erfahren, daß die Ankündigungen der Mutter nur leere Drohungen sind, die sie nicht ernst zu nehmen braucht, während die Streitereien zu einem Machtkampf ausarteten.

Ihre Mutter rief mich nach etwa 14 Tagen an und berichtete über den Erfolg dieser Vorgehensweise.

Bei diesem Mädchen lag keine sensorische Integrationsstörung vor, aber es zeigt deutlich, daß auch dieses Kind seine Erfahrungen machen mußte, um sein Handeln entsprechend zu steuern. Mit Hilfe seiner sensomotorischen Aktivitäten lernt das Kind seine eigenen Grenzen und Möglichkeiten kennen. Die Rückmeldung über Erfolg und Mißerfolg hilft ihm, eine gewisse Voraussicht seiner Handlungsweisen zu entwickeln. Es probiert verschiedene Möglichkeiten aus und differenziert die sensomotorischen Fertigkeiten durch den Gebrauch.

Im Rahmen der sensorischen Integrationstherapie werden dem Kind diese Möglichkeiten gegeben. Große Geräte führen zum Einsatz des gesamten Körpers und vermitteln eine umfangreichere Rückmeldung als die Dinge, die nur die Hände oder gar nur die Augen beanspruchen (z.B. das Fernsehen).

Wenn das Kind sich die Materialien selber aussucht, sein Vorhaben in die Tat umsetzt oder wenn es ein bestimmtes Ziel erreichen will, so muß es seine Vorgehensweise entsprechend organisieren. Dabei stößt es immer wieder auf Hindernisse, auf „Probleme", die es überwinden und bewältigen muß, wenn es sein Ziel erreichen will. Hier ist es wichtig, daß es selber ausprobieren kann, welcher Weg der geeignetste ist. Hilfestellungen sind gelegentlich zur Orientierung wichtig, ähnlich wie ein Wegweiser an einer unübersichtlichen Kreuzung den Weg weisen kann.

Beispiel:

A., 10 Jahre alt, ist lern- und sehbehindert. Sie hat große Schwierigkeiten, selber Lösungen zu finden, kommt in neuen Situationen schwer zurecht. Ich biete ihr ein konstruktives Material an und eine einfache Vorlage zum Abbauen. Auf der Rückseite sind die Einzelteile aufgezeichnet, so daß sie diese alleine zusammensuchen kann. A. braucht diese Hilfen zur eigenen Kontrolle. Sie kann die Größenunterschiede nicht abschätzen, muß sie anhand der Vorlage überprüfen. Immer wieder nimmt sie zu lange oder zu kurze Teile heraus und erkennt beim Drauflegen, daß es nicht stimmt. Sie ist aber konzentriert bei der Sache, und so greife ich nicht ein. Dann, beim Bauen, weiß sie erst nicht, wie sie anfangen soll. Ich gebe Ihr den Rat, doch die Teile — wie beim Heraussuchen — auf das Bild zu legen (Die Vorlage ist im Maßstab 1:1 gezeichnet), und sie tut es. Sie erkennt dadurch, wie die Teile aufeinander gehören. So arbeitet sie sich Schritt für Schritt voran, immer wieder vergleichend und sich selber kontrollierend. Als es dann fertig ist, ist sie glücklich und stolz darauf, denn sie hat es wirklich allein geschafft.

Dieses Beispiel zeigt, daß das Prinzip der sensorischen Integration auch auf die feinmotorischen Tätigkeiten übertragen werden kann. Für Kinder die noch mit Hilfe der Lernstrategien des V. Stadiums der Sensomotorik die Probleme meistern, ist es wichtig, daß sie eine eigene Kontrollmöglichkeit bekommen. Bei älteren Kindern sieht diese anders aus als bei jüngeren Kindern, da ja hier — trotz der sensomotorischen Defizite — andere Interessen und Bedürfnisse vorliegen. Das Abbauen von Vorlagen hat sich als geeignet erwiesen, da diese Aufgaben noch im konkreten Handlungsbereich sind.

Handwerkliche Tätigkeiten oder das Kochen einfacher Gerichte sind ebenfalls geeignete Medien, die für die sensomotorische Problemlösung herangezogen werden können. Wichtig ist allerdings, daß das Ergebnis nicht zu lange auf sich warten läßt, vor allem am Anfang sollte es innerhalb einer Therapiestunde erreicht werden. Es ist daher sehr wichtig, daß genau überlegt wird, welche Anforderungen dem Kind in der einzelnen Therapiestunde gestellt werden können.

Das Kind sollte eine begonnene Tätigkeit zu Ende führen, um so den gesamten Handlungsablauf zu erfahren und um zu erleben, daß Probleme bewältigt werden können. Hat das Kind einen Handlungsweg selbst über das aktive Ausprobieren erarbeitet, so wird es dieses viel eher in „Erinnerung" behalten als ständig wiederholte verbale Anleitungen oder Vorgaben, die es zwar übernimmt, aber nicht begreift.

Das VI. Stadium der Sensomotorik: Erfinden, Verinnerlichung, 18—24 Monate

Die zahlreichen sensomotorischen Erfahrungen werden allmählich verinnerlicht und automatisiert. Das Kind muß nun nicht mehr immer aktiv über das Ausprobieren die richtige Lösung suchen, sondern kann die in Frage kommenden Schemata gedanklich ordnen. Manches Mal benötigt es dazu noch Hilfen, um sich die Handlungsweise besser vorstellen zu können. So öffnet es z.B. den Mund, um sich das Öffnen einer Schachtel zu verdeutlichen, oder es deutet die Handlungen in anderer Weise kurz an. Im Vergleich zum V. Stadium erfolgt die Akkomodationsleistung wie auch die Assimilation sehr viel schneller, so daß sie im einzelnen nicht mehr beobachtet werden kann. Das Kind schaut sich die Situation an, betrachtet die vorhandenen Mittel, die zur Verfügung stehen, und holt sich, ohne es vorher zu probieren, die richtigen Teile, um sie vollständig angepaßt zu verwenden. Es erreicht sein Ziel dadurch schneller. Im zunehmenden Maße setzen auch die Sprachentwicklung und das Interesse an Bildern ein. Erste Symbolhandlungen können beobachtet werden. Das Kind benützt ähnliche Dinge, funktioniert sie für sein Spiel um, tut so als ob. So wird eine Schachtel als Badewanne, als Topf, als Tisch, als Auto umfunktioniert. Das Kind ahmt Tätigkeiten nach, die es bei den Erwachsenen beobachten kann.

Kinder, die die Verhaltensweisen und Lernstrategien des VI. Stadiums generalisiert haben und jederzeit einsetzen können, haben die Sensomotorischen Basisfunktionen stabilisiert und deren Defizite aufgearbeitet. Ältere Kinder können sich nun auf die eigentlichen Lerninhalte konzentrieren, weil die Sensomotorik nicht mehr ihre volle Aufmerksamkeit benötigt. Damit kann dann auch die sensorische Integrationstherapie abgeschlossen werden.

Zusammenfassung

Die sensorische Integration nach AYRES (1979, 1984) wie auch die Entwicklungstheorie von PIAGET (1973) sehen in den sensomotorischen Erfahrungen des Kindes die Basis für die weitere Entwicklung. Beide Autoren weisen darauf hin, daß angelerntes Wissen oft zu „Scheinleistungen" führt, nicht aber den Entwicklungsprozeß unterstützt oder fördert. Unter- und Überforderung hemmen die Entwicklung des Kindes; Anregungen und Stimuli zur falschen Zeit und in unangepaßter Dosierung führen zu Funktionsstörungen (vorübergehend oder auf Dauer) und zu Irritationen, so daß eine normale und angepaßte motorische Reaktion nicht mehr gegeben ist.

Die Entwicklung beruht auf der Wechselwirkung, die von Anfang an zwischen dem Organismus und der Umwelt stattfindet. Diese Interaktionsprozesse können in jeder Beziehung (biologisch, physisch, psychisch, intellektuell) beobachtet werden, sie sind vielschichtig und prägen Bewegungs-, Handlungs- und Verhaltensschemata. Therapeuten, Pädagogen, Psychologen und auch Ärzte können sich ebensowenig dieser Wechselwirkung entziehen wie die Eltern und deren Kinder.

Assimilation und Akkomodation sind nach Angaben von PIAGET (1973) Bestandteile dieser Wechselprozesse mit dem Bestreben, ein Gleichgewicht herzustellen. Anregungen von außen, Aufgaben und Stimuli werden an die bereits vertrauten Schemata assimiliert, bzw. integriert. Neue Aspekte bringen das Gleichgewicht zwischen Assimilation und Akkomodation immer wieder ins Wanken und damit auch die Entwicklung in Bewegung. Wichtig ist allerdings, daß das Kind einen Bezug zu den bereits gemachten Erfahrungen herstellen kann, denn sonst ist ein Einordnen der neuen Informationen (Integration, Assimilation) nicht möglich. Erst wenn das Kind die Inhalte in seine eigenen Denkstrukturen integriert hat, erst wenn es sich diese „zu eigen gemacht" hat, verfügt es wirklich über dieses Wissen, kann es das Gelernte variieren und auf neue Situationen übertragen, wie auch Teilaspekte daraus lösen und in neuer Kombination verwenden. Während sich das Kind mit den Dingen auseinandersetzt, muß es sich auch anpassen. Es muß seine Haltung, seine Bewegungen und seine Handlungs- und Verhaltensweisen so ausrichten und organisieren, daß es sein gewünschtes Ziel erreichen kann. Die Akkomodationsleistung führt dadurch zu einer weiteren Differenzierung der vorhandenen Fertigkeiten.

Von großer Bedeutung sind die sensomotorischen Erfahrungen für die Entwicklung. Das erste Lernen ist ein Erfahrungslernen, was auch über die eigentliche sensomotorische Entwicklungsphase hinausgeht. Theoretische Inhalte bedürfen der Erfahrung, damit sie eine Bedeutung erlangen, damit eine Integration erfolgen kann. Durch die Verinnerlichung der bereits gemachten Erfahrungen ist es später nicht mehr erforderlich, die Handlungen aktiv durchzuführen, der Betreffende kann es sich vorstellen und sein Handeln gedanklich planen.

Kinder mit sensorischen Integrationsstörungen, die noch Lücken in der sensomotorischen Entwicklungsstufe nach PIAGET (1973) aufweisen, haben entweder ein unangepaßtes Lernangebot von Seiten ihrer Umwelt erhalten, oder aber sie haben die Informationen oder sensorischen Stimuli nicht verwerten können. Assimilations- oder Integrationsleistungen, bzw. die Akkomodation oder motorische Anpassung, muß das Kind selbst und auf individuelle Weise bewältigen. Die Umwelt kann hier nur Hilfestellung geben, indem sie Raum, Zeit und Material zur Verfügung stellt. Je nach Reifegrad des ZNS verfügt das Kind über Mechanismen oder Lernstrategien, die ihm bei der Integration, Verarbeitung und Anpassung helfen. Die beschriebenen Verhaltensweisen in den einzelnen Entwicklungsstadien stellen die jeweils „obersten" Schemata dar. Die bereits früher erworbenen Funktionen, Fähigkeiten oder Schemata werden auch noch später in vereinzelten Situationen beobachtet, verschwinden also nicht völlig. Sie werden vielmehr ebenfalls von den übergeordneten Funktionen übernommen, integriert und entsprechend verändert und differenziert. Auch der Erwachsene braucht die Wiederholung, wenn er neue Inhalte lernt und muß die theoretischen Informationen mit den eigenen Erfahrungen verbinden. Solange Therapiekonzepte programmäßig abgespult werden, werden Übungen wiederholt, nicht aber übertragen und neu angepaßt. In diesem Fall kann man davon ausgehen, daß auch der Therapeut die Inhalte noch nicht wirklich integriert hat. Wissenschaftliche Experimente haben sehr viel Ähnlichkeit mit dem sensomotorischen Verhalten des V. Stadiums der Sensomotorik, nur erfolgen sie auf einer viel höheren Ebene und auf der Basis zahlreicher Erfahrungen. Wie wichtig die Selbsterfahrung ist, zeigen auch immer wieder entsprechende Seminare, die von den Praktikern immer wieder gefordert werden.

Sowohl bei der Sensorischen Integrationstherapie als auch bei der Entwicklungstherapie, die sich an den sensomotorischen Stadien und ihren Verhaltensweisen orientiert, erfolgt keine Wissensvermittlung, kein Anlernen von Fertigkeiten und Leistungen, über die das Kind nicht altersgemäß verfügt; dem Kind werden vielmehr Reiz- und Materialangebote gemacht, die ihm helfen, sich aktiv mit seiner Umwelt auseinandersetzen zu können. Es ist an der Zeit, daß den Kindern wieder ein größerer Freiraum für eigene Erfahrungen eingeräumt wird, indem sie eine alters- oder entwicklungsgerechte Eigenverantwortlichkeit übertragen bekommen, so daß sie sich die Ziele, die sie anstreben, selbst erarbeiten können. Es ist nicht gut, wenn die Kinder — ohne eigenes Bemühen — fertige Produkte erhalten, die sie nach Vorschrift zu gebrauchen haben.

Literatur:

Affolter, F.: Aspekte der Entwicklung und Pathologie von Wahrnehmungsfunktionen. Päd. Fortbild. K. praxis, Vol. 34, pp 49—55, Karger Basel, 1972

Affolter, F.: Leistungsprofile wahrnehmungsgestörter Kinder. Pädiat. Fortbild. K. Praxis, Vol. 40 pp, 19—185, Karger Basel, 1974

Affolter, F.: Wahrnehmung, Wirklichkeit und Sprache. Neckar Verlag, Villingen-Schwenningen, 1987

Augustin, A.: Beschäftigungstherapie bei Wahrnehmungsstörungen. Schriftenreihe des Verbandes der Beschäftigungs- und Arbeitstherapeuten (Ergotherapeuten). verlag modernes lernen, Dortmund, 1977

Augustin, A.: Behandlung von Störungen der kognitiven Entwicklung, aus: Beschäftigungs- und Arbeitstherapie (Ergotherapie) im Fachbereich Pädiatrie, verlag modernes lernen, Dortmund, 1982

Ayres, J.: Lernstörungen, Sensorische Integrative Dysfunktion. Springer, Berlin, Heidelberg, New York, Tokio, 1979

Ayres, J.: Bausteine der kindlichen Entwicklung. Springer, Heidelberg, Berlin, New York, Tokio, 1984

Bobath, B.: Grundlagen der Behandlung des cerebral gelähmten Kindes. Pädiat. Fortbild. Prax. 61, 1962

Bobath, K.: Die Neuropathologie der infantilen Zerebralparese, In: Diagnostik und Therapie zerebraler Bewegungsstörungen im Kindesalter. Bartmann, Frechen, S. 83—112, 1969

Bobath, K.: Die moderne Behandlung der zerebralen Bewegungsstörung und ihre Bedeutung für die körperliche und geistige Entwicklung des Kindes. Mat. Med. Nordmark, 22, 1970

Bobath, K.: Frühbehandlung und ihre methodischen Grundlagen, In: Matthias H. T., Brüster, H., Zimmermann, V. (Hrsg.): Spastisch gelähmte Kinder. Thieme, Stuttgart, S. 173—178, 1971

Fröhlich, A., Haupt, U.: Entwicklungsförderung schwerstbehinderter Kinder. Detaillierte Vorstellung der Programme zur basalen Stimulation. Hase und Köhler Verlag, Mainz, 1982

FROSTIG, M.: Bewegungserziehung, Neue Wege der Heilpädagogik. Reinhardt, München, Basel, 1973

FROSTIG, M.: Wahrnehmungstraining zur visuellen Wahrnehmung. Crüwell, Dortmund, 1974

FROSTIG, M.: Teilleistungsstörungen: Ihre Erkennung und Behandlung bei Kindern. Urban & Schwarzenberg, München, 1981

GERSTENBRAND, HACKL, RUMPL, PRUGGER: Langzeitbeobachtungen beim traumatischen apallischen Syndrom, In: Die Prognose und Rehabilitation des Schädel-Hirn-Traumas, Hrsg. Ernst Goetz, Schriftenreihe des Bundesminist. für Arbeit und Sozialordnung: Arbeit und Gesundheit, S. 55—60, Thieme, Stuttgart, 1980

GIBSON, J.: Die Sinne und der Prozeß der Wahrnehmung. Huber, Bern, Stuttgart, Wien, 1973

KIPHARD, E.: Motopädagogik. verlag modernes lernen, Dortmund, 1979

KIPHARD, E.: Mototherapie, Bd. I und II. verlag modernes lernen, Dortmund, 1983

LEBOYER: Der sanfte Weg ins Leben. Desch Verlag, München, 1974

PIAGET, J.: Erwachen der Intelligenz beim Kinde, Klett Verlag Stuttgart, 1973 (2. Aufl.)

PIAGET, J.: Gesammelte Werke — Studienausgabe 1975, Klett, Stuttgart
Bd. 1: Das Erwachen der Intelligenz beim Kinde, 1936
Bd. 2: Der Aufbau der Wirklichkeit beim Kinde, 1937
Bd. 3: Die Entwicklung des Zahlenbegriffs beim Kinde, 1941
Bd. 4: Die Entwicklung der physikalischen Mengenbegriffe beim Kinde, 1942
Bd. 5: Nachahmung Spiel und Traum, 1945
Bd. 6: Die Entwicklung des räumlichen Denkens beim Kinde, 1948
Bd. 7: Die natürliche Geometrie des Kindes, 1948
Bd. 8: Die Entwicklung des Erkennens I: Das mathematische Denken, 1950
Bd. 9: Die Entwicklung des Erkennens III. Das biologische Denken, das psychologische Denken, das soziologische Denken, 1950

ROHEN, J.: Funktionelle Anatomie des Nervensystems, Schatthauer Verlag, Stuttgart, New York, 1978 (3. Aufl.)

SARIMSKI, K.: Interaktion mit behinderten Kleinkindern. Ernst Reinhardt Verlag, München, Basel, 1986

Marianne Frostig und Jean Ayres
Gemeinsamkeiten und Unterschiede der Frostigtherapie mit der sensorischen Integrationstherapie

Rega Schaefgen

Im Mittelpunkt der Lebenswerke von Marianne FROSTIG und Jean AYRES standen alle die Kinder mit Lernstörungen, denen die traditionellen Methoden der Pädagogik, Psychologie und Therapie nicht helfen konnten, sich entsprechend ihrer Anlagen zu entwickeln und die dadurch von ihrer Umgebung falsch beurteilt wurden. Diese Gemeinsamkeit macht es interessant, den Lebensweg, den beruflichen Werdegang und die von beiden neu entwickelten Konzepte, Methoden und Tests vergleichend zu betrachten.

Persönlicher Lebensweg und beruflicher Werdegang von Marianne FROSTIG:

Marianne FROSTIG ist 1906 in Wien geboren. Sie war Schülerin von August AICHHORN, dem Begründer der psychoanalytischen Pädagogik, dessen Erkenntnisse sie zeitlebens in ihrer Pädagogik und Therapie verwirklichen wollte. Von Charlotte BÜHLER prägten sich ihr sehr früh die Werte der humanistischen Psychologie ein, der sie sich ebenfalls zeitlebens verpflichtet fühlte.

Marianne FROSTIG machte zuerst eine Ausbildung als Rhythmiklehrerin. Sie heiratete den Psychiater Jacob FROSTIG, der bald nach der Heirat die Leitung einer psychiatrischen Klinik in Polen übernahm. Sie folgte ihm dorthin und machte hier ihre zweite Ausbildung als Ergotherapeutin (Beschäftigungs- und Arbeitstherapeutin). Bis 1937 leitete sie in Polen eine ergotherapeutische Rehabilitation nach den Erkenntnissen von Hermann SIMON. 1939 wurde ihr Mann an eine Universität in den USA berufen, wohin sie ihm etwas später folgte.

Nach ihrer Emigration arbeitete sie in Amerika als Ergotherapeutin und Lehrerin. 1946 erwarb sie den Magistergrad und gründete ein Jahr später das private *Marianne Frostig Center for Educational Therapy* in Los Angeles. Dieses Heilpädagogische Schulzentrum war ihr Lebenswerk und die Basis für die Verwirklichung ihrer Ideen zur Förderung der Kinder, die Lernschwierigkeiten hatten. Sie stand diesem Zentrum bis 1972 als Direktorin vor und prägte es mit ihrer ganzen einmaligen Persönlichkeit. 1955 erwarb sie sich den Dr. PH. D. in pädagogischer Psychologie. Dieses Fach lehrte sie als Professorin an der Universität von Süd Californien von 1966 bis 1976. In dieser Zeit unternahm Marianne FROSTIG weltweit Vortragsreisen. Auf einer dieser Reisen verstarb sie 1985 in Deutschland.

Persönlicher Lebensweg und beruflicher Werdegang von Jean AYRES:

Jean AYRES ist 1915 in Californien geboren. Als occupational therapist (Ergotherapeutin, ein Beruf, der in Amerika ein Hochschulstudium erfordert) arbeitete Jean AYRES lange Jahre mit neurologisch gestörten Kindern und Erwachsenen. Dabei konzentrierte sich ihr Interesse zunehmend auf Kinder mit Störungen in der Wahrnehmungsverarbeitung.

Aus Unzufriedenheit mit den bekannten Methoden zur Behandlung dieser Kinder studierte sie pädagogische Psychologie und erwarb sich den Dr. PH. D. der pädagogischen Psychologie an der Universität von Süd Californien, wo sie später auch lehrte.

Außerdem war sie lange Jahre Mitarbeiterin des Hirnforschungsinstitutes in Los Angeles. 1950 erhielt sie öffentliche Mittel für ein Forschungsprojekt zu den Ursachen von Lernstörungen, die zu dieser Zeit in ganz Amerika sprunghaft zunahmen. Die wissenschaftlichen Erkenntnisse aus dieser Forschungsarbeit konnte Jean AYRES dann später in ihrer privaten *Ayres Clinic* in eine Methode der Behandlung von Kindern mit bestimmten Lernstörungen umsetzen.

1973 zog sich Jean Ayres aus der Arbeit in der Klinik zurück, um an weiteren Publikationen und der Revision des „Southern California Sensory Integration Test“ zu arbeiten. Diesen Test hat sie neu überarbeitet und als SIPT Sensory Integration and Practice Test standardisiert. Dieser hat einige Untertests unverändert in den neuen Test übernommen, einige Teile verändert und neue hinzugenommen. Er ist aber nur vom Computer auszuwerten und muß für Deutschland übersetzt und angepaßt werden, bevor er angewendet werden kann. Jean AYRES ist im Dezember 1988 in Los Angeles gestorben.

Gemeinsamkeiten in der Biographie von Marianne FROSTIG und Jean AYRES:

Beide Frauen lebten in Los Angeles und widmeten sich zur gleichen Zeit den Problemen von Kindern mit Lernstörungen in ihren jeweiligen privaten Instituten und in der Lehre an der gleichen Universität.

Beide Frauen fühlten sich der humanistischen Psychologie verbunden. Sie sind beide Ergotherapeuten, beide Psychologen und beide Doktoren und Professoren der pädagogischen Psychologie. Beide hatten Kontakt miteinander und besuchten sich gegenseitig, tauschten ihre Erfahrungen aus und befruchteten einander in ihrer Arbeit.

Beide kamen unabhängig voneinander zu der Erkenntnis, daß verschiedene Wahrnehmungsstörungen als Ursache bestimmter Lernstörungen nachweisbar sind. Durch ihre multiprofessionelle Ausbildung und die Verflechtung der verschiedenen Disziplinen in ihren pädagogisch-psychologisch-therapeutischen Konzepten zeigen sie uns deutlich, wie diese verschiedenen Berufsgruppen zum Wohle der Kinder zusammenarbeiten und voneinander lernen können.

Die Entstehung des Konzeptes der Tests
und des neuen Behandlungsweges von Marianne Frostig:

Marianne Frostig hat sich schon in ihrer Jugend in Wien um die Kinder und Jugendlichen gekümmert, die von der Gesellschaft ausgegrenzt und abgesondert wurden. Sie formulierte einmal, daß ihre rundliche und kleine Figur sie von Natur aus besonders für dieses Mitempfinden sensibilisiert habe.

Durch den Ansatz August Aichhorns zum tiefenpsychologischen Verständnis der Kinder geprägt und von den Gedanken der humanistischen Psychologie beseelt, nimmt sich Marianne Frostig in ihrer Tätigkeit als Ergotherapeutin und als Lehrerin besonders der Kinder an, die unbeholfen, einzelgängerisch, sozial benachteiligt und lernschwierig sind. Sie sammelt Erfahrungen, indem sie Kinder dieser Art in ihre Familie aufnimmt und durch ihre verstehende, annehmende Art und Weise den Kindern einen Weg zu freudigerem Lernen eröffnet. In dieser Zeit arbeitet sie auch mit dem Kinderheim von Orpet zusammen und versucht immer neue Wege zur Hilfe.

Während dieser pragmatisch, experimentellen Arbeit wurde Marianne Frostig aber deutlich, daß ihrem Bestreben, diesen Kindern adäquat zu helfen, an der öffentlichen Schule, in dem Kinderheim aber auch bei sich zuhause instrumentelle, räumliche, organisatorische und auch methodische Grenzen gesetzt waren, die sie überwinden wollte und konnte.

So schaffte sie sich durch die Gründung der privaten *Marianne Frostig School of Educational Therapy* in Los Angeles eine Basis, um die Erfahrungen und Erkenntnisse der Psychoanalyse mit neuen Methoden des Lernens durch Bewegung zu verbinden. Marianne Frostig konnte hier ihre Idee der Integration von Pädagogik, Therapie und Beschulung verwirklichen.

Bei der Arbeit in ihrem „erziehungstherapeutischen Schulzentrum" wuchs ihre Erkenntnis, daß sich höhere corticale Leistungen aus der Wahrnehmung seiner selbst und der Umwelt entwickeln. So ist es ihr Weg, über die

Ermutigung zu kreativer Bewegung die Wahrnehmung zu verbessern und damit die Voraussetzung und Grundlage zum kognitiven Lernen zu schaffen.

Um ihre Erkenntnisse nachvollziehbar und beweisbar zu machen, müssen diese Grund-Wahrnehmungsleistungen analysiert werden und eine Hierarchie erkennbar werden. Um dies statistisch genau messen zu können und damit nachweisbar zu machen, studiert Marianne FROSTIG Psychologie und erwirbt 1955 den Dr. der pädagogischen Psychologie. Sie entwirft nun zusammen mit Philis MASLOW den 1. Test zur Feststellung der Entwicklung der visuellen Wahrnehmung, den *Marianne Frostig Test of visual Perception.* So hat sie als erste 1963 die Stufen der visuellen Wahrnehmung erkannt, benannt und sie hat versucht, sie faktorenanalytisch voneinander zu trennen, um für den Test statistisch vergleichbare Meßdaten ermitteln zu können. Sie analysierte den Aufbau der visuellen Wahrnehmungsfähigkeit in den Faktoren Visuomotorik, Figur-Grundwahrnehmung, Formkonstanz, Raumlage und räumliche Beziehungswahrnehmung. Auf diesem Wege konnte sie mit Meßdaten aus diesem Test erstmals wissenschaftlich den Zusammenhang zwischen visuellen Wahrnehmungsstörungen und bestimmten Lernstörungen nachweisen.

Marianne FROSTIGs Definition und Verständnis der visuellen Wahrnehmung wird von ihr als sensomotorischer Regelkreis im Sinne PIAGETs verstanden, in der jede neue Qualität sich auf die Funktion einer vorhergehenden stützt und sich dadurch wiederum vervollkommnet. Insoweit sind diese Faktoren der visuellen Wahrnehmung hierarchisch voneinander und ihrem Reifegrad abhängig, obwohl man nicht von Stufen sprechen kann, die zu der falschen Einschätzung verleiten, jede Stufe entwickele sich nacheinander und ließe sich nacheinander fördern.

Das ist nicht so und bei den therapeutischen Wegen läßt sich sehr gut erkennen, wie einzigartig geschickt sie beweist, daß es diese Stufen gibt und wie sie sich in ihrer Reifung gegenseitig stützen und verbinden.

Visuomotorik:
Visuomotorik wird von Marianne FROSTIG als die Basis der sich daraus weiterentwickelnden gesamten visuellen Perception verstanden. Analog zu PIAGET beginnt dies mit dem Blickkontakt und dem Fixieren von unbewegten und bewegten Objekten sowie der darauf folgenden Ausrichtung des Körpers nach dem Fixierten. Durch weitere Ausdifferenzierung entwickelt sich die Visuomotorik zu der Fähigkeit, Auge und Körper, Auge und Hand, Auge und Fuß miteinander in Wechselwirkung zu koordinieren.

Wie sie in der Behandlung von Störungen der Visuomotorik dieser Entwicklung im Aufbau folgt, zeigt sie in ihrem Buch „Lernprobleme in der Schule“

von 1973 in Kapitel 13 sehr deutlich. Hier zeigt sie auch, daß Bewegung als visuomotorische Grundfähigkeit die Grundlage für die Erkennung von Form, Raum und Zeit ist. Sie zeigt, wie sie schon im Bewegungsprogramm, den Transfer vom Dreidimensionalen zum Zweidimensionalen beginnt. Diese Wahrnehmungsfunktion muß eine gewisse Ausreifung haben, um die Figur-Grundwahrnehmung hierauf sicher aufzubauen.

Figur-Grund-Wahrnehmung:

Figur-Grund-Wahrnehmung als zweite Stufe der visuellen Wahrnehmung wird von ihr definiert als die Fähigkeit, eine bestimmte Form auf zunehmend komplexem Hintergrund wahrzunehmen und wiederzuerkennen. Dies beginnt, wieder analog zu PIAGET, mit der Wahrnehmung der Abgrenzung von Dunkel und Hell und dem Wiedererkennen des Gesichtes der Mutter als Vordergrund. Marianne FROSTIG weist hier wieder in den genannten Publikationen darauf hin, wie in der Behandlung bestimmte dreidimensionale Bewegungsangebote die Grundlage zur zweidimensionalen Wahrnehmung bilden und hier verknüpft werden. Alle Suchtätigkeiten bilden und fördern diese Wahrnehmungsfähigkeit. Faktorenanalytisch läßt sich die Formkonstanz nicht 100%ig von der Figur-Grundwahrnehmung trennen, sie ist aber eine darauf aufbauende Wahrnehmungsleistung.

Formkonstanzwahrnehmung

Die Definition dieses Wahrnehmungsbereiches kann als Abstraktion der Figur-Grundwahrnehmung, also als die Erkennung der Form, unabhängig von Größe, Lage, Farbe als identisch erfaßt werden. Auch hier müssen Formen erlaufen, ertastet, ergriffen werden, um die Gemeinsamkeit von verschieden großen Kreisen, von Reifen und Bällen zu erfahren. Somit zeigt Marianne FROSTIG auf wie die haptische Erfahrung die visuelle Wahrnehmung der Formkonstanz ermöglicht und wie sie ins Zweidimensionale übertragen wird.

Raumlagewahrnehmung

Raumlage ist die Wahrnehmungsleistung, die die Lage eines Gegenstandes, einer Person in Bezug zum Betrachter erkennen läßt. Hier auch entwicklungsbezogen zunächst körpernah durch die Erfahrung, Ertastung und Benennung eines Gegenstandes oder einer Person zum Betrachter.

Räumliche Beziehungswahrnehmung

Die Wahrnehmung der räumlichen Beziehung wird von Marianne FROSTIG als die Leistung analysiert, die Raumlage zweier oder mehrerer Gegenstände oder Personen zueinander zu erkennen. Dies ist eine Leistung die verlangt, sich als Betrachter nicht miteinzubeziehen, sondern ausschließlich die Anordnung untereinander wahrzunehmen.

Marianne FROSTIG hat mit diesem Konzept und dem gewiesenen Weg sehr vielen Kindern geholfen, sich gemäß ihrer Anlagen zu entwickeln und ist ihrem Grundsatz gefolgt, „daß Lernen nur erfolgreich sein kann, wenn es mit Freude getan wird". Dies sagt mir, daß Lernen Freude macht, wenn es auf der richtigen Entwicklungsstufe geschieht, wenn also das Werkzeug zur Aufnahme des zu Lernenden vorhanden und bereitet ist.

Die Arbeit und die Erfahrung mit den Kindern haben Marianne FROSTIG aber auch sehr bald erkennen lassen, daß die Leistungen der visuellen Wahrnehmung sich wiederum auf anderen Wahrnehmungsleistungen aufbauen, die ebenfalls ungenügend entwickelt und als Werkzeuge zur Wahrnehmungsaufnahme und Verarbeitung unvollkommen sein können. Sie erwähnt hier die fehlende oder mangelnde Entwicklung der Köperwahrnehmung als Ursache. Diese sieht sie in der Entwicklung vom Körperimago, über das Körperschema zum Körperbegriff, die zusammen das Körperbewußtsein bilden. (Später hat sie es einmal bedauert, dies so als Stufen dargestellt zu haben, weil sie dadurch mißverstanden wurde und das Ineinanderwirken dieser künstlich getrennten Wahrnehmungsfunktionen nicht deutlich genug wurde.)

Körperimago

Körperimago wird von ihr definiert als: „Die Summe aller auf den Körper bezogenen Empfindungen — der Körper, wie er sich anfühlt." Also die Wahrnehmung der Reize aus der Haut/taktil, aus den Muskeln, Sehnen und Gelenken/kinästhetisch und aus der Wahrnehmung der Reize vom Gleichgewichtsorgan/vestibulär. M. FROSTIG und AYRES stimmen hier beide überein, daß der Mangel an Körperimago und nicht an Bewegungsfertigkeit zu visuellen Wahrnehmungsstörungen führt. (Siehe FROSTIG: Bewegungserziehung Seite 45.) Das Körperimago spiegelt die gesamte Entwicklung des Kindes wider, und die Bewegungserziehung führt direkt zur Wahrnehmung des Körpers und verbessert es.

Körperschema

Körperschema ist nach Marianne FROSTIGs Definition „die Wahrnehmung des Körpers, wie er sich bewegt". Es ist die Fähigkeit zur Tonusregulierung und die Fähigkeit, den Körper der Umgebung anzupassen sowie willentlich eine Stellung einzunehmen und sie ohne Verlust des Gleichgewichtes beizubehalten. Bei gutem Körperschema kann die Körpermittellinie gekreuzt werden. AYRES nennt dies motorische Planungsfähigkeit, die sich aus den motorisch anpassenden Reaktionen zusammensetzt (s. auch A. PRICE).

Körperbegriff

Der Körperbegriff bezieht sich nach Marianne FROSTIG auf „die faktische Kenntnis des Körpers, er wird durch die Informationen, die man dem Kind über seinen Körper gibt, entwickelt". AYRES nennt es Körpervorstellung, die sich aus den Informationen, die ein Mensch über seinen Körper erhält, die er speichert und die er mit seinem Empfinden und Bewegen des Körper verbinden kann, entwickelt.

Diese Vorstellung findet sich in jeder Selbstbild-Kinderzeichnungen, da jedes Kind bis zu einem bestimmten Alter malt, was es weiß und nicht malt, was es sieht. Deshalb gibt die Darstellung eines Kindes von einem Menschen Aufschlüsse über seinen Körperbegriff, sein Körperbild und seine Körpervorstellung.

Auf das Körperbewußtsein baut sich die kreative Bewegung des Kindes auf, die Marianne FROSTIG in faktorenanalytisch trennbare Merkmale aufgegliedert hat und die mit den Untersuchungen anderer Wissenschaftler übereinstimmen.

Dies sind:
— Koordination
— Beweglichkeit
— Kraft
— Gelenkigkeit
— Schnelligkeit
— Gleichgewicht
— Ausdauer

Dieses sind auch die Faktoren des von ihr 1973 entwickelten Motorik-Testes: die *Frostig Movement Skills Battery, kurz Frostig Test Movement — FTM.*

In diesem Test werden Koordination, Kraft, Gelenkigkeit, ausgeglichene Bewegung und Gleichgewicht getestet, als Basis für die darauf aufbauenden Wahrnehmungen der visuellen und akkustischen Perception.

Dieser Test ist 1985 in deutsch-schwedischer Standardisierung unter der Bezeichnung FTM erschienen und bei der Testzentrale Stuttgart zu beziehen. Die Untertests sind in ihren Bezeichnungen direkt auf das Programm BWL (Bewegen, Wachsen, Lernen) abgestimmt, das als Kartei und als Buch erhältlich ist.

Hierin beschreibt sie etwa 200 verschiedene Aktivitäten, die so konstruiert sind, daß sie spezifische Gebiete innerhalb des Bewegungsschemas fördern. Sie beginnen mit „Körperbewußtwerdung" und beinhalten „Koordination und Rhythmus", „Beweglichkeit", „Kräftigung", Gelenkigkeit und Schnelligkeit in „Kreative Bewegung" sowie „Gleichgewicht".

Auch hier sind es nur Schwerpunkte, die als Orientierung zur Zusammenstellung eines individuellen Programmes dienen sollen. In den Bewegungsanregungen sind jedoch auch immer andere Faktoren enthalten.

Die Testung der visuellen Wahrnehmungsentwicklung wurde durch die deutsche Bearbeitung von Lockowandt 1979 ebenfalls in Deutschland möglich.

Marianne FROSTIG hat ihre gesamte Sichtweise in dem 1970 erschienenen Buch *„Movement Education: Theorie and Practice"* dargestellt, das noch heute Gültigkeit hat und unter dem deutschen Titel „Bewegungserziehung — Neue Wege der Heilpädagogik", bei Ernst REINHARDT erschienen ist. Hier stellt sie die Entwicklungsfolge der Wahrnehmung dar und verdeutlicht an beispielhaften Übungen die Fördermöglichkeiten der Wahrnehmungen, immer als kreatives Angebot an die Kinder und nie als isolierte Funktionsübungen. Die Bewegungsmöglichkeiten sind aus diesem Buch in die Bewegungskartei BWL = Bewegen, Wachsen, Lernen übernommen worden. In ihrem 2. Hauptwerk: „Lernprobleme in der Schule" geht sie noch ausführlicher auf die Umsetzung dieses Weges in der kognitiven Entwicklung und Förderung ein.

Die Entstehung des Konzeptes sensorische Integration von Jean AYRES, ihrer Tests und der sensorischen Integrationstherapie

Jean AYRES hat als Therapeutin viele Jahre an den perceptiven Störungen Hirnverletzter gearbeitet. Aus ihren Publikationen und vermittelten Äußerungen geht hervor, daß sie hier Parallelen zu den perceptiven Störungen von Kindern mit Lernstörungen sah. Die derzeitigen Behandlungsmöglichkeiten erschienen ihr unzureichend, auf diese für sie erkennbaren Zusammenhänge einzugehen. In den 60er Jahren stieg die Zahl der lerngestörten und schwierigen Kinder in den amerikanischen Schulen sprunghaft an. Daher wurde ein staatlicher Forschungsauftrag vergeben, um die Ursachen für diese hohe Zahl an Lerngestörten zu erklären und Interventionsmodelle zu entwickeln. An diesem Forschungsauftrag konnte Jean AYRES mitarbeiten, so daß ihr Zeit und Mittel zur Verfügung standen, dieser Fragestellung genauer nachzugehen.

So untersuchte Jean AYRES systematisch die Ausfälle bei Hirnverletzten, um Rückschlüsse auf die Funktionsweisen der neuralen Verarbeitung zu ziehen. Sie wertete für diese Forschungsarbeit auch Ergebnisse von Tierbeobachtungen und Tierversuchen aus. Hieraus zog sie wichtige Schlüsse für die zentrale Lokalisierung der Wahrnehmungsverarbeitung in den verschiedenen Hirnebenen. Ihr wichtigstes Verdienst scheint mir jedoch zu sein, daß sie als Wissenschaftlerin und Therapeutin erstmalig den Einfluß bestimmter therapeutischer Einwirkungen untersuchte. Diese Untersuchungen am „lebenden Gehirn" mit der gezielten Fragestellung des Forschungsauftrags, brachten Jean AYRES zu ihren Erkenntnissen über die Hirnfunktionsweisen und ihre Beeinflussung. Daraus konnte sie eine neurophysiologische Sichtweise und Behandlungsmethode von Kindern mit Hirnfunktionsstörungen entwickeln und erproben: *Die sensorische Integrationstherapie* als basale Wahrnehmungsbehandlung für perceptiv schwer gestörte Kinder, Jugendliche und Erwachsene.

Auch hierzu mußte sie Wahrnehmungsfunktionen faktorenanalytisch trennen, um sie messen zu können und die Erfolge ihrer Behandlungsmethode dokumentieren zu können. (Diese Wahrnehmungsfaktoren sind genau wie bei Marianne FROSTIG nie wirklich voneinander trennbar, sondern immer miteinander verflochten, aufeinander aufgebaut, sensorisch integriert und werden nur für die Messung der Leistung künstlich getrennt.)

Jean AYRES hat durch ihren engen Kontakt mit Marianne FROSTIG viele Untersuchungen und Analysen mit ihr abgestimmt, so ist die Definition verschiedener Wahrnehmungsleistungen mit der Marianne FROSTIGs identisch. Im von Jean AYRES 1972 entwickelten Southern California Sensory Integration Test, SCSI Test wird ebenfalls visuelle Wahrnehmung gemessen. Die Visuomotorik wird hier als motorische Genauigkeit rechts und links getrennt gemessen, außerdem wird sie zusammen mit der räumlichen Beziehungswahrnehmung mitbewertet. Die Figur-Grundwahrnehmung ist gleich definiert, wird hier aber isoliert von der motorischen Geschicklichkeit gemessen, was für die Testung Körperbehinderter und dyspraktischer Patienten sehr vorteilhaft ist. Die Formkonstanzwahrnehmung ist bei Jean AYRES kein visueller Test, sondern ein taktil-epikritischer Test. Die Wahrnehmung der Raumlage wird bei Jean AYRES genauso definiert, aber differenzierter gemessen.

(Dieser Subtest wurde 1987 aus dem Test herausgenommen, da in Amerika Übungsprogramme aufgetaucht waren, die die Relevanz des Subtestes in Frage stellten.) Jean AYRES ergänzt nun die visuelle Wahrnehmungsfähigkeit um einen wesentlichen Faktor, die Raumvorstellung als Integrationsleistung der anderen Wahrnehmungsfaktoren im visuellen Bereich.

Außerdem baut Jean AYRES wesentliche Ergebnisse ihrer Forschung mit in den Test ein, die so in keinem mir bekannten Test relevant bewertet werden können. Das ist der gesamte Bereich der schwer einzuschätzenden Wahrnehmung taktil-kinästhetischer Reize. Diese Wahrnehmung hatte Marianne FROSTIG ebenfalls als Grundlage erkannt, hierfür jedoch keine Tests oder Überprüfungsmöglichkeit entwickelt, sondern nur Empfehlungen für Übungen und Therapiemöglichkeiten vermittelt. Jean AYRES trennt in dem Test die taktile Wahrnehmung in fünf Faktoren.

Manuelle Formperception:

Die stereognostische Fähigkeit, taktile Formwahrnehmung ohne Sicht mit einer visuell wahrgenommenen Form integriert wahrzunehmen.

Fingeridentifikation:

Die Fähigkeit, ohne Sichtkontrolle applizierte taktile Stimuli auf den Fingern zu lokalisieren.

Graphesthesie:

Die Wiedergabe von ohne Sicht aufgetragenen Hautzeichnungen auf dem Handrücken.

Lokalisation taktiler Stimuli:

Hier wird die Genauigkeit gemessen, in der auf den Unterarmen ohne Sicht aufgebrachte kurze Stimuli lokalisiert werden können.

Doppelte taktile Stimuli Perzeption:

Die Wahrnehmung zweier gleichzeitig auf beiden Körperseiten aufgebrachten kurzen taktilen Stimuli ohne Sicht.

Diese Untertests geben dem Untersucher neben den vergleichbaren Werten noch sehr viele Informationen über die Testwahrnehmung, die für die Einschätzung von Wichtigkeit sind. Hier läßt sich eine Tastabwehr, gleich welchen Grades, sehr gut einschätzen. Es kann beobachtet werden, welche Toleranz gegenüber punktueller Berührung vorhanden ist. Wird diese Art der Berührung in dieser Form grundsätzlich verweigert, oder ist die Abwehr gering und läßt sich normalisieren? Kann die Reihe ganz oder nur in Teilen durchgeführt werden? Werden die Aufgaben mehr über taktile Kanäle oder kognitiv kompensierend ausgeführt? Die Testergebnisse und die Beobachtungen geben ein sehr differenziertes Bild der taktil-epikritischen Wahrnehmungsverarbeitung.

Die Imitation von Stellungen:

Bei diesem Subtest wird durch spiegelbildliche Nachahmung bestimmter Körperstellungen die Körpervorstellung getestet. Das heißt das innere Bild von sich in Kombination mit der motorischen Leistung diesem Bild zu entsprechen. Etwas ähnliches testet Marianne FROSTIG nicht, aber in ihren Übungsvorschlägen sind sehr viele Anregungen unter dem Stichwort „Körperbewußtwerdung“, die diesem Test sehr ähnlich sind.

Die Stehbalance auf einem Bein:

Die Stehbalance wird bei AYRES und FROSTIG fast gleich getestet. Beide sehen sich die Balance auf einem Bein, rechts und links getrennt, mit offenen und geschlossenen Augen, an. Der Wert bei FROSTIG differiert etwas, da im FTM bei der Stehbalance die Arme vor der Brust gekreuzt werden müssen und schon beim Wegnehmen der Arme nicht mehr weitergezählt wird. Hieran ist aber erkennbar, wie übereinstimmend wichtig diese Aussage über Gleichgewicht und Tiefensensibilität für beide im Zusammenhang mit Lernstörungen ist.

Die Untertests, Kreuzen der Mittellinie und Rechts-Linksdiskriminierung, werden schon einige Jahre in Amerika nicht mehr durchgeführt, da sie sehr vom Sprachverständnis abhängig sind und ein großer Teil der Getesteten hier versagt. Im neuen SIPT gibt es dafür Alternativen. Das Kreuzen der Mittellinie des Körpers kann jedoch bei beliebigen unbefangen durchgeführten Tätigkeiten beobachtet werden und von aufmerksamen Pädagogen und Therapeuten in das Gesamtbild aufgenommen werden.

Der Postrotatorische Nystagmustest:

Der PNT ist ein gesonderter Test von AYRES, der aber mit in das SI-Profil übernommen wird. Dies gibt es bei Marianne FROSTIG gar nicht, und ich wage mal zu sagen, daß sie es auch nicht gemacht hätte. Hierbei wird das Kind 10mal in einer bestimmten Position mit bestimmtem Neigungswinkel des Kopfes in einer bestimmten Geschwindigkeit um die eigene Achse gedreht. Dies ist eine unphysiologische Bewegung und der Körper reagiert mit einer Nachrotation der Augenbewegung. Diese wird gezählt und hieran abgemessen, wie abweichend die vestibuläre Funktion in Zusammenhang mit der Augenbewegung ist. Dieser Test kann bei vestibulärer Überempfindlichkeit überhaupt nicht durchgeführt werden und auch sonst oft nicht richtig gemessen werden. Weiterhin kann die Augenbewegungsfähigkeit an der Breite der Schweifbewegung und an Sprüngen und Zucken eingeschätzt werden. Der Zusammenhang zwischen Augenbewegung Gleichgewicht und Lernstörung ist ein spezielles Forschungsgebiet von Jean AYRES, das jetzt auch in Europa, in Holland, bei Lynn VAN KAMPEN-HORROWITZ durch aufgezeichnete Eyetracking-Kurven dokumentiert wird und sicher noch weiterer Forschung und Erprobung bedarf. Dieser Zusammenhang ist jedoch besonders interessant, da diese aufgezeichnete nachrotatorische Augenbewegung vor und nach der erfolgreichen Behandlung große Unterschiede aufweist.

Basale Perceptionsstörungen sind die wesentlichsten Ursachen für die gravierenden Lernstörungen. Das ist das Ergebnis der jahrelangen Forschungen von Jean AYRES, und die sensorische Integrationstherapie setzt diese Erkenntnisse in eine Behandlungsmethode um. Auf Grund der von Jean AYRES vorgeschlagenen gezielten Beobachtungen und Tests kann sich der Therapeut ein klares Bild über die Störungen der basalen Wahrnehmung in der Tast- und Tiefensensibilität, der Kinästhesie und der Gleichgewichtswahrnehmung machen. Die Behandlungsvorschläge für diese Bereiche sind sehr vielfältig sensorisch-integrativ, also Verbindung schaffend zwischen den basalen und Umweltwahrnehmungen. Sie berücksichtigen außerdem, daß hier nicht nur Kleinkinder sondern auch Kinder und Jugendliche Behandlung brauchen. Die dafür entwickelten Geräte und Methoden sind auf diese Altersstufen abgestimmt und stellen immer neue sensorische, sensomotorische Herausforderungen für das Kind dar. Diese Anforderungen können variiert werden und mit den Sinneswahrnehmungsleistungen des Visuellen und Auditiven integrativ verbunden werden.

Gemeinsamkeiten und Zusammenhänge der Erkenntnisse von Marianne FROSTIG *und Jean* AYRES:

Eine deutliche Übereinstimmung beider Konzepte liegt in der Grundlage, perceptive Störungen als Ursache von bestimmten Lern- und Verhaltensstörungen anzusehen. Eine weitere Übereinstimmung und ein Zusammenhang in der Theorie der Wahrnehmungsentwicklung liegt in der Erkenntnis des Aufbaus der Wahrnehmung von der inneren Wahrnehmung *taktil-kinästhetisch-vestibulär* über die Umweltwahrnehmung *visuell-auditiv* zur Außenweltwahrnehmung als abstrahierende Integrationsleistung der sensorischen Systeme. Dies bedingt die übereinstimmend empfohlene therapeutisch-pädagogische Vorgehensweise, entwicklungsorientiert sensorisch basal zu beginnen und weitere Wahrnehmungsverbindungen aufbauend zu verbinden. Beide haben verschiedene Bezeichnungen für das gleiche Behandlungsziel. Marianne FROSTIG formuliert als primäres Behandlungs- und Erziehungsziel die Entwicklung des Körperbewußtseins wie oben definiert. Jean AYRES formuliert die sensorische Integration der ästhetisch-vestibulären Basiswahrnehmungen als primäres Ziel. Gemeint ist das gleiche und die Wege sind deshalb meiner Meinung nach verschieden, da Marianne FROSTIG eher leichtere perceptive Störungen vorgefunden hat, die auch bis auf wenige Ausnahmen in Gruppen unterrichtet und behandelt wurden und Jean AYRES gravierendere Störungen, die fast alle nur einzeln behandelt werden konnten.

Bei dem Vergleich beider Therapieempfehlungen wird deutlich, daß beide dem Kind adäquate Möglichkeiten zur Aufnahme von Reizen aus dem eigenen Körper, aus Berührung und Bewegung geben. Beide leben von der kreativen Interaktion zwischen Kind und Therapeut und lassen Raum für die spontane Neuentdeckung von Reizen von Materialien und Geräten. Bei Marianne FROSTIG ist jedoch trotz der Betonung der kreativen Bewegung eine festere Struktur erkennbar und mehr verbale Anweisung. Bei ihr ist auch das pädagogisch-therapeutische Element der Nachahmung und der Gruppenführung enthalten, was bei Jean AYRES fehlt.

Die Anwendbarkeit beider Konzepte in der Praxis:

Aus der Erfahrung in der Anwendung des Marianne FROSTIG Konzeptes und der sensorischen Integrationstherapie nach AYRES in der stationären Arbeit in einem Heim für erziehungs- und lernschwierige Kinder (10 Jahre) und in der ambulanten Arbeit mit MCD-Kindern in der ergotherapeutischen Praxis (5 Jahre) möchte ich hierzu berichten:

Die Test und Therapiemethoden Marianne FROSTIGs bieten durch ihren multidisziplinären Ansatz von Pädagogik, Psychologie und Therapie im stationären Bereich für die Zusammenarbeit der verschiedenen Berufsgruppen eine hervorragende Grundlage für ein pädagogisch-therapeutisches Gesamtkonzept. Auf der Grundlage der individuellen Perceptionsentwicklung jedes Kindes konnten Verhalten der Erzieher, pädagogische Angebote und therapeutische Maßnahmen im Heim aufeinander abgestimmt werden. Die Anwendung des Konzeptes der sensorischen Integration hat die Ausstattung und den Umbau des Hauses mit Schaukeln, Trampolin und Wasser-Matschraum erheblich mitbestimmt. Das Konzept konnte jedoch nicht in gleichem Maß in das Denken und Handeln der Pädagogen und Psychologen übernommen werden, sondern blieb „Therapie“. Beide Behandlungsformen konnten jedoch je nach Situation, Alter und Grad der Wahrnehmungsstörung angewandt werden und so umgesetzt werden, daß hier leichte und schwerere Störungen gemildert und behoben werden konnten.

Im Bereich der ambulanten Behandlung von Kindern zwischen 3 und 14 Jahren mit Hirnfunktionsstörungen, die Schul- und Verhaltensprobleme verursachen, ist die Therapie der sensorischen Integration von Jean AYRES durch die gezieltere Wirkung auf das Nervensystem öfter anwendbar und wirksamer. Dies kann jedoch auch damit zusammenhängen, daß die Wahrnehmungsstörungen von Jahr zu Jahr gravierender werden und schneller zu Schulschwierigkeiten führen. In der aufbauenden Therapie der visuellen und auditiven Verbindung mit der basalen Wahrnehmung kann das Frostigprogramm aber auch im ambulanten Bereich sehr gut eingebaut und erfolgreich für die Kinder genutzt werden, so daß beide Therapieformen und Tests sich im einzelnen und im gesamten sehr gut ergänzen.

Weitere Fortbildung zur Anwendung der Konzepte von Marianne FROSTIG in Deutschland:

Marianne FROSTIG hat seit 1973 in Deutschland ihre Idee und ihre Methode auf vielen Fortbildungen vermittelt. Diese Kurse wurden z.B. von Helga TREML für den Berufsverband der Ergotherapeuten in Zusammenarbeit mit der ärztlichen Aktion pro infantibus organisiert und richteten sich an einen interdisziplinär zusammengesetzten Teilnehmerkreis. Hier wurde auch der FEW vermittelt. So haben die verschiedensten Berufsgruppen wie: Pädagogen, Sonderpädagogen, Erzieher, Lehrer, Psychologen, Ärzte, Ergotherapeuten, Logopäden, Heilpädagogen, Montessoripädagogen und auch Krankengymnasten, die Persönlichkeit Marianne FROSTIGs, ihre Sichtweise und ihre Arbeitsweise kennengelernt und begeistert weitergetragen. Seit 1980 gab es in Deutschland zunächst keine Kurse mehr. Durch die indirekte Weitergabe hat sich das Gesamtbild jedoch verzerrt. Heute kennen sehr viele Kollegen aus diesen Berufsgruppen den FEW als Testmöglichkeit, können die Ergebnisse aber nicht in ein Behandlungskonzept übertragen, da die Publikationen von Marianne FROSTIG weitgehend unbekannt geblieben sind. Von 100 Teilnehmern an heutigen FROSTIG-Seminaren kennen 80% der Teilnehmer den Test FEW und 90% die Papier-Bleistift Übungsprogramme und identifizieren hiermit ausschließlich das Konzept Marianne FROSTIGs. Nur 5% kennen weitere Publikationen und kaum jemand kennt den FROSTIG-Test Movement FTM. So entstand der falsche, weil verkürzte Eindruck, Marianne FROSTIG habe nur Test und Therapie zur Behandlung von visuellen Wahrnehmungsstörungen entwickelt und Frostig-Therapien seien die Papier-Bleistiftprogramme. Um dieser Fehlsteuerung entgegenzuwirken müssen Fortbildungen angeboten werden, die das FROSTIG-Konzept und die pädagogischen und therapeutischen Möglichkeiten sowie die beiden Tests interdisziplinär vermitteln.

Nachdem in Deutschland seit längerer Zeit keine Kurse mehr angeboten wurden, hat die Gesellschaft für praxisbezogene Fortbildung Uelzen seit 1988 FROSTIG-Seminare in diesem Sinne angeboten.

Die 1986 gegründete Internationale Frostig Gesellschaft wird ab 1990 interdisziplinäre Kurse in FROSTIG-Diagnostik, Pädagogik und Therapie anbieten, um dem immensen Bedarf bei allen angesprochenen Berufsgruppen zu entsprechen.

Diese Kurse werden als Zusatzqualifikation zur Erlangung des Marianne-Frostig-Zertifikats für alle Ärzte, Psychologen, Pädagogen und Therapeuten angeboten. Der erfolgreiche Absolvent darf sich FROSTIG-Pädagoge bzw. FROSTIG-Therapeut nennen.

Diese Fortbildung umfaßt 200 bis 360 Unterrichtsstunden und wird innerhalb von zwei Jahren in 3 Wochenblöcken und 4—12 Bausteinen von 20 Std. von kompetenten Dozenten der FROSTIG-Gesellschaft vermittelt.

Weitere Fortbildung der Anwendung des Konzeptes von Jean AYRES in Deutschland

Jean AYRES hat, im Gegensatz zu Marianne FROSTIG, nie Vortragsreisen in Europa gemacht. Seit 1970 sind jedoch englischsprachige Informationen über diese Behandlungsmethode nach Deutschland gelangt. Der Fachkreis Pädiatrie des Verbandes der Beschäftigungs- und Arbeitstherapeuten/Ergotherapeuten unter Leitung von Dorothea SCHLEGTENDAL hat sich sehr früh um nähere und direktere Informationen zum Gebiet der sensorischen Integration als einer ergotherapeutischen Behandlungsmethode bemüht.

Englischsprachige Referenten aus den USA, wie Patricia WILBARGER, Mary VECIE und Lynn VAN KAMPEN wurden vom Verband zu Fortbildungen nach Deutschland eingeladen. Trotz der interessanten Vorträge und der wichtigen Anregungen konnte von den deutschen Kollegen der Stoff in Fachenglisch nicht gründlich genug aufgenommen werden. So organisierte der Fachkreis mit Hilfe von Helga TREML-SIEDER 1980 erstmalig einen Grundkurs Sensorische Integrationstherapie mit der einzigen deutschsprachigen SI-Lehrtherapeutin aus dem Zentrum von Jean AYRES, der deutschstämmigen Antje PRICE.

Diese Kurse wurden in zweijährigem Rhythmus wiederholt und in verschiedenen deutschen Städten ausschließlich für Ergotherapeuten angeboten. Diese Grundkurse umfassen 70 Unterrichtsstunden. Absolventen mit Erfahrung in sensorischer Integrationstherapie konnten dann den Testkurs absolvieren (dieser umfaßt 80 Unterrichtseinheiten mit zusätzlicher Testsupervision und Einsendung von Testprotokollen und Testinterpretationen nach Amerika). Seit 1989 haben sich aus diesem Kreis einige als SI-Lehrtherapeuten qualifiziert, so daß jetzt neben Antje PRICE auch deutsche Lehrtherapeuten SI-Grundkurse für Ergotherapeuten geben können.

Diese werden vom Berufsverband der Ergotherapeuten in Kooperation mit Veranstaltern organisiert und umfassen auch 70 Unterrichtseinheiten und berechtigen zur Teilnahme am SI-Testkurs. Der Berufsverband der Ergotherapeuten plant, die Rechte für die Übersetzung des neuen Tests von Jean AYRES/SIPT zu erwerben und ihn in Deutschland zu übernehmen, wenn die Möglichkeit zur Auswertung in Deutschland durch Computer möglich sein wird. Solange (2—3 Jahre) wird der alte Test in Deutschland weitervermittelt. Das Material wurde von der Gesellschaft für praxisbezogene Fortbildung Uelzen gesichert und kann dort bezogen werden.

Einige Institute, zum Beispiel das Institut zur Kindesentwicklung von Inge FLEHMIG in Hamburg, das Institut von Prof. HELLBRÜGGE in München, das Psychologische Institut für Kinder von Waltraut DOERING in Bremen haben die Sensorische Integration als Teil ihrer Therapieangebote direkt von Amerika übernommen und bieten Fortbildung in diesem Bereich auch für andere Berufsgruppen ohne medizinische Ausbildung an.

LITERATUR:

FROSTIG, M.: Bewegungserziehung. Ernst Reinhardt Verlag, ISBN 3 – 497 – 00934 – 2

FROSTIG/MASLOW: Lernprobleme in der Schule. Hippokrates Verlag. ISBN3 – 7773 – 0439 – 5.

FROSTIG, M.: BWL-Karten-Programm. Crüwell Verlag, Nr. 70.020

AYRES, Jean: Lernstörungen. Springer Verlag, vergriffen

im Original erhältlich: Sensory Integration and Learning Diorders, WPS W – 303

AYRES, Jean: Bausteine der kindlichen Entwicklung. Springer Verlag, ISBN 0 – 387 – 13303 – 8

Adressen:

Verband der Beschäftigungs- und Arbeitstherapeuten (Ergotherapeuten) e.V., Postfach 22 08, 7516 Karlsbad 2

Internationale Frostig-Gesellschaft e.V., Präsident Hans Schöbel, 8700 Würzburg, Bernerstr. 10

Gesellschaft für praxisbezogene Fortbildung, Esterholzerstr. 43 In Uelzen 1, Testzentrale: 7000 Stuttgart

Basale Stimulation — Sensorische Integration einige kritische Anmerkungen zum theoretischen Konzept und zur Anwendung in der Praxis

Marina Strothmann

Als vor nunmehr gut 10 Jahren im Rahmen eines Schulversuchs in Rheinland-Pfalz die „Basale Stimulation" als therapeutisches Konzept für die Behandlung schwerstbehinderter Kinder und Jugendlicher von A. FRÖHLICH vorgestellt wurde, ging ein Aufatmen durch die Reihen all derer, die von Berufs wegen mit Behandlung, Pflege und Umgang mit schwerstbehinderten Kindern und Jugendlichen befaßt sind. Endlich, so schien es, war eine Lücke geschlossen, ein plausibles und relativ unaufwendig handbares Instrumentarium entwickelt worden, das Zugang zu einem Personenkreis versprach, dem die Fachkräfte aus den verschiedensten Berufsgruppen bisher recht hilflos gegenüberstanden.

Einen ähnlichen „Boom" verzeichnet in den letzten Jahren das Konzept der sensorischen Integration bzw. die sensorische Integrationstherapie nach J. AYRES. Für eine ganze Palette von Entwicklungsstörungen, Verhaltensauffälligkeiten, Umgang- und Lernschwierigkeiten werden ein Erklärungsmodell und Interventionen angeboten, die günstige Beeinflussung der genannten Probleme, bzw. in bestimmten Fällen sogar vollständige Normalisierung in Aussicht gestellt.

Im folgenden sollen die Kerngedanken der Basalen Stimulation dargestellt und diskutiert und insbesondere die Handlungsanweisungen bzw. ihre gängige Umsetzung in die Praxis kritisch beleuchtet werden.

Aufgrund der vielfältigen Aspekte, unter denen die Konzeption J. AYRES im vorliegenden Buch abgehandelt wird, beschränke ich mich auf die Darstellung der m.E. wichtigsten Gemeinsamkeiten und Unterschiede im Vergleich zur Basalen Stimulation und einige Überlegungen zur Sichtweise von „gestörtem Verhalten" und seinen Behandlungsmöglichkeiten. Absicht ist, zur kritischen Auseinandersetzung über die hier vorgestellten Therapieformen herauszufordern.

Basale Stimulation zum Personenkreis

A. FRÖHLICH hat die Methode der „Basalen Stimulation" ausdrücklich für schwerstbehinderte Kinder und Jugendliche entwickelt. Er beschreibt den

Personenkreis folgendermaßen (FRÖHLICH, 1982 – 2.21/22): „Die betroffenen Kinder sind in der Regel nicht in der Lage, einfachste motorische Muster eigenständig zu erwerben, mit denen sie eine gewisse Eigenständigkeit erwerben könnten.

Sie sind nicht in der Lage zu gehen, zu krabbeln, bei einigen ist ein Robben in Ansätzen möglich. Sie sind nicht in der Lage, ohne Stütze zu sitzen, viele können den Kopf nicht ohne fremde Hilfe heben und in aufrechter Stellung halten. Sie können keine gezielten Greifbewegungen mit den Händen vornehmen, es persistieren primitive Massenbewegungen. Häufig ist die Muskulatur des Mund-Rachen-Raumes mitbetroffen, so daß die Funktionen des Kauens und Schluckens stark beeinträchtigt sind. An eine Selbstversorgung in den Bereichen Körperpflege, Toilette, Essen, Ankleiden etc. ist demzufolge nicht zu denken. Die Kommunikationsfähigkeit der Kinder ist durch in fast allen Fällen vorliegende Anarthrie (Unfähigkeit zu artikulieren) ebenso reduziert wie durch Beeinträchtigung der Augenmuskulatur, Mimik und Handmotorik."

FRÖHLICH modifiziert und erweitert die Definition durch den Vergleich mit normal entwickelten Kindern: „Schwerstbehindert nennen wir ein Kind, wenn es absehbar nicht in der Lage sein wird, die vergleichbaren Leistungen eines gesunden Säuglings von 6 Monaten zu erreichen. Die Schwelle 6 Monate wurde gewählt, weil hier das Baby sich normalerweise entscheidend aus der Zweierbeziehung Mutter—Kind abzulösen beginnt, weil sein Wahrnehmungs-, Bewegungs- und Kommunikationssystem so weit differenziert ist, daß Umwelt aktiv aufgenommen und täglich erweitert werden kann.

Das Baby kann eigenaktiv sein, es ist nicht mehr auf die ausschließliche Vermittlung der Dauerbezugsperson angewiesen. Es ist über das Stadium des Reagierens auf Umweltreize hinaus.

Das ist eine essentielle Veränderung, sie kann durch den genannten Zeitpunkt annähernd bezeichnet werden.

Jedes sehr schwer behinderte Kind, das diese Schwelle selbständig überschreiten konnte, bedarf, auch wenn es nur wenig weiterentwickelt scheint, anderer Förderung."

Eine Bemerkung zu dieser Definition:
Obwohl FRÖHLICH selbst und auch verschiedene andere Autoren (z.B. Kling-Hammer, 1986) immer wieder darauf hingewiesen haben, daß der Vergleich mit normalentwickelten Kindern problematisch ist, daß die eigene Lerngeschichte, die Erfahrungen, die ein schwerstbehindertes Kind gemacht hat, berücksichtigt werden müssen, wird dennoch immer an diesem Vergleich festgehalten. Natürlich ist ein Wissen um die kindliche Normal-

entwicklung notwendig, um überhaupt Abweichungen von ihr feststellen zu können — aber für eine detaillierte Sichtweise von der speziellen Problematik und Besonderheit des jeweiligen Kindes taugt der Bezug zum gesunden Kind nur insofern, als die Kenntnis von aufeinanderfolgenden Entwicklungsschritten eine adäquate Zielformulierung erlaubt und vor „Lernangeboten" schützt, die zu hoch angesetzt sind und dem Entwicklungsstand des Kindes gar nicht entsprechen. Dennoch: Ein schwerstbehindertes Kind jedes beliebigen Lebensalters, das höchstens soviel „kann" wie ein z.B. 6 Monate alter gesunder Säugling, ist eben trotzdem keiner mehr, es lebt seit so und so vielen Jahren, hat Eindrücke aufgenommen, Erfahrungen in sozialen Bezugssystemen gemacht, Frustrationen erlebt. Sein Problem ist, über ein sehr geringes bzw. „anderes" Kommunikationsrepertoire zu verfügen, so daß es in seiner Verstehbarkeit auf die Interpretationsleistung seiner Umwelt angewiesen ist. Und genau diese Interpretation der Signale, der Verhaltensweisen eines schwerstbehinderten Kindes wird durch die Orientierung an der Normalentwicklung nicht notwendig vereinfacht. Der Hinweis auf die „Problematik" des Vergleichs mit dem Gesunden relativiert ihn zwar, birgt aber nach wie vor die Gefahr einer defizitären Sichtweise vom Behinderten. Ein „Verstehen" der Besonderheiten eines schwerstbehinderten Kindes, also eine so geartete Analyse seiner Lebensäußerungen, die zu Reaktionen führt, die das Kind wiederum verstehen und in sein Bezugssystem einordnen kann, gelingt nicht durch das Festschreiben von Mängeln, sondern nur durch sorgfältige Beobachtung seines Verhaltens, seiner jeweiligen Entwicklungsbesonderheiten und unter Berücksichtigung seines sozialen Bezugsrahmens.

Theoretische Begründung und Ziele der Basalen Stimulation

Der Basalen Stimulation liegt ein Modell frühen Lernens zugrunde, das von der Plastizität des menschlichen Gehirns ausgeht und neurophysiologische und pädagogisch-psychologische Komponenten enthält:

„Bereits in den 20er Jahren erkannte man (vgl. hierzu PECHSTEIN, VESTER), daß im Laufe der ersten Lebensmonate und Jahre neben dem Größenwachstum des Gehirns sich auch noch ein anderer Prozeß abspielt. Zwischen den einzelnen Nervenzellen des Gehirns sprossen Fasern, die sich mit den Fasern anderer Zellen verknüpfen können. Es entstehen synaptische Verbindungen. Über diese synaptischen Verbindungen entsteht ein Netzwerk von Nervenzellen. Diese netzartige Verknüpfung scheint der eigentliche Leistungsträger unserer Gehirnfunktionen zu sein.

Art und Entstehung dieses Netzes sind zwar biologisch bestimmt, die Dichte des Netzes und damit die Leistungsfähigkeit hängt aber offenbar vom Umwelteinfluß ab. PECHSTEIN (a.a.O.) konnte zeigen, daß bei anregungsarm aufgewachsenen Kindern schwächere Strukturen ausgebildet wurden, als bei Kindern mit normaler Anregung in den ersten Lebensmonaten und Jahren . . .

Anregungen der Umwelt, aufgenommen durch die Sinnesorgane des einzelnen Menschen, stellen nach derzeitigem Wissen die wichtigste Stimulation für das strukturelle Wachstum des Gehirns dar. Strukturelles Wachstum, das Ausbilden des Netzwerkes ist wiederum die Grundlage für erhöhte Leistungsfähigkeit und damit für verbesserte Aufnahme- und Verarbeitungsfähigkeit (= Wahrnehmung) . . .

So arbeitet man bereits seit Jahren im Bereich der Physiotherapie (Krankengymnastik) erfolgreich mit dem Modell der „Bahnung". Auf dieser Vorstellung basiert das Modell der „Basalen Stimulation", die versucht, Bahnungen für Impulse zu schaffen, die das Kind aufnehmen und verarbeiten kann, indem sie in allen Wahrnehmungsbereichen gut organisierte Anregungen ermöglicht (FRÖHLICH, 1982, S. 67). Ausgehend von diesem theoretischen Hintergrund und der Annahme, daß für schwerstbehinderte Kinder auf unterschiedlichem Entwicklungsniveau bestimmte Bereiche der Wahrnehmung unterschiedlich bedeutsam sind, entwickelt FRÖHLICH ein methodisches Instrumentarium zur Förderung der verschiedenen Sinnes- und Wahrnehmungsbereiche: die Basale Stimulation. „Basal" bedeutet nach FRÖHLICH: „Die angebotenen Reize, also die Objekte, die das Kind wahrnehmen, mit seinen Sinnen aufnehmen soll, sind allereinfachster Art. Sie werden auf ein Mindestmaß an innerer Differenzierung reduziert, sie fordern vor allem keinerlei Vorkenntnisse und Erfahrungen, um sie aufzunehmen. Sie sind die Basis der höheren Wahrnehmung.

„Stimulation" meint, „daß das Kind zunächst halb passiv Reizen ausgesetzt wird, es wird angeregt, stimuliert. Anzahl, Art und Dauer der Reize werden zunächst von außen, d.h. vom Erzieher festgelegt. Er reagiert mit seiner Reizzufuhr auf die Reaktion des Kindes. Das Kind selbst ist zunächst mehr passiv . . ." (FRÖHLICH, 1979, S. 53, zitiert nach KLING-HAMMER, 1986).

Nach der von FRÖHLICH angenommenen „Hierarchie der Wahrnehmung" sind schwerstbehinderte Kinder besonders gut in den Bereichen „somatische Wahrnehmung", „vibratorische Wahrnehmung" und „vestibuläre Wahrnehmung" ansprechbar. Für diese und für die Bereiche orale Wahrnehmung, Geruchs- und Geschmackswahrnehmung, akustische Wahrnehmung, taktil-haptische Wahrnehmung, visuelle Wahrnehmung und Kommunikation hat er Förderungsziele, Materialien und konkrete Handlungsanweisungen entwickelt. An verschiedenen Stellen betont Fröhlich, daß sich die hintereinanderfolgende Darstellung der einzelnen Wahrnehmungsbereiche systematisierenden Gesichtspunkten verdankt und die Art der Darstellung nicht mit der Durchführung ineinsgesetzt werden darf.

Die folgenden Anmerkungen zur Basalen Stimulation beschränken sich auf die Grundgedanken und den Bereich „Somatische Anregung".

Der Beschreibung, ein Kind werde „halb passiv" Reizen ausgesetzt, kann nicht gefolgt werden. Eine Kategorie der „Halbpassivität" ist in der Verhaltensforschung weder theoretisch noch phänomenologisch begründbar. Wenn schon unscharfe Begriffe zur Beschreibung von Verhalten wie „aktiv" und „passiv" verwendet werden, so muß wenigstens eine eindeutige Entscheidung zwischen den Begriffen getroffen werden. Zum anderen ist selbst bei schwerstbehinderten Kindern davon auszugehen, daß sie — wie eingeschränkt auch immer — irgend etwas über irgendeinen Sinneskanal aufnehmen, also wahrnehmen, was noch nicht bedeuten muß, daß die Kinder diese „Wahrnehmung auf unterster Stufe" verarbeiten und in ein adäquates Handlungsmuster transponieren können. Jede Art von Wahrnehmung aber bedeutet eine Aktivität, eine „Grundspannung" des Organismus, die in der Physiologie „Intention" genannt wird: „Vom Subjekt aus gesehen, ist die Sinneswahrnehmung keineswegs eine rein passive Abbildung der Welt, sondern eine aktive Leistung, wie es ja schon in den Worten „Wahrnehmung" und „Perzeption" zum Ausdruck kommt. Diese Aktivität nennen wir Intention . . . Für höhere Grade intentionaler Anspannungen kennen wir sogar eigene Wortbezeichnungen wie „Beobachten", „Spähen", „Horchen" und „Lauschen" . . . (H. HENSEL, S. 377). Bei schwerstbehinderten Kindern beschränken sich also aktive Leistungen häufig auf die intentionale Anspannung, oder aber auf ungerichtete, eher unwillkürliche motorische, mimische oder lautliche Äußerungen, die häufig nicht in eindeutigem Zusammenhang mit einem Außenreiz stehen oder einen „Handlungsplan" erkennen lassen würden. Mittels der „Basalen Stimulation" soll nun versucht werden, Erfahrungsmängel des Kindes auszugleichen, indem dem Kind sensomotorische Anregungen in allen Wahrnehmungsbereichen gegeben werden, die es sich aufgrund seiner schweren Behinderung nicht selbst holen kann.

FRÖHLICH hat immer wieder darauf hingewiesen, daß es dabei nicht um isolierte Reizzufuhr in einzelnen Sinnesbereichen gehen darf, sondern eine ganzheitliche Förderung angestrebt ist, bei der der Eigenaktivität des Kindes besondere Beachtung zukommt.

Bestimmt mag es einem Fachmann, der genügend theoretischen Hintergrund hat und über hinreichend praktische Erfahrung im Umgang mit Schwerstbehinderten verfügt, gelingen, diesen Forderungen in Anwendung der „Basalen Stimulation" gerecht zu werden. Sie bietet gute Möglichkeiten, sich den verschiedenen Wahrnehmungsbereichen des Kindes zu nähern, Reize zu setzen, Reaktionen aufzugreifen, neue Reaktionen abzuwarten und neue Reizsetzungen zu modifizieren. Die „Basale Stimulation“ weist hier enge Affinitäten zu anderen Therapieformen auf, die die Perzeption in den Mittelpunkt ihrer Überlegungen stellen.

Aber: Die Praxis sieht leider oft anders aus. Sicher aus der Not heraus, überhaupt irgendwelche Zugangswege zu Schwerstbehinderten zu finden, wird die „Basale Stimulation“ als „Methode pur“ aufgegriffen, in ihrer theoretischen Darstellung nur das „Großgedruckte“ gelesen und sie auf bloße Handlungsanweisung reduziert. Die Material- und Durchführungsvorgaben werden sehr häufig ihrer theoretischen Begründung entkleidet und — analog ihrer systematischen Darstellung — zusammenhanglos „der Reihe nach“ übernommen und praktiziert. Allzuoft kommt dabei gerade die nicht beabsichtigte Einzelförderung isolierter Sinnesbereiche heraus. Heute werden somatische Reize gesetzt, morgen vestibulär stimuliert, dann der vibratorische Wahrnehmungsbereich gefördert. Der häufig völlig mechanistisch angewendeten Reizzufuhr ist sehr oft keinerlei begründete therapeutische Zielsetzung mehr anzumerken, ein Deutungsversuch der Reaktionen des Kindes wird häufig nicht nur nicht unternommen, sondern über die Reaktionen wird einfach durch neue Reizsetzung hinwegstimuliert. Auf diese Weise ist es unmöglich, daß die Reize irgendeine Bedeutung für die Kinder erlangen, daß sie ordnend und strukturierend wirken könnten — im Gegenteil, eine chaotisierende und destabilisierende Wirkung für die Gesamtentwicklung der Kinder muß befürchtet werden.

Gerade im Bereich der „Somatischen Stimulation“ finden sich oft Praktiken, deren Effizienz in Bezug auf die angegebene Zielsetzung äußerst fragwürdig erscheint.

Nach FRÖHLICH kommt dieser Wahrnehmungsart insofern besondere Bedeutung zu, als auch Kinder, die sonst kaum Anregungen beantworten, auf ganz körpernahe Empfindungen reagieren. Durch gezielte Stimulation soll das Kind die Möglichkeit bekommen, „im Laufe der Zeit ein Gefühl dafür zu entwickeln, daß es einen Körper hat, daß die Körperoberfläche diesen Körper von der Umwelt abgrenzt, daß aber diese Körperoberfläche andererseits den Kontakt zu dieser Umwelt ermöglicht. Die Körperoberfläche ermöglicht zwar nur eine mäßig differenzierte Wahrnehmung, aber eben eine sehr elementare, d.h. grundlegende und emotional angereicherte. Darüber hinaus sind Erfahrungen in diesem Bereich mit Voraussetzungen für die Entwicklung des sogenannten Körperschemas, der Koordinierung von Bewegungen“. (FRÖHLICH, S. 72).

Als mögliche Fördermethoden werden „Berieseln“, „Trockenbaden“, „Abfönen“, „Abbürsten“ angegeben.

Die Hautempfindung zeichnet sich dadurch aus, „daß sie sowohl rationale (epikritische) als auch emotionale (protopathische) Komponenten enthält.

Bei letzterer handelt es sich um affektive Erlebnisse von Lust- und Unlustcharakter, die tief in den vitalen Bereich eingreifen.“ (H. HENSEL, a.a.O., S. 451).

Es ist also davon auszugehen, daß gerade in diesem Wahrnehmungsbereich subjektiv sehr unterschiedliche Erlebnisqualitäten zustandekommen und durchaus nicht immer eine angenehme Empfindung provoziert wird. Zum anderen ist der Empfindungsraum „Haut“ wesentlich diffuser gegliedert als z.B. der Sehraum, was — wie FRÖHLICH auch erwähnt — eine eher undifferenzierte Wahrnehmung zuläßt.

Wenn nun gerade in diesem sensiblen Wahrnehmungsbereich so diffuse und wenig kontrollierbare Reize angeboten werden, wie das etwa beim „Berieseln“ mit verschiedenen Materialien wie Reis, Erbsen, Sand etc. . . . der Fall ist, scheint dies für das angestrebte Ziel, nämlich ein „Gefühl“ für seinen Körper zu erhalten, keine günstige Voraussetzung zu sein. Ein Körpergefühl zu entwickeln bedeutet, für sich selbst sinnhafte Erfahrungen gespeichert zu haben, und m.E. wird der Erwerb dieser Erfahrungen eher durch eindeutige, klar steuerbare Reize erleichtert, die es dem „Reizgeber“ ermöglichen, diese unmittelbar den Reaktionen des Kindes entsprechend zu modifizieren.

Auch das so beliebte „Kugelbad“, in dem die Kinder — oft äußerst schlecht gelagert — mit Eurokugeln überschüttet werden, ist m.E. überhaupt nicht dazu geeignet, einem schwerstbehinderten Kind eindeutige Informationen zu vermitteln, die es mit sich selbst in sinnvollen Bezug setzen könnte.

Natürlich kann so ein „Kugelbad“ auch Spaß machen — aber wenn ein Kind es als lustvoll erlebt, dann impliziert dies, daß es angemessen reagieren kann. Das „Körpergefühl“, das es aufbauen soll, ist hier längst vorhanden.

Das „Dilemma“ der „Basalen Stimulation“ läßt sich m.E. so zusammenfassen: Ein Konzept, das ausschließlich für einen Personenkreis entwicklt wurde, für den es bisher kaum eine systematische Forschungsarbeit und daraus abgeleitete Fördermaßnahmen gab, trifft auf entsprechend große Nachfrage: Mitarbeiter aus den verschiedensten Berufsgruppen, die zwar alle mit Schwerstbehinderten befaßt sind, jedoch über ganz unterschiedliche theoretische Kenntnisse und auch praktische Erfahrungen verfügen, greifen nach diesem „Förderungsrepertoire“ — es ist sozusagen jedermann zugänglich, bestimmte Voraussetzungen für seine Anwendung sowie spezielle Aus- oder Fortbildungen werden nicht verlangt. Die theoretische Beschäftigung mit den Grundlagen wird, so scheint es, sehr unterschiedlich gehandhabt — in erster Linie wird dem Material der Vorzug gegeben — eine „Methode“ praktiziert. Jedes noch so gute Konzept verliert jedoch an Sinn und Effizienz, wenn es „Mode“ wird, d.h. tendenziell als Allheilmittel übernommen und angewandt wird, ohne daß sich die „Anwender“ der Mühe unterziehen, es stets neu auf die Tauglichkeit für den jeweils speziellen Adressaten zu überprüfen. Das Angebot an vorgegebenen Handlungsanweisungen birgt die Gefahr zu kritikloser, schematischer Durchführung in sich, die in ihrer Starrheit kaum mehr die jeweils notwendigen Modifizierungen und differential-therapeutischen Nuancierungen gestattet.

Auch sei darauf hingewiesen, daß sich vor allem neurophysiologische Erklärungsmodelle von Verhalten bzw. Verhaltensstörungen weit mehr auf Annahmen und Spekulationen stützen, als auf endgültig gesicherte wissenschaftliche Erkenntnisse. Gerade Forschungen der modernen Entwicklungsneurologie überholen eine Reihe von klassischen neurophysiologischen „Dogmen“ (vgl. DIETL, 1987). Beispielsweise werden bisher übliche Zusammenschlüsse von physiologisch nachweisbaren Dendritensprossungen und synaptischen Verbindungen durch äußere Stimuli und der Aufbau oder Wiedererwerb von motorischen oder kognitiven Leistungen heute eher skeptisch und zurückhaltend beurteilt; selbst die Doktrin, daß die Plastizität des kindlichen Gehirns vor allem in den frühen Lebensphasen greift und entsprechende Funktionen ausschließlich durch adäquate Interventionen in den ersten Lebensjahren aufgebaut werden können, wird heute begründet in Zweifel gezogen (TOUWEN, 1988).

Gegenüberstellung von „Basaler Stimulation“ und „Sensorischer Integration“

Auch die große Popularität, die die „Sensorische Integration“ in letzter Zeit erfährt, birgt möglicherweise die Tendenz zu Euphorisierung und einer damit verbundenen simplifizierenden Sichtweise von Verhaltens- und Lernstörungen und ihrer Ursachen.

Die wichtigsten Aspekte im Konzept J. AYRES, die sich von der „Basalen Stimulation“ unterscheiden — obwohl Berührungspunkte feststellbar sind — liegen in der Bestimmung des Personenkreises, der theoretischen Grundlage, der Diagnostik, den Prinzipien der therapeutischen Intervention und praktischen Durchführung.

Im Unterschied zu FRÖHLICH, der sich ja ausschließlich auf Schwerstbehinderte bezieht, wendet sich das Konzept J. AYRES an alle Kinder, die Entwicklungsprobleme haben, weitergefaßt an alle Menschen mit Wahrnehmungsproblemen.

Im einzelnen sind dies u.a. Lernschwierigkeiten, motorische Auffälligkeiten in breitem Spektrum, Sprachprobleme, Verhaltensauffälligkeiten, autistische Symptome (vgl. AYRES, 1984). Ihre theoretischen Ausführungen sind rein neurophysiologisch begründet. Anders als FRÖHLICH, der vor allem die strukturelle Veränderungskapazität des kindlichen Gehirns durch gezielte sensorische Anregung betont, legt AYRES das Augenmerk auf das Zusammenspiel sämtlicher Hirnteile bzw. die Harmonisierung der einzelnen Neuralfunktionen. Ihre zentrale Aussage ist, daß Lernen als eine Gehirnfunktion aufzufassen und demzufolge Lernstörungen in mangelhaften bzw. abweichenden Neuralfunktionen begründet sind. Demzufolge ist Ziel der Therapie eine harmonisierende Beeinflussung (Integration) des neuralen Funktionierens, darüber hinaus eine Verbesserung von Wahrnehmung, Motorik und Gedächtnis und in Folge die günstige Beeinflussung von Lern- und Verhaltensstörungen (vgl. auch DIETL, 1987).

In der physiologischen Sichtweise menschlichen Verhaltens liegt m.E. die Gefahr eines reduktionistischen Menschenbildes. Wesentliche Instanzen menschlichen Seins, wie Wille, Absicht und Entscheidung, finden kaum mehr Berücksichtigung, wenn der Grund menschlicher Äußerungen in die Physiologie verlegt wird. Anders gesagt: ein Kind bewegt seine Hand nicht, weil es eine Funktion üben und lernen will, sondern Lernen und Üben geschehen im Vollzug dieser Funktion. Der Grund jedoch ist allemal in Wille, Emotion, Motivation zu suchen.

Die große Bedeutung, die AYRES der Verhaltensbeobachtung und Diagnostik zumißt, findet ihren Niederschlag in den „Ayres-Tests" (z.B. SCSIT). Gewisse Affinitäten zu der „Förderdiangostik", die im Rahmen der Basalen Stimulation entwickelt wurde, bestehen insofern, als in beiden Instrumentarien elementare Fähigkeiten oder Reaktionen des Kindes in den verschiedenen Wahrnehmungsbereichen eruiert werden. Während in der „Förderdiagnostik" eher globale Reaktionen in den verschiedenen Wahrnehmungsbereichen ermittelt werden, werden in den Ayres-Tests in sehr differenzierter Weise vor allem auch Fähigkeiten wie Kinästhesie, taktile Wahrnehmung und Bewußtsein von Körperschema erfaßt. Die vorliegenden Wahrnehmungsschwierigkeiten, unter denen das Kind leidet, sollen aufgedeckt werden. Eine so umfassende und feine differentialdiagnostische Erfassung gerade dieser Dimensionen ist in vergleichbaren Verfahren meines Wissens kaum zu finden.

Jedoch sind die „Ayres-Test" nicht unumstritten. Abgesehen von heftiger Kritik an testheoretischen Voraussetzungen, wird vor allem auch eingewandt, daß „Voraussetzung für einen einigermaßen zuverlässigen Gebrauch dieser „Tests" ein hohes Maß an klinischer Erfahrung ist: „Stellvertretend für alle Rezensenten sei REED (1978) zitiert: „Potentielle Benützer (z.B. aus dem sonderpädagogischen Bereich), denen diese medizinische Schulung und klinische Erfahrung fehlen, sind gut beraten, wenn sie ihr Geld sparen" (Übersetzung des Verf.). (DIETL, 1987, S. 1361). Meines Erachtens ist die notwendige klinische Erfahrung nicht unbedingt als Mangel am Test festzumachen, sondern man könnte umgekehrt sagen: Die Diagnostik und Therapie wahrnehmungsgestörter Kinder gehören eben nur in die Hände von entsprechenden Fachleuten, wobei der Erwerb des notwendigen Wissens und der notwendigen Erfahrung nicht zwingend an bestimmte Berufsausbildungen gebunden sind.

Der wesentlichste Unterschied zur „Basalen Stimulation“ liegt in den Prinzipien der therapeutischen Intervention, die ich hier verkürzend in „der Eigenaktivität des Kindes“ zusammenfassen möchte. FRÖHLICH betont zwar diese Eigenaktivität ebenfalls ausdrücklich, in der Anwendung der „Sensorischen Integrationstherapie“ ist sie jedoch an jeder Stelle unverzichtbares Element und bestimmender Faktor. Grundlegend ist die Auffassung, daß das Kind im Prinzip selbst weiß und entscheiden kann, was es braucht, was ihm guttut, was es gerade „können kann“, daß der Erwerb sämtlicher Fähigkeiten und Fertigkeiten nicht über das Sammeln isolierter Sinneseindrücke, sondern durch ein Zusammenspiel sämtlicher Wahrnehmungsbereiche geht. Als ein besonders wichtiger Sinneskanal wird das Vestibulärsystem betrachtet, da es eine große Vielzahl an neuronalen Verknüpfungen mit anderen neuralen Systemen aufweist.

Dementsprechend werden keinerlei Reize von außen gesetzt, wenn nicht im Verhalten des Kindes Anhaltspunkte dafür gefunden werden, daß es nach diesen verlangt, daß diese eine Bedeutung für das Kind haben könnten. Konkret bedeutet dies, daß Reize vom Kind selbst ausgelöst oder zumindest impulshaft initiiert werden müssen, bis sie aufgegriffen und entsprechend „zurückgegeben“, variiert und modifiziert werden.

Jede Reaktion des Kindes wird interpretiert und neue Anregungen in Bezug zu dieser Reaktion gesetzt und so auf ihre Tauglichkeit im Sinne von Einordnungsmöglichkeit und Bedeutsamkeit für das Kind überprüft. Die immerwährende Beobachtung bzw. Deutung ist keine Voraussetzung, sondern Bestandteil der Therapie selbst. Aus ihr allein leitet sich die Wahl des therapeutischen Materials ab — das nur dann „vorgegeben“ wird, wenn sich das Kind nicht selbst eindeutig entscheiden kann. Dem Kind sollten keine Erfahrungen, die man selbst für bedeutsam hält, „übergestülpt“ werden, sondern das Kind sollte bei der prinzipiell unterstellten „Selbstorganisation“ unterstützt werden.

Auch bei schwerstbehinderten Kindern sind diese Prinzipien anwendbar, auch wenn sich hier Bedürfnisäußerung, Eigenaktivität, Anpassungsreaktion auf anderer Ebene abspielen.

Schließlich weist AYRES darauf hin, daß nur entsprechend geschulte Fachleute (sie nennt hauptsächlich Ergotherapeuten) sinnbringend die therapeutischen Grundsätze verwirklichen können, und z.B. eine vestibuläre

Stimulation im therapeutischen Sinne mit dem „Schaukeln daheim" nicht gleichzusetzen ist. Gleichzeitig verweist sie immer wieder auf die unbedingte Notwendigkeit, z.B. Eltern mit den Prinzipien und Grundgedanken der sensorischen Integration vertraut zu machen.

„Basale Stimulation", „Sensorische Integrationstherapie" und alle anderen Methoden, die es für die Behandlung behinderter oder von Behinderung bedrohter Kinder geben mag, enthalten Aspekte, die in ihrer Sinnhaftigkeit für den entsprechenden Personenkreis sofort einleuchten und andere, die auf begründete Kritik oder auch — je nach Grundhaltung des Betrachters — auf Unverständnis oder Ablehnung stoßen. Alle jedoch sind dann bedenklich und ihres Sinnes beraubt, wenn sie als „Wundermittel" oder als „Zauberwaffe" gegen das komplexe Spektrum „Behinderung" gelten sollen.

Eine therapeutische Intervention kann nur dann gelingen, wenn die kritische Distanz zur zugrundeliegenden Methode erhalten bleibt, fachliche Kompetenz und die Bereitschaft zur Hinterfragung des jeweiligen Konzepts zusammenspielen. Einseitige Festschreibung und Fixierung auf bestimmte „Modelle" verstellen den Blick für das Machbare und läßt häufig den einzig relevanten Maßstab vergessen: das behinderte Kind, dem wir helfen wollen.

Literatur:

Ayres, J.: Bausteine der kindlichen Entwicklung. Springer Verlag, Berlin, Heidelberg, New York, Tokio, 1984

Dietl, B.: Sensorische Integration nach Jean Ayres in: Der Kinderarzt, 18. Jahrg. 1987

Fröhlich, A.: Entwicklungsförderung schwerstbehinderter Kinder, hrsg. vom Kultusministerium Rheinland-Pfalz, Hase und Koeler Verlag GmbH, Mainz, 1982

Hensel, H.: Allgemeine Sinnesphysiologie in: Kurzgefaßtes Lehrbuch der Physiologie, hrsg. von Keidel, Wolf, D., Georg Thieme Verlag, Stuttgart, 1973

Hensel, H.: Somato-viszerale Sensibilität

Kling-Hammer, A.: Die Förderung schwerstbehinderter Kinder im Elternhaus, unveröffentl. Papier, Blindeninstitutsstiftung Würzburg, 1986

Touwen: Die Plastizität des kindlichen Gehirns. Referat auf d. 1. österreichischen Kongreß für Frühförderung, Graz, 1988

Gemeinsamkeiten und Unterschiede von Bobath-Konzept und Sensorischer Integrationstherapie

Brigitte Rüller

In den 50er Jahren wurde von dem Ehepaar BOBATH ein Behandlungskonzept speziell für cerebral bewegungsgestörte Menschen entwickelt. Berta BOBATH arbeitete als Krankengymnastin zunächst mit hemiplegischen Patienten und entwickelte später, zusammen mit ihrem Mann, ein Konzept zur Behandlung von cerebral bewegungsgestörten Kindern. Das Prinzip der Behandlung beruht auf der Erfahrung von Berta BOBATH, daß es möglich ist, abnormalen Muskeltonus (z. B. Spastizität) durch Veränderung der pathologischen Haltungs- und Bewegungsmuster zu beeinflussen. Dr. Karel BOBATH suchte die Beobachtungen seiner Frau neurophysiologisch zu erklären, wobei ihm als Grundlage seiner Arbeit die Veröffentlichungen von Wissenschaftlern, wie MAGNUS, SCHALTENBRAND, SHERINGTON, dienten.

Ein wesentlicher Beitrag zur weiteren Entwicklung des BOBATH-Konzeptes wurde in den 60er Jahren durch Dr. Elsbeth KÖNG und Mary QUINTON geleistet, die vor allem die Früherkennung und Frühbehandlung von Kindern mit cerebralen Bewegungsstörungen intensivierten. Inzwischen hat sich die BOBATH-Therapie weltweit als Entwicklungsbehandlung auf neurophysiologischer Grundlage durchgesetzt. Die Grundlagen dieses Konzeptes werden in durchschnittlich 10-wöchigen Weiterbildungskursen an Krankengymnasten, Ergotherapeuten, Logopäden und Ärzte weitergegeben.. Der Standard der Weiterbildung wird überwacht durch die European Association of Training Centers for Neurodevelopmental Treatment (BOBATH). Parallel hierzu entwickelt sich auch weiterhin nach den gleichen Grundprinzipien die Arbeit mit erwachsenen hemiplegischen Patienten.

Verschiedene Behandlungstechniken, deren Anwendung den Problemen des einzelnen Kindes angepaßt wird, dienen dazu, den Tonus zu regulieren und normale Haltungs- und Bewegungsmuster zu bahnen. Erst auf der Grundlage verbesserter Tonusverhältnisse kann dem Kind das Gefühl für Haltung und Bewegung vermittelt werden, so daß es vielfältige, aktiv sensomotorische Erfahrungen machen kann. In der Therapie lassen sich Haltungs- und Bewegungsabläufe vom Liegen bis zum Stand mit all ihren möglichen Variationen bahnen. Der mobile Haltungshintergrund bietet die Voraussetzung zur Entwicklung der menschlichen Aufrichtung, für die erforderlichen Stell- und Gleichgewichtsreaktionen, die auf jeder Stufe der sensomotorischen Entwicklung neu angepaßt werden. Hierbei ist es für die Therapeuten wichtiger, die Zusammenhänge der Bewegungskoordination zu kennen, als schematische Vorstellungen darüber zu haben, welche Fähigkeiten sich wann entwickeln sollten. Die motorischen Möglichkeiten des Kindes werden beobachtet, ihre Qualität und Quantität analysiert, die Auswirkungen auf das Alltagsleben untersucht. Dieser Befund, der ständig neu angepaßt wird, dient als Grundlage, auf der die Behandlung aufbaut. Sie orientiert sich an den Bedürfnissen des Kindes, an den aus dem Befund abzuleitenden Hauptproblemen und an der Umweltsituation. Ein solches Hauptproblem könnte z. B. sein, daß das Kind nicht in der Lage ist, seine Hände in der Mitte zusammenzubringen, was ihm viele sensorische und motorische Möglichkeiten verschließt.

In der Behandlung versucht die Therapeutin, bestmöglichen Haltungshintergrund und bestmögliche Bewegungsabläufe zu erreichen, die von bestimmten Schlüsselpunkten aus durch Manipulation gebahnt werden. Dabei wartet sie auf die Reaktion des Kindes, von dieser Reaktion ist ihr nächster Schritt abhängig. Es ist ein ständiger Dialog zwischen Therapeut und Kind, ein ständiges Beobachten, Warten und Antworten.

Da es sich bei dem Kind mit infantiler Cerebralparese um eine Störung auf neurologischer Basis und um eine Entwicklungsverzögerung handelt, muß die BOBATH-Therapeutin gute Kenntnisse sowohl über die Entwicklung des Kindes als auch über neurophysiologische Zusammenhänge besitzen. Die Therapeutin muß in der Lage sein, die Fähigkeiten des Kindes zu erkennen, Möglichkeiten für weitere wichtige Funktionen anzubahnen.

Berta BOBATH betont in ihrem Aufsatz: „Die Behandlung auf neurophysiologischer Grundlage: Entwicklung und Veränderungen 1984". „Das alte dem zugrunde liegende Konzept hat sich nicht verändert. Es erscheint wie ein Teppich, an dem eine ganze Familie arbeitet. In der Mitte wurde begonnen und strahlenförmig breitet er sich nach allen Seiten aus. Jeder Therapeut arbeitet anders aufgrund seiner Erfahrungen und seiner Persönlichkeit. Das ist gut und kreativ. Aber wir alle bauen unsere Behandlung auf demselben Konzept auf."

Wie schon gesagt, wird mit der BOBATH-Therapie versucht, dem Kind das Gefühl für Haltung und Bewegung zu vermitteln, damit sie ihm automatisch für seine Handlungen im Alltag zur Verfügung stehen.

Allgemeine Grundsätze des Lernens finden sich in der BOBATH-Therapie wieder. So müssen z. B. Bewegungserfahrungen häufig wiederholt werden, Erfolgserlebnisse beim Einsatz der Bewegung vermittelt werden, das Ausführen der Bewegung in Zusammenhang mit täglichen Verrichtungen ist das Ziel, so daß das Kind seine Aufmerksamkeit dem Inhalt seiner Handlung zuwendet und nicht der Ausführung seiner Bewegung.

Eine wichtige Maßnahme im Rahmen der BOBATH-Therapie ist das Handling des Kindes, bei den für den Alltag notwendigen Haltungs- und Bewegungsabläufen (KÖNG 73). Hier haben die Eltern die Möglichkeit, im täglichen Umgang mit dem Kind, Bewegungsauffälligkeiten so entgegenzuwirken, daß das Kind sein Bewegungsempfinden verbessern kann und sich gleichzeitig möglichst aktiv beteiligt.

Durch die Erweiterung aus dem krankengymnastischen Bereich in eine ganzheitliche Entwicklungsförderung, eingeschlossen die Nahrungsaufnahme, die Sprachentwicklung, das Spiel, wurde die BOBATH-Therapie zu einem offenen flexiblen Konzept.

Hilfsmittel wurden unter Berücksichtigung der Grundprinzipien entwickelt, sie sollen helfen, dem Kind Handlungsspielräume zu eröffnen, seine Selbständigkeit zu verbessern.

Beim Einbeziehen der Eltern in die Therapie geht es nicht um Ausbildung von Kotherapeuten, sondern mehr um Inhalte, wie SCHÖNBERGER sie umschreibt: „Eine gute Mutter hilft der Therapeutin, eine gute Therapeutin hilft der Mutter." (SCHÖNBERGER 1984)

Es geht um gegenseitiges Unterstützen, Verstehen, nur dann kann es hilfreich sein für das Kind.

Jean AYRES machte ihre ersten Erfahrungen in den 50er Jahren als Beschäftigungstherapeutin bei der Behandlung von Kindern mit Lernstörungen. Sie beobachtete, daß diese Kinder Schwierigkeiten beim An-/Ausziehen hatten, Aufmerksamkeitsstörungen, mangelnde Körperkoordination, „schwache" Muskeln.

Später arbeitete sie wissenschaftlich, um ihre Annahme, daß für kognitive Fähigkeiten wie Lesen und Schreiben, unbewußtes Lernen auf subkortikaler Ebene notwendig ist, zu unterstützen.

Hierzu zog sie wissenschaftliche Arbeiten (Erkenntnisse aus Tierforschung, Hirnforschung und Psychologie) hinzu. Es entstand ein grundlegender Behandlungsansatz zur Verbesserung des Ablaufs von Hirnverarbeitungsprozessen. Jean AYRES entwickelte zunächst ihre Therapiemöglichkeiten für Kinder von 4 bis 9 Jahren, die Diagnostik und Grundlagen der Therapie wurden unter anderem von Antje PRICE, einer von dem Center for Sensory Integration International anerkannten Lehrtherapeutin seit 1980 hier in Deutschland unter Beschäftigungstherapeuten gelehrt.

Die Befundaufnahme erfolgt durch Beobachtung des Kindes, durch die Analyse seiner Anpassungsreaktionen. Sie wird durch anamnestische Erhebungen ergänzt, je nach Kooperationsmöglichkeit und Alter des Kindes werden spezifische Testverfahren durchgeführt, die Southern California Sensory Integration Tests (SCSIT), die in Zukunft durch die Sensory Integration and Practice Tests (SIPT) abgelöst werden.

Der Schwerpunkt der Behandlung liegt auf **Senso**motorik, speziell auf der Verarbeitung der Reize, die über das vestibuläre, propriozeptive und taktile System aufgenommen werden und der dazu gehörigen motorischen Anpassungsreaktionen des Kindes. Es werden Geräte und Materialien verwandt, die den Input verstärken, wie z. B. Schaukeln, Cremes, Knautschsäcke. Die Therapeutin schafft eine herausfordernde Gestaltung in der Therapiesituation, so daß das Kind sich über diese Materialien den Input holen kann, den es für sein Nervensystem braucht, um sich in einer anpassenden motorischen Reaktion zu bestätigen. Beim Arbeiten mit den Körpersinnen, bei Planungen von Handlungsabläufen, z. B. über die Motivierung durch ein Rollenspiel, lernen die Kinder, mit räumlichen und zeitlichen Dimensionen zurechtzukommen. Eine wichtige Aufgabe der Therapeutin ist es zu strukturieren, damit das Kind die Möglichkeit hat, die basalen sensomotorischen Fähigkeiten auszubauen. Es geht dabei in der SI-Behandlung nicht um Lernen von bestimmten Funktionen, sondern vielmehr wird versucht, das Kind anzuregen, sich mit seinen Basissinnen auseinanderzusetzen, so daß es sich körperlich und psychisch emotional wohler fühlt. Dieses ist die Grundlage für die Entwicklung der sogenannten „Endprodukte", wie es von Jean AYRES bezeichnet wird. Es kommt zur Entwicklung eines Körperschemas, die Persönlichkeit des Kindes wird positiv verstärkt, das Kind erhält ein gesteigertes Selbstvertrauen, Selbstbewußtsein.

So beeinflußt das Wissen um die Wichtigkeit der Verarbeitung von taktiler, vestibulärer und propriozeptiver Stimulation auch andere Therapierichtungen, z. B. Behandlungsansätze in der Kinder- und Jugendpsychiatrie, in der Arbeit mit schwerst mehrfachbehinderten Kindern.

Die Erweiterung der SI-Therapie auf die Behandlung von Kleinkindern im deutschen Raum ist unter anderem ein großes Verdienst von Dr. Inge FLEHMIG und ihrem Team. Das Beobachten, insbesondere der Mutter-Kind-Interaktion gibt viele Hinweise auf Möglichkeiten in der Therapie. Das Kind gibt Signale, die Interpretation und das Antworten auf diese Signale sind für die weitere Entwicklung besonders wichtig. Die Therapeutin hilft der Mutter, ihr Kind zu verstehen, den jeweiligen Bedürfnissen des Kindes entsprechend zu handeln.

Falls eine cerebrale Bewegungsstörung mit sensorischer Integrationsstörung oder eine sensorische Integrationsstörung mit cerebraler Bewegungsstörung vorliegt, müssen beide Konzepte ergänzt und je nach Schwergewicht des Befundes angewendet werden.

Durch die Offenheit des BOBATH-Konzeptes können Einflüsse, wie z. B. aus der sensorischen Integrationstherapie, mit in die Behandlung von CP-Kindern, die gleichzeitig Störungen der sensorischen Integration aufweisen, einfließen. Viele Therapeuten arbeiten je nach Befund des Kindes mit beiden Aspekten. So kann das AYRES-Konzept Hilfestellung beim CP-Kind mit Problemen im taktilen und vestibulären Bereich bieten. Es sensibilisiert dafür, nicht nur die Reaktion des Kindes zu beobachten, sondern auch Qualität und Quantität des Anfassens und Bewegens zu registrieren und entsprechend anzupassen. So werden taktile Abwehrreaktionen bei Kindern mit entsprechenden Störungen durch leichte Berührung verstärkt, während fester Druck in der Regel leichter vertragen wird. Die BOBATH-Therapeutin arbeitet schwerpunktmäßig über die Körpersinne. Sie faßt die Kinder an, vermittelt Bewegungserfahrungen. Sie verwendet Techniken wie Druck, Zug und Widerstand und spricht damit die Tiefensensibilität an. Sie bewegt das Kind und hilft dem Kind bei seinen Bewegungsreaktionen, wobei das vestibuläre System angesprochen wird.

Hinweise für eine SI-Störung bei einem CP-Kind könnten sein, daß das Kind während der Behandlung viel weint, ohne daß sich im Umfeld eine Erklärung dafür finden läßt, daß das Kind unerklärbar viel Angst zeigt, daß das Kind mit seinem Körper im Raum nicht so gut zurechtkommt, wie man es erwarten könnte.

Genauso muß die SI-Therapeutin bei einem Kind mit sensorischen Integrationsstörungen und gleichzeitiger cerebraler Bewegungsstörung sorgsam dosieren, vor allem, wenn Hypertonus vorliegt oder ausgelöst werden kann. So kann es in der Behandlung eines CP-Kindes wichtig sein, das Kind vorzubereiten, den Tonus zu senken oder zu stabilisieren, die verwendeten Geräte so zu adaptieren, daß kein Hypertonus entstehen kann, den taktilen, propriozeptiven und vestibulären Input sorgsam zu kontrollieren, auf ein gutes Zusammenspiel von Stabilität und Mobilität, von Haltung und Bewegung zu achten.

Bei der Durchführung jeder Therapie spielen die Haltung des Therapeuten, seine Persönlichkeit, seine Wahrnehmung, eine große Rolle.

Das übergeordnete Behandlungsziel beider Konzepte ist die Verbesserung der inneren Organisation, um mit sich selbst sowie mit seiner gegenständlichen und personellen Umwelt so gut wie möglich zurechtkommen zu können.

Ich danke Helga TREML-SIEDER für die Durchsicht dieses Artikels.

Literatur:

Ayres, Jean: Bausteine der kindlichen Entwicklung, 1984, Springer-Verlag.

Ayres, Jean: Lernstörungen, 1973, Springer-Verlag.

Bobath, Berta: Die Entwicklung und Veränderung des Neurodevelopmentle Treatment (ND), Info-Blatt, Nr. 12, Vereinigung der Bobath-Therapeuten Deutschlands eV, 1984.

Bobath, Berta und Karel: Die neurophysiologische Entwicklungsbehandlung, 1984, Bobath-Kurs Augsburg, Bobath-Kurs Duisburg – Düsseldorf, Script.

Flehmig, Inge: Sensorische Integration bei autistischen Kindern in Beschäftigungstherapie und Rehabilitation, 1984, Schwerpunktheft Autismus.

Fröhlich, Andreas D.: Wahrnehmungsstörungen bei körperbehinderten Kindern, 1986, Schindele-Verlag.

Köng, Elsbeth: Rückblick, heutiger Stand und Zukunftsperspektiven des Bobath-Konzeptes, Info-Blatt Vereinigung der Bobath-Therapeuten Deutschlands eV, Aug. 88, Nr. 17.

Ritter, Gisela: Die Bedeutung der zwischenmenschlichen Beziehung in der krankengymnastischen Arbeit mit Säuglingen, Diplomarbeit, 1985.

Ritter, Gisela: Das Bobath-Konzept als Träger zwischenmenschlicher Beziehungen, Info-Blatt der Vereinigung der Bobath-Therapeuten Deutschlands eV, Sept. 87.

Schönberger, Franz: Bobath-Konzept und kooperative Pädagogik, Zeitschrift für Krankengymnastik, Nr. 11, 1984.

Schönberger, Franz: Warten Sie auf das Kind, Info-Blatt Vereinigung der Bobath-Therapeuten Deutschlands eV, 1986.

Treml-Sieder, Helga: Was ist sensorische Integration? Mitteilungsblatt Österreichischer Verband der Bobath-Therapeuten Heft 3, 1985.

Problemlösende Alltagsgeschehnisse oder wieviele Möglichkeiten bietet uns die Umwelt

Das St. Galler-Modell. Ein Forschungsprojekt auf der Grundlage der kognitiven Psychologie

Friederike von Starck

Vorwort

Die von Fr. Dr. Affolter und ihren Mitarbeitern durchgeführten wissenschaftlichen Arbeiten begannen bereits in den sechziger Jahren. Sie wurden zehn Jahre lang durch den Schweiz. Nationalfonds zur Förderung der wissenschaftlichen Forschung finanziert. 1976 wurde die Stiftung Zentrum für Wahrnehmungsstörungen in St. Gallen gegründet und die Schule für Wahrnehmungsgestörte.

Das Modell orientiert sich an der Entwicklungstheorie von Jean Piaget, einem Lehrer von Fr. Dr. Affolter. Seine Ansätze basieren auf der normalen und nicht auf der pathologischen Entwicklung. Ziel dieses Modells ist das Zustandekommen der pathologischen Entwicklung zu ergründen und eine entsprechende Theorie und Therapie zu erarbeiten. Insbesondere die Entwicklung der Wahrnehmung in Beziehung zu Bewegung, Sprache und Verhalten wird bei diesem Ansatz sehr deutlich. Damit öffnen sich neue Perspektiven einer ganzheitlichen Sichtweise des menschlichen Verhaltens.

In den letzten Jahren hat sich das Konzept nicht nur in der Pädiatrie bewährt sondern auch in der Neurologie und Geriatrie.

Einleitung

Das Modell befaßt sich mit der Entwicklung von ERKENNEN, INTELLIGENZ; vom Begreifen, Wissen, Denken und vom Handeln. Es ist ein Modell der PERSON-UMWELT-BEZIEHUNG. Person und Umwelt stehen in einer WECHSELWIRKUNG zueinander, kurz, Interaktion genannt. Die Umwelt wird wahrgenommen, interpretiert, und es wird auf die Umwelt eingewirkt, also gehandelt. Die Umwelt stellt immer neue Aufgaben, die gelöst werden müssen, sie bietet WIDERSTAND. Was bedeutet nun Umwelt? Damit ist unser Alltag gemeint, welcher sich aus ständig wechselnden Situationen und Gewohnheiten zusammensetzt. Dabei müssen wir wirken und verändern, um die vom Alltag gestellten Probleme lösen zu können. Sogenannte **„Problemlösende Alltagsgeschehnisse“.**

Bei diesem Modell wird davon ausgegangen, daß dem kindlichen Verhalten kognitive Strukturen zugrunde liegen (Kognition= Sammelbezeichnung für Aufmerksamkeit, Wahrnehmung, Erkennen, Denken, Vorstellen und Erinnern). Die Strukturen sind keine Abbilder, sondern AKTIV in der Auseinandersetzung mit der Umwelt KONSTRUIERT: „der Mensch als Forscher“. Die Strukturen bauen aufeinander auf. Neues wird in Vorangeganges integriert, dadurch entstehen im Laufe der Entwicklung qualitative Veränderungen.

Was bedeutet Wahrnehmung?

Spricht man von Wahrnehmung im engeren Sinne, dann ist damit das Aufnehmen und Verarbeiten von Reizen über die verschiedenen Sinnessysteme gemeint. Die Wahrnehmung umfaßt alle Mechanismen, die an der Verarbeitung der Reize einer gegebenen Situation beteiligt sind einschließlich der verschiedenen Sinnesmodalitäten, den höheren Organisationsebenen, der entsprechenden Speichersystem und der Wiedererkennungsleistungen (Affolter & Stricker, 1980). Dabei bildet die taktil-kinästhetische Wahrnehmung die Grundlage. Alle anderen Sinnessysteme, wie das Visuelle, Auditive oder Olfaktorische erlangen ihre Bedeutung für die Entwicklung erst in Verbindung mit diesem Sinnessystem.

Was bedeutet Taktil-Kinästhesie?

Schaut man im Wörterbuch der Medizin (Zetkin/Schaldach, 1985) nach, so bedeutet taktil (lat.): den Tastsinn betreffend = spüren. Kinästhesie (griech.): Bewegungsempfindung = Empfindung von Bewegungen des eigenen Körpers oder einzelner Körperteile gegeneinander; sowie der dabei auftretenden Kraftleistungen. An ihrem Zustandekommen sind Propriorezeptoren (Muskelsinn und Tiefensensibilität) und Gelenkrezeptoren beteiligt.

Jean Ayres unterteilt das System in ein taktiles, propriorezeptives und vestibuläres System.

Auch wenn der Begriff immer mehr verwendet wird, so ist die Vorstellung darüber, was dieses System leisten kann doch noch sehr ungenau, und wie sich die Ausfälle auf unser Verhalten auswirken können. Ohne das taktil-kinästhetische System wären wir handlungsunfähig und die zwischenmenschlichen Beziehungen wären sehr eingeschränkt. Damit ich mich im Alltag angemessen verhalten kann, brauche ich viel Spürinformation, ich muß die Widerstandsveränderungen spüren. Widerstandsveränderungen geben mir viel Information über die Beschaffenheit der Umwelt. Diese Information ist notwendig, um mit der Umwelt vertraut zu werden. Der Mangel an gespürter Information beeinträchtigt die Interaktion mit der Umwelt. Die Information, die durch die Berührung und die Art der Veränderung des Widerstandes entsteht, ist von taktil-kinästhetischer Art. Somit spielt dieses System eine zentrale, basale Rolle und bildet die Grundlage für unsere affektiven und kognitiven Erfahrungen.

Was bedeutet Lernen?

In der Entwicklungspsychologie von Piaget folgt die kognitive Entwicklung bei Kindern einer eigenen natürlichen Gesetzmäßigkeit. Das Kind wird als ein eigenständiger Organismus betrachtet, der durch seine Aktivität zur Entwicklung gelangt. Lernen geschieht in der Auseinandersetzung mit der Umwelt.

Das St. Gallener Team konnte anhand von Beispielen gesunder und wahrnehmungsgestörter Kinder und Erwachsener feststellen, daß:

- Spürinformation in Zusammenhang mit Lösungsgeschehnissen alltäglicher Probleme zu wichtigen Verhaltensänderungen führt die als Lernen gedeutet werden kann.
- Dieses Lernen erfolgt in Stufen, und ist bei gesunden und wahrnehmungsgestörten Personen beobachtbar (AFFOLTER, 1987, S. 213).

Für J. Ayres bedeutet Lernen zuerst eine Funktion des Gehirns; und Lernstörungen können deshalb als Abweichungen innerhalb der Neuralfunktion betrachtet werden (AYRES, 1972). Der Mensch erbt einige angeborene adaptive Verhaltensmuster, jedoch hängen Ausdruck und Reifung von der ontogenetischen (Ontogenese= Gesamtheit der Entwicklungsprozesse eines Individuums) Erfahrung ab. Diese wiederum werden durch die Umwelteinflüsse geformt (AYRES, 1972). Wenn die Hirnentwicklung jedoch von der Norm abweicht, erinnert uns das Verhalten oft an niedrigere Stufen auf der Entwickungsskala, verbunden mit Störungen der Entwicklungsabfolge. In diesem Zusammenhang kann das frühe Lernen als die angewandte Fähigkeit zur Interpretation der Umwelt und der direkten Reaktion auf sie definiert werden.

Das Entwicklungsmodell

Auch bei dieser Theorie wird von Leistungen ausgegangen und nicht von dem Alter. Dabei wurden in der normalen Entwicklung Regelmäßigkeiten festgestellt. Im Mittelpunkt des Modells stehen die Problemlösenden Alltagsgeschehnisse, PLAG'S genannt. Unser Alltag ist gekennzeichnet durch Veränderungen, denen wir uns anpassen können.

Interaktionsmuster beim gesunden Kind. in den ersten 18 Monaten erscheinen Phasen der Organisation, die für die weitere Entwicklung eine entscheidende Rolle spielen. Dabei können Veränderungen beobachtet werden, die die Interpretation erlauben, daß es sich um ein Anzeichen einer sich entwickelnden Organisation, der Suche nach Spürinformation und nach Ursache - Wirkung handelt.

Zuerst ordnet das Kind erspürte Erfahrung durch die Berührungsregeln der Unterlage (Schwerkraft) und der Seite (lateralen Widerstand). Danach folgt das Umfassen und das Loslassen mit Einbezug der Unterlage und der Seite. Dann werden die Regeln des Wirkenes entdeckt, wie z. B: die Regel der Wegnehmbarkeit und der Nachbarschaft (AFFOLTER, S. 73).

Im zweiten Lebensjahr wird das gesunde Kind immer mehr die entdeckten Regeln zum Problemlösen einsetzen. Es hat nun seine Umwelt soweit entdeckt, daß es anfängt, diese gezielt zu verändern. Es gelangt vom Wiedererkennen zur Ausführung. Damit ist die Grundlage auch für die Entdeckung und Entwicklung der Sprache geschaffen.

Was sind Wahrnehmungsstörungen?

Die Basisprozesse der Interaktion: Berühren, Umfassen, Bewegen Loslassen, sind durch die gestörte Wahrnehmung beeinträchtigt. Die Interaktion mit der Umwelt ist unzureichend. Es kommt nicht zur angemessenen Spürinformation. Die Probleme des Alltags können nicht adäquat gelöst werden. Das Verhalten erscheint uns auffällig.

Wahrnehmungsgestörte suchen genau wie Gesunde nach Information. Sie versagen jedoch, wenn keine maximale Widerstandsveränderung erzeugt wird (AFFOLTER, 1987). Es scheint, daß Wahrnehmungsgestörte geringe Widerstandsveränderungen nicht verarbeiten können und die Umwelt unvertraut bleibt.

Der Mangel an gespürter Information führt zu einer Übergewichtung anderer, besonders der visuellen und auditiven Information. Dadurch erhalten sie von ihrer Umwelt ein anderes Bild. Ihre Entwicklung wird auffällig, und es entsteht eine andere Reihenfolge der Entwicklungsleistungen. Die Wahrnehmungsstörung ist kein Reifungsproblem, sondern es entsteht eine Andersartigkeit in der Entwicklung.

Während AFFOLTER von einer Andersartigkeit in der Reihenfolge der Entwicklungsleistungen spricht (AFFOLTER, 87), geht AYRES von einem Reifungsproblem des Gehirns aus (AYRES, 72).

Wie erkennen wir Wahrnehmungsstörungen?

Bevor ich eine Störung diagnostizieren kann, muß ich wissen was „ normal“ ist. Danach müssen wir lernen, Verhalten in freien und strukturierten Situationen beobachten zu können. Das bedeutet viel Übung, um so interpretationsfrei wie möglich, daß Verhalten aufzuzeichnen um daraus Schlüsse ziehen zu können. Viele Beobachtungssituationen sind notwendig um eine genaue Aussage machen zu können.

Im Gegensatz zu AYRES „gezielten Beobachtungen“, bei denen auf neurophysiologische Besonderheiten (z.B. Reflexe) besonders geachtet wird, kommt es bei diesem Konzept auf die Interaktion Person-Umwelt, auf das Problemlösen an (z.B. wie ziehe ich die Jacke an?). Die Beobachtungskriterien umfassen soziale, kognitive, verbale und sinnesphysiologische Variablen.

Das Zentrum für Wahrnehmungsstörungen benützt eigene spezielle Verfahren, allerdings nicht auf der neurophysiologischen Grundlage wie AYRES mit dem SIPT (vormals SCSIT). Um den SIPT und die „gezielten Beobachtungen" anwenden zu können, brauchen wir Patienten mit einem Aufgabenverständnis. Dies wieder sagt uns, daß er ein Maß an Fähigkeiten besitzen muß. Viele Patienten haben dies jedoch noch gar nicht in dieser Form. So bin ich auf meine Beobachtungen der Problemlösestrategien des Patienten angewiesen.

Das Modell der geführten Bewegung

Der Schwerpunkt liegt in der Vermittlung angemessener Spürinformation, um den Alltag besser verstehen und bewältigen zu können. So wird der Patient in Alltagsituationen geführt, die seiner Verständnisstufe entsprechen. Durch die Körperführung kommt der Patient in Kontakt zu seiner Umwelt. Z.B. Objekten, so daß er durch dieses Spüren mehr Information über seine Umwelt erhält. Die Führung soll mit normaler Geschwindigkeit ausgeführt werden und harmonisch ablaufen. Sobald der Patient eine Bewegung selbständig übernehmen kann, wird die Führung zurückgenommen. Sie nimmt erst dann wieder zu, wenn wir merken, daß er allein nicht angemessen weiterkommen wird. Dadurch lernt der Patient, unabhängig von seinen motorischen Fähigkeiten auf der richtigen Planungsebene zu handeln. Mit dem Führen wollen wir nicht die motorischen Fähigkeiten verbessern sondern die Information über die Interaktion Person-Umwelt. Allerdings bemerken wir eine Verbesserung der Motorik, wenn wir auf der Verständnisstufe arbeiten. Der Patient erhält über das Spüren mehr Rückmeldung von seiner Umwelt und das Selbstwertgefühl wächst wenn die „ Problemlösenden Alltagsgeschehnisse „ verinnerlicht werden.

Während der geführten Bewegung sprechen wir nicht mit dem Patienten, da dies seine Kanalkapazität übersteigen würde. Die Suche nach Information braucht Kapazität. Verschiedene Autoren (BROADBENT, 1971, POSNER & RAFAL, 1987) sind der Auffassung, daß die Kapazität der Wahrnehmung beim Menschen begrenzt ist. Kapazität bedeutet die Menge an Information, die wir innerhalb einer bestimmten Zeit aufnehmen können.

Der Therapeut muß seinen Patienten gut kennen um zu wissen, wie und wann geführt wird, wie die Aufgabe strukturiert sein muß, um möglichst auf der Verständnisstufe (Aufmerksamkeit) des Patienten zu arbeiten. Die Durchführung einer Aufgabe muß dem Therapeuten klar sein, mit allen zur Verfügung stehenden Varianten, um auf alle Zwischenfälle (Probleme) angemessen reagieren zu können. Das bringt Probleme mit sich. Oft wird uns gar nicht bewußt, was für „Gewohnheitstiere" wir sind, und genau da liegt die Schwierigkeit in der therapeutischen Arbeit. Zu häufig vermitteln wir Gewohnheiten oder nehmen dem Patienten ein Problem ab weil wir es ja so gut meinen. Sicher, Gewohnheiten gehören mit zum Alltag nur dabei lerne ich nichts mehr, da diese automatisch ablaufen. Immer wieder aufs Neue müssen wir uns die Frage stellen „ was bringt dies dem Patienten an Information?" und nicht was es uns bringt. Das Wichtigste ist das Verständnis des Patienten für sein Tun, Produktion oder Design spielen keine Rolle.

In der praktischen Arbeit ist der Unterschied zwischen AYRES und AFFOLTER am größten. Bei dem AFFOLTER Konzept wird die Therapie an den Alltag des Patienten angepaßt. Dieser Alltag besteht aus vielen Ereignissen. Wir brauchen keine speziellen Materialien oder besonders eingerichtete Therapieräume. Stellt uns doch unsere natürliche Umwelt mannigfaltig Material und Probleme zur Verfügung, wir müssen sie nur erkennen.

JEAN AYRES geht von einer mangelnden Organisation des ZNS aus. Ihre Einstellung ist es, daß der Patient sich die Reize sucht die er braucht, und der Therapeut ihm dabei behilflich ist diese besser zu organisieren. Auch hier muß der Therapeut seinen Patienten gut kennen um das Material richtig zu wählen und einsetzen zu können. Es ist keine Therapie den Patienten mit Reizen zu bombardieren. Auch bei der SI Behandlung muß strukturiert und flexibel vorgegangen werden. Rollbrett und Schaukel reichen bei weitem nicht aus.

Die Arbeit mit Eltern und Angehörigen

Bei dem Affolter-Konzept wird auf die Zusammenarbeit mit den betroffenen Eltern und Angehörigen großen Wert gelegt. Sie erlernen das Konzept der geführten Bewegung. Das verhilft ihnen zu einem besseren Verständnis. Schließlich gehören sie zum Alltag des Patienten. Dadurch kennen sie ihn auch am besten.

Es ist nicht das Ziel die Eltern oder Angehörigen als Therapeuten auszubilden. Das Zentrum bietet regelmäßig Kurse für Eltern und Angehörige an, ebenso wie für Therapeuten.

Fazit:

AFFOLTER und AYRES legen in ihrem Konzepten großen Wert auf das taktil-kinästhetische System bzw. taktil- vestibuläre, proprioreceptive System. Sie haben bei ihren Forschungen festgestellt, daß dieses System zu den Wurzeln unserer Entwicklung gehört. Deshalb habe sie jeder ein Konzept entwickelt, welches an diesen Wurzeln ansetzt.

Beide haben einen ganzheitlichen Ansatz. Der Patient wird als ein Individuum angesehen, für den es kein einheitliches Trainingprogramm gibt.

Die Unterschiede liegen zum einen in den Wurzeln der Theorien: neurophysiologisch vs. kognitiv. Dies hat seine Ursachen sicher in dem unterschiedlichen Klientel welches anfänglich zur Verfügung stand.

Ein weiterer Unterschied liegt in der Art der Beobachtungen und in der praktischen Arbeit.

Beide Konzepte erfordern vom Therapeuten grundiertes Wissen, Einfühlungsvermögen viel Erfahrung und ein Akzeptieren des Patienten. Die Beziehung zwischen Therapeut-Patient-Eltern/Angehörige spielt eine wesentliche Rolle.

Es sind weitere Forschungen notwendig, wobei wir Therapeuten uns vermehrt daran beteiligen sollten, da wir doch aus der praktischen Arbeit viel dazu beitragen können.

Literatur:

AFFOLTER, F. (1987). Wahrnehmung, Wirklichkeit und Sprache. Villingen: Neckar.

APW (1987). Informationsblatt Nr. 2. Das St. Galler-Modell in den USA

AYRES, A.J. (1980) Sensory Integration and Learning Disorders. (7nd ed.). Los Angeles, CA: WPS.

AYRES, A.J. (1979). Sensory Integration and the Child. Los Angeles: WPS.

BUGGLE, F. (1985). Die Entwicklungspsychologie Jean Piagets. Stuttgart: Kohlhammer.

DAVID, H. (1985). Zetkin-Schaldach, Wörterbuch der Medizin, Zahnheilkunde und Grenzgebiete. Stuttgart: Thieme.

GADDES,W.H. (1980). Learning Disabilities and Brain Function. New York: Springer.

Adressen der Autoren

Anneliese Augustin
Ergotherapeut in eigener Praxis
Ziegelstraße 38, 6832 Hockenheim

Ingelid Brand
Sonderschulleiterin und Mitarbeiterin am Institut für Schulpädagogik und Bildungsforschung (ISB)
Hans-Sachs-Straße 39, 8706 Höchberg

Waltraut und Winfried Doering
Psychologisches Institut für Kinder und Institut für Fortbildung und Beratung
Hagenauer Straße 19, 2800 Bremen 1

Frederike Kich von Starck
Ergotherapeutin
Gretchenstraße 36, 3000 Hannover 1

Prof. Dr. Ernst J. Kiphard
Institut für Sportwissenschaften der Universität Frankfurt
Ginnheimer Landstraße 139, 6000 Frankfurt 90

Peter Knorn
Diplom-Psychologe, Universität Hannover
Fachbereich Erziehungswissenschaften 1, Lehrgebiet Psychologie
Bismarckstraße 2, 3000 Hannover

Antje Price
Ergotherapeutin
819 College Av., Pittsburgh, Pa. 15232, USA

Brigitte Rüller
Ergotherapeutin, Kinderneurologisches Zentrum
Gräulinger Straße 120, 4000 Düsseldorf 12

Rega Schaefgen
Ergotherapeutin und SI-Lehrtherapeutin
Malsleben Nr. 5, 3134 Bergen

Marina Strothmann
Diplom-Psychologin und Klinische Psychologin, BDP
Schrämelstraße 83, 8000 München 60